중세국어 문법용어사전

중세국어 문법용어사전

이 광 호

역락

머리말

학생들에게 중세국어를 가르치면서, 이기문 선생님의 『국어사 개설』과 고영근 선생님의 『표준 중세국어문법론』을 교재로 사용하였다. 이 교재를 사용한 가장 큰 이유는 사범대 학생들이 어렵게 공부하는 임용시험 준비를 위한 필수 교재이기 때문이다. 그런데 한 강좌에서 두 교재를 동시에 사용하는 것이 아니라, 분리된 교과 과정에서 별개로 사용한다. 그렇기 때문에 두 교재의 용어 차이에 대해 학생들이 공부를 하면서 많이 힘들어 한다. 그래서 매번 수업 때마다 두 용어를 같이 설명해야 하는 어려움을 겪는다. 의도법과 화자 표시법을 동시에 언급해야 하고, 계사를 설명하면서 서술격조사를 병행 설명해야 했다. 또한 국어사와 표준 중세국어문법론은 학생들이 독학하기엔 쉽지 않은 교재이기도 하다. 이런 저런 이유로 용어들을 정리하기 시작했다. 주로 학생들에게 개별적으로 할당하여 용어를 정리하도록 했다. 처음엔 두 교재의 찾아보기를 중심으로 항목을 설정하여 정리하였다. 그러면서 둘을 통합하고 기타 필요한 용어를 포함하였다. 이 책은 학생들이 중세국어를 공부하는 마지막 정리단계에서든지, 아니면 처음 중세국어를 접하는 단계에서 두 책의 용어를 비교하면서 찾을 수 있도록 하는 데 목적을 두었다. 그리고 학생들이 두 교재의 어려움을 극복하기 위해 참고 교재로 삼고 있는 안병희, 윤용선, 이호권(2009) 선생님의 『중세국어연습』(한국방송통신대학교 출판부)과 이기문, 이호권(2008) 선생님의 『국어사』(한국방송통신대학교 출판부)를 참고하여 보완하였다. 그리고 부분적으로 학생들에게 도움이 될 만한 몇 가지 논문들을 읽고 첨가하였다. 현대국어 문법과 관련해서는 고영근, 구본관(2009) 선생님의 『우리말 문법론』(집문당)과 각종 사전 등도 참고하였다.

이 책을 엮고 만드는 데 애를 쓴 대학원의 최정훈, 이지송, 김정민, 김형건, 오인관 선생은 바쁜 가운데도 열심히 용어를 정리하였다. 조만간 중, 고등학교에서 학생들을 가르치며, 이렇게 한 작업들을 자랑스러워 했으면 한다. 박다솜(금호중), 오고은(위미중) 선생은 꼼꼼하게 원고를 재검토하였다. 이 외에도 황호연(경일관광고), 박지환(신한고), 양영모(대전디자인고), 최웅식(세명고), 조수경(원봉중) 선생은 선생님으로서, 대학원생으로서 고생 참 많았다. 마지막에 너무 어렵게 구성되지 않았는지, 오탈자가 없는지, 이해되지 않는 것이 없는지는 고수정, 박수연 학생과 김준휘(청양고) 선생이 도움을 주었다. 이 책은 이제부터 시작이다. 계속 보완하고 보완해서 좀 더 온전한 중세국어 용어사전을 만들 수 있었으면 한다. 오래 전부터 생각해 온 일이지만 생각만 컸고, 결과는 많이 부족하다. 정말 중세국어 용어사전이란 책이 완전하게 구성되는 날까지 계속 주변 논문들을 검색하고, 용어를 정리할 것이다. 그때까지 끝없는 질책으로 자극을 주었으면 한다.

어려운 사정에서도 늘 출판의 즐거움을 주는 이대현 사장님과 거친 원고를 바로 잡아 주시는 이소희 선생님께는 늘 감사한 마음이다. 그리고 진실만이 가장 큰 삶의 무기임을 몸으로 보여주시는 조동길 교수님, 늘 후학과 제자들을 걱정하시는 김성수 교수님, 학문의 재미를 이제야 느끼신다며 향학열에 불타시는 구중회 교수님, 참 고마우신 분들이 내 곁에 많다는 것을 또다시 실감한다. 그나마 조동길 교수님 퇴임에 맞춰 이렇게 헌사라도 드릴 수 있으니 다행이다. 학부 때부터 늘 못난 제자 걱정하시는 홍사만 교수님, 감사한 마음을 한 번도 제대로 전하지 못하고 이제는 자주 뵙지도 못한다. 죄송한 마음만 가득하다. 그렇지만 사계절의 어여쁜 정경이 보이는 연구실에서 늘 감사한 마음을 가진다.

2015년 2월 지은이 씀

차 례

ㄴ

ㄷ

ㅅ

ㅈ

ㅊ

ㄱ

'ㄱ'의 덧생김(=ㄱ곡용)

활용이 용언의 형태 교체 현상이라면 곡용은 체언의 형태 교체 현상(체언의 형태변화, 체언의 조사 결합)이다. 중세국어에서는 체언에 조사가 통합될 때 그 체언이 교체를 보인다. 비자동적 교체 현상으로 '모/무'와 'ᄂ'로 끝나는 체언이 모음으로 된 조사와 결합할 때 체언의 끝음절 '오/우'와 '으'가 떨어지고 'ㄱ'이 덧생기는 현상을 'ㄱ'의 덧생김이라 말한다. 'ㄱ의 덧생김' 현상은 '낡, 녕, 굵, 붋'의 형태요소에서 'ㄱ'이 이유 없이 생기는 현상을 지칭한다. 이기문의 설명에 의하면 2음절의 어중음 'ㆍ'를 설정하여 'ㄱ'이 덧생기는 이유를 설명한다. 예를 들면 '나모'는 고대에는 '*나묵'이었는데 어떤 이유로 휴지나 자음 앞에서는 체언 끝 자음이 탈락하여 '*나묵 > 나ᄆ > 나모'가 되고 모음 앞에서는 2음절의 'ㆍ'가 탈락하여 '낡'이 되었을 것이라고 추정한다. 따라서 '나모'와 '낡'이라는 두 체언의 기원형을 '*나묵'으로 설정하여 불규칙 곡용을 설명할 수 있는 기원적 두 형태를 설정한 것이다. 이 두 형태소는 곡용을 할 경우에 모음 앞에서는 자음으로 끝나는 '낡, 념, 굵, 붉'의 형태요소가 실현되고, 자음 앞에서는 모음으로 끝나는 '나모, 녀느, 구무, 불무'의 형태가 실현된다.

용례
나모 : 나모+-ㅣ → 남기, 나모+인 → 남기, 나모+와 → 나모와
녀느 : 녀느+-ㅣ → 년기, 녀느+인 → 년기, 녀느+와 → 녀느와
구무 : 구무+-ㅣ → 굼기, 구무+인 → 굼기, 구무+와 → 구무와
불무 : 불무+-ㅣ → 붊기, 불무+인 → 붊기, 불무+와 → 불무와

그런데 모음으로 시작하는 조사 중 공동부사격 조사 '와'는 '나모, 녀느, 구무, 불무'와 결합해도 ㄱ이 덧생긴 형태인 '낡, 념, 굵, 붉'이 실현되지 않는 예외적 현상을 보인다. 고영근에서는 이러한 체언에 대응하는 형태로 '시므-/심-'과 '자므-/잠-'의 용언도 같은 현상으로 본다. 마찬가지로 이기문의 설명을 확대하면, 이들의 기원형은 '*시묵-/*자묵-'으로 설정할 수 있다.

가차(假借)

한자 육서(여섯 가지 구조 및 사용의 원리) 중 하나로써 어떤 뜻을 나타내는 한자가 없을 때, 그 단어의 발음에 부합하는 다른 문자를 원래의 뜻과는 관계없이 빌려 쓰는 방법이다. 가차는 표기법의 원리로 보면 표음적 기능만 취한 것으로 이 원리에 따라 사용된 한자를 음독자(音讀字)라고 한다.

가획(加畫)

가획은 글자에 획을 더하여 새로운 글자를 만드는 것이다. 훈민정음 해례에 의하면 초성자 중 기본자는 발음기관의 모양을 본떠 만들고, 그 밖의 글자들은 이 기본자에 획을 더하여 만들었다고 한다. 'ㄱ, ㄴ, ㅁ, ㅅ, ㅇ'은 가획의 원리에 따라 각각 'ㅋ/ ㄷ, ㅌ/ ㅂ, ㅍ/ㅈ, ㅊ/ ㆆ, ㅎ'을 만들어 내었다. 이처럼 훈민정음 체계에 있어서 각 문자와 그것이 표시하는 음소 사이에는 직접적이고도 체계적인 관계가 있었다.

각자병서

'훈민정음' 예의편에는 글자의 운용에 관한 규정으로 '연서법, 병서법, 성음법, 부서법, 사성법'에 관한 규정을 두고 있는데 이 중 '병서법'에 소개된 글자의 운용방법이다. 둘 또는 세 개의 글자를 나란히 잇대어 쓴다 해서 '병서'라 하며 병서에는 '각자병서'와 '합용병서' 두 종류가 있다. 각자병서는 같은 글자를 나란히 적은 것이고 합용병서는 다른 글자를 나란히 적은 것이다.

참고
각자병서 : ㄲ, ㄸ, ㅃ, ㅉ, ㅆ, ㆅ, ㆀ, ㅥ
합용병서 ① ㅂ계 합용병서 : ㅲ, ㅄ, ㅳ, ㅽ
　　　　② ㅅ계 합용병서 : ㅺ, ㅻ, ㅼ, ㅽ
　　　　③ ㅄ계 합용병서 : ㅴ, ㅵ

각자병서는 전탁을 나타낸 것인데, 모두 전청을 병서한 것으로 다만 'ㆅ'만이 차청을 병서하였다. 이들 병서는 주로 '동국정운식 한자음' 표기에 사용되었으며 순수한 국어 단어의 어두음 표기에 사용된 것은 'ㅆ'(쓰다書, 쏘다射), 'ㆅ'(혀引) 뿐이다. 'ㄲ ㄸ ㅃ ㅉ'는 주로 동명사 어미 '-ㄹ' 밑에 사용되었고 'ㅆ ㆅ'만이 국어 단어의 어두음 표기에 사용되었다. 이러한 표기 사실은 15세기 중엽에 마찰음의 된소리밖에 없었다는 것을 보여준다고 할 수 있다. 'ㆀ'는 어두에는 없었고, 괴ㆀ人愛我, 미ㆀ(繋)와 같이 하향 이중모음을 가진 일부 피동, 사동 어간에 국한되어 있었다. 그리고 자음의 동화된 발음을 표기에 반영한 'ㄴㄴ'의 표기(닿ㄴ니라 > 닫ㄴ니라 > 단ㄴ니라 > 다ㄴ니라)가 드물게 나타난다. 특이한 예로 'ㅅㄴ'(싸히)와 'ㅊㅕ'(닌쳑시)도 보인다.

간섭(干涉)

간섭은 둘 또는 그 이상의 것들이 만나 서로 더해지면서 나타나는 현상이다. 국어의 방언들 사이에는 서로 끊임없는 간섭이 있어 왔기 때문에 중앙 방언의 역사는 이미 다른 방언들에 있어서의 간섭을 고려하지 않을 수 없다. 또한 우리나라 문인들은 입으로는 국어를 말하고 글로는 한문을 썼다는 매우 특수한 의미에서 二言語 사용자였다. 이는 문어와 구어 사이에 간섭현상을 이끌었는데 특히 문어(한문)의 구어(국어)에 대한 엄청난 간섭이 일어났다.

간소화(簡素化)

간소화란 문법 체계가 이전에 비해 간략하게 변한 것을 말한다. 근대어의 문법 체계를 중세어의 그것과 비교해 볼 때 간소화가 일어났다고 볼 수 있는데 이는 보다 경제적이고 효율적인 체계의 지향이라는 것이 가장 현저한 특징이다. 이 지향은 실상 16세기에 시작되었다고 본다.

간접명령형(=간접명령)

구체적으로 정해지지 않은 청자, 독자에게 매체를 통해 명령의 뜻을 나타내는 명령법을 말한다. 또한 간접인용문에 쓰이는 명령법역시 간접명령이 된다. 현대국어는 직접명령법(-어라/-아라, -너라, -거라, -여라)과 간접명령법(-(으)라)의 형태상의 차이가 분명하나, 중세국어에는 그러한 구별을 찾기가 쉽지 않다. 간접인용구문에나타날 경우 '주다'의 보충법적 형태로 '도-/달-'이 수의로 교체되어 나타나고 'ㅎ쇼셔체'에서는 '주쇼셔'로 나타나지만 간접 명령형 어미 '-라' 앞에서는 '도-/달-'이 된다.

> 용례
> 가시며 子息이며 <u>도라</u> ㅎ야도 (월인석보 권1, 13장)
> 수를 <u>달라</u> ㅎ야 먹느다 (두시언해 권25, 18장)
> <u>달라</u> ㅎ얀 디 半年 (번역박통사 권상, 35장)

간접목적어

목적어의 하나로 '철수에게 돈을 주었다'에서 '철수에게'에 해당하는 문장성분이 간접목적어이다. 형태, 통사적 기준이 아닌 의미적 기준에 의해 정의된 용어이다. 중세국어에서는 간접목적어를나타낼 때 목적격 조사를 취한다.

須達이 <u>아둘올</u> 쭐올 얼유려터니 (월인천강지곡, 기149)

四海롤 <u>년글</u> 주리여 (용비어천가, 20장)

간접의문(=간접의문문)

의문문의 일종으로 청자의 답변을 직접적으로 요구하지 않는 의
문문을 말한다. 중세국어에는 간접의문을 나타내는 의문형 종결
어미가 따로 존재하였는데 판정의문은 '-ㄴ가(-눈가, -던가)', '-ㅭ
가(=ㄹ까<*-린가)'로, 설명의문은 '-ㄴ고(-눈고, 던고, -ㅭ고=-ㄹ꼬)'
로 나타난다.

서경은 <u>편안호가</u> <u>몯호가</u> (두시언해 권18, 5장)

비론 바볼 엇뎨 <u>좌시눈가</u> (월인천강지곡 122장)

모미 <u>편안호시던가</u> (번역박통사 권상, 51장)

쑬 <u>토실가</u> (번역박통사 권상, 11장)

이 이론 엇던 因緣으로 이런 相이 <u>現호고</u> (법화경언해 권3, 112장)

뎨 엇던 功德을 <u>뒷더신고</u> (석보상절 권24, 37장)

간접의문형(어미)

→ 간접의문

간접인용구문

간접인용이 사용된 문장.

간접인용절

국어의 겹문장에는 이어진 문장과 안은문장이 있는데 이 중 안은
문장에 의해 안긴문장을 '절'이라고도 부른다. 이 중 인용절은 종
결형이 큰 문장 안에 안겨서 성립되는데, 인용을 할 때 다른 사람
의 말을 화자의 관점으로 고쳐서 인용할 경우 간접인용이 되고
간접인용이 나타나는 인용절을 간접인용절이라 한다. 현대국어의
인용동사 '하다' 앞에는 조사 '고'가 나타나는데, 중세국어에서는
직접인용구문과 같이 간접인용구문도 인용의 기능을 나타내는 표
지가 없다. 중세국어의 간접인용구문도 직접인용구문과 같이 인
용절 앞에는 큰 문장의 서술어가 오고 끝에는 인용동사가 따른다.
그러나 대명사, 공대법, 문체법 등에서 차이점이 발견된다.

용례

如來 샹녜 우리를 아드리라 니르시니이다 (월인석보 권13, 32장)

제 닐오디 臣은 이 酒中엣 仙人이로라 ᄒᆞ니라 (두시언해 권15, 41장)

一切 ᄒᆞ논 일 잇논 法이 便安티 몯혼 주를 如來 뵈시노라 ᄒᆞ시며
(석보상절 권23, 18장)

내…世尊ᄭᅴ 묻ᄌᆞ오디 일후미 ᄃᆞ왼가 일티 아니호미 ᄃᆞ왼가 코져 ᄒᆞ
며 (법화경언해 권2, 21장)

간접존경(=간접높임)

존경의 대상이 되는 주체에 속한 사물이나 행동 등을 높이는 것
을 간접 존경이라 한다.

용례

부텻 뎡바깃 ᄲᅧ 노ᄑᆞ샤 ᄯᅩᆫ머리 ᄀᆞᄐᆞ실ᄊᆡ (월인석보 권8, 34장)

선혜 정성이 지극ᄒ실ᄊᆡ (월인석보 권1, 10장)

감동법

감동법은 서법의 하위 요소 중 하나이다. 서법이란 명제 또는 사태에 대한 화자의 심리적 태도를 말하는 것으로 감동법은 명제나 사태에 대한 화자의 감동어린 태도를 나타낸다. 현대국어의 감동법은 종결어미에 의해 실현되지만 중세에는 감동을 나타내는 선어말어미가 따로 존재했는데 '-도-, -돗-, -옷-, -ㅅ-'이 감동을 나타내는 선어말어미이다. 이밖에도 감동법은 느낌 이외의 주관적인 앎이나 확신을 표시하는 일도 있다. 감동법은 부정법, 직설법, 회상법, 추측법, 추측회상법에 후행하며, 감동의 기능을 수행한다.

> **용례**
> "그듸 가 들 지비 ᄇᆞᆯ쎠 이도다" (석보상절 권6, 35장)
> 세존이 세간애 나샤 심히 기특ᄒ샷다 (월인석보 권7, 14장)
> "나복 이룛디면 내 빗소배셔 난 아기로소이다" (월인석보 권23, 86장)
> 이 男子ㅣ 정성이 지극홀쎠 보ᄇᆡ를 아니 앗기놋다 (월인석보 권1, 11장)

감동법은 사태에 대한 화자의 느낌이나 믿음과 같은 정감을 나타내는 것으로, 원칙법이나 확인법이 사태의 진실성에 대한 화자의 판단과 관련된 것이라면, 감동법은 사태에 대해 화자가 느끼는 감정적 태도와 관련된 것이다.

감정감탄사

감탄사는 화자가 자신의 느낌이나 생각을 특별한 단어에 기대지 않고 직접 표시하는 품사이다. 감탄사는 크게 감정감탄사와 의지 감탄사로 나뉘는데 이 중 감정감탄사는 굳이 상대방을 의식하지 않고 자기(화자)의 감정을 표시하는 의미 기능을 한다.

> **용례**
> <u>의</u> 슬프다 (영가집언해 서, 15장)
> <u>아으</u> 동동다리 (악학궤범, 동동)

감탄법

감탄법은 문체법의 하위 요소 중 하나이다. 문체법은 청자에 대한 화자의 태도에 따라 유형화되는데 감탄법은 청자에 대해 화자가 감탄과 놀라움의 태도를 나타내는 것을 문법적으로 유형화한 것이다. 현대와 마찬가지로 중세에도 감탄을 나타내는 종결어미가 있었는데 '-ㄹ쎠, -애라, -게라(ᄒ라체), -ㄴ뎌(ᄒ야쎠체)'가 있으며 여기에 더해 감탄형 어미 '-고나'가 16C 초 『번역박통사』에 처음 나타난다.

> **용례**
> "내 아ᄃ리 <u>어딜쎠</u>" (월인석보 권2, 7장)
> 六祖ㅅ 큰 오온 ᄠᅳ들 보디 <u>몯ᄒ논뎌</u> (육조법보단경언해 서, 7장)
> 목련이 닐오디 "몰라 <u>보애라</u>" (석보상절 권24, 2장)
> 븘 興에 아디 <u>몯게라</u> (두시언해 권22, 16장)
> 됴ᄒᆫ 거슬 모ᄅᆞᆫᄃᆺ <u>ᄒ고나</u> (번역박통사 권상, 73장)

이기문은 고영근이 설명하는 감동법 선어말어미를 감탄법에 포함시켜 설명하고 있다. 이기문이 설명하는 감탄법의 선어말어미에는 '-도-', '-돗-' 등이 있었고 '-ㅅ-'도 감탄법인 것으로 추정한다. 이 '-ㅅ-'은 주로 의도법의 '-오-'를 수반하였으나 간혹 단독으로도 나타났다. 감탄법의 선어말어미들은 근대에 와서 단순화되어 '-도-'만 남게 되었다. 15세기 감탄법의 어미는 일반적으로 선어말어미 '-도-'와 평서법 어미 '-다'의 연결로 표시되었는데 이밖에 '-뎌', '-ㄹ쎠' 등이 있었다. '-고나'는 16세기 초엽 『번역박통사』에 처음 보인다. 또한 이기문은 근대어에서는 이 '-고나'가 일반화되었는데 '-고야', '-괴야' 등도 사용되었고 또 중세의 '-도다'는 근대에 와서는 '-는' 뒤에서 '-쏘다'로 변했으며 '-ㄹ쎠'는 '-ㄹ쌰'로 변했다고 설명한다.

감탄사

감탄사는 화자가 자신의 생각이나 느낌을 특별한 단어에 기대지 않고 직접 표시하는 품사이다. 중세국어도 현대국어와 같이 감탄사를 감정감탄사와 의지감탄사로 나눌 수 있다. 다음은 의지감탄사의 예이다.

> [용례]
> 엥 올ᄒᆞ시이다 (석보상절 권13, 47장)
> 아소 님하 도람 드르샤 괴오쇼셔 (악학궤범, 정과정)

개방형태소

어떤 형태소의 뒤에 다른 형태소가 뒤따라오지 않으면 단어를 완성할 수 없는 경우 그 형태소를 개방형태소라 한다. '보숩ᄂ니이다'를 형태소 분석하면 어간 '보-'에 '-숩-, -ᄂ-, -니-, -이다' 등이 있는데 '-다'와 같이 다음에 다른 어미가 오지 않아도 단어를 완성시키는 형태소를 폐쇄형태소라고 하고 다른 형태소가 오지 않으면 단어를 완성할 수 없는 형태소를 개방형태소라고 한다. '-다'를 제외한 다른 요소들은 개방형태소에 속하는데 이는 선어말어미와 일정 부분 겹치는 면이 있다. 이렇게 보면 개방형태소는 '선어말어미'의 개념과 가깝고, 폐쇄형태소는 '어말어미'의 개념과 일치한다.

개산(概算, 보조사)

수량을 나타내는 명사 아래 붙어 그 개산적 평가(겉으로 보고 대강 어림잡은 수)를 표현하는 조사로 쓰인다.

> **용례**
> 바횟서리예 사논 짜호 온 뿁이나 호디 잇ᄂ니라 (두시언해 권8, 10장)
> 열흐른호고 粘沒喝이 블러 일 議論호더니 (삼강행실도 충신도, 18장)

개음절성(開音節性)

음절이 모음으로 끝나는 성질을 개음절성이라고 한다. 이는 일본어와 같은 언어의 구조적 특징이다. 반면 음절이 자음으로 끝나는 성질은 폐음절성(閉音節性)으로 한국어와 같은 구조적 특성을 보인다.

개체한정

단독의 의미를 가진 보조사 '곳/옷, 붓/봇, 만, 뿐'을 정도와 한정
으로 나누어 정도에는 '만'을, 한정에는 개체한정(뿐)과 사건한정
(곳/옷)으로 양분하여 설명한다.

객관적 앎(=원칙법)

중세국어의 부차서법인 원칙법 선어말어미 '-니-'에 의해 실현되
는 의미의 양상으로 확인법이 화자의 주관적 앎에 근거를 둔 사
태판단이라면 원칙법은 화자는 물론, 청자도 인정하는 객관적 앎
에 바탕을 둔 사태판단이라고 할 수 있다. 원칙법 '-니-'는 직설
법 '-ㄴ-'와 회상법 '-더-' 아래 분포하는 것이 원칙이고 추측법
과 확인법 뒤에 나타나기도 한다.

> 용례
> "사ᄅᆞ미 살면 주그미 이실ᄊᆡ 모로매 <u>늙ᄂᆞ니라</u>" (석보상절 권11, 36장)
> ㅋᄂᆞᆫ 엄쏘리니 快ㆆ字 처ᅀᅥᆷ 펴아 나는 소리 <u>ᄀᆞᄐᆞ니라</u> (훈민정음 언
> 해, 4장)

객체높임법

→ 겸손법

격조사

다른 말과의 문법적 관계를 나타내 주는 조사를 말한다. 중세도

현대와 마찬가지로 주격, 서술격, 목적격, 관형격, 보격, 부사격,
호격 조사가 있다.

결어법

종결어미로써 한 문장을 맺는 활용법을 말한다. 결어법에는 문체
법과 존비법이 있다. 문체법은 한 문장을 진술, 물음, 시킴 등으로
끝맺는 기능적 범주이고 존비법은 한 문장을 해라, 하게, 합쇼 등
으로 끝맺는 사회적 범주이다.

결합적 변화(結合的 變化)

음운 변화는 조건 변화와 무조건 변화로 분류되어 왔다. 이 중 조
건 변화를 결합적 변화라고도 하는데 이는 어떤 음의 변화가 그
인접음의 영향에 의해서 설명될 수 있는 경우를 말한다. 결합적
변화에는 동화, 이화 등이 있다.

겸손법

공대법의 하위 범주로, 겸손법이란 주어 명사구가 목적어 명사구
나 부사어 명사구가 가리키는 인물보다 낮다고 생각될 때 실현되
는 문법적 절차이다. 학교문법의 '객체높임법'과 거의 일치하는
개념으로 '객체높임법'을 대체하고자 제시한 용어이다. 중세국어
의 겸손법이 가지는 가장 큰 특징은 현대국어와 달리 겸손법을
표시하는 선어말어미가 문법범주로 존재한다는 것이다. 현대국어

가 (학교문법을 기준으로) 일부 조사나, 접미사, 특수어휘에 의해 객체높임을 표현하는 반면 중세국어는 겸손법(객체높임)이 선어말어미 '-숩-, -줍-, -숩-'에 의해 체계적으로 표현된다. 물론 중세국어의 겸손법도 특수 어휘에 의해 표현되기도 한다. '마쯔비, 숩다, 드리다, 뫼시다, 뵈다, 저숩다, 엳줍다'가 그 예이다. 겸손법(겸양법)은 근대국어 시기에 들어 공손법(상대높임)으로 변화하였는데 그리하여 중세국어 시기 겸손법과 공손법의 결합인 '-숩노이다'에 소급하는 '-옵닝이다, -옵닉이다, -옵노이다' 등은 공손법을 나타내게 되었다. 현대어의 '-(으)ㅂ니다'는 이로부터 발달된 것이다.

용례
"내 아래브터 부텻긔 이런 마룰 몯 듣줍비며" (석보상절 권13, 44장)
(야수끠) 유무 드롫 사룸도 업거늘 (석보상절 권6, 2장)
마야부인이 … 王끠 그 꾸믈 숩아시눌 (월인석보 권2, 23장)

겸양법(→겸손법)

겸양법은 행위와 관련되는 대상, 즉 목적어나 부사어로 실현된 인물이 화자보다 상위자이고 주어의 인물보다도 상위자일 때 쓰인다. 이기문은 尊者에 관련된 卑者의 동작, 상태를 겸양법으로 표시하였다고 설명한다. 겸양법은 현대국어에서는 거의 사라지고 '드리다, 여쭙다'와 같은 어휘에 의해 일부 표현될 뿐이나, 중세국어에서는 선어말어미 '-숩-, -줍-, -숩-'에 의해 표현된다. 주로 어간 말음이 'ㄱ, ㅂ, ㅅ, ㅎ'이면 '-숩-', 모음과 'ㄴ, ㅁ'이면 '-숩-', 'ㄷ, ㅈ, ㅊ'이면 '-줍-'으로 나타났다. 뒤에 오는 어미가 모음으로 시작되면 'ㅂ'은 'ㅸ'으로 교체되었다.

내 ᄯᆞᆯ 勝鬘이 聰明ᄒᆞ니 부텨옷 <u>보ᅀᆞᄫᆞ면</u> 당다이 得道를 ᄲᆞᆯ리 ᄒᆞ리
니 (석보상절 권6, 49장)

내 아래브터 부텻긔 이런 마를 몯 <u>듣ᄌᆞᄫᆞ며</u>(석보상절 권13, 44장)

須菩提돌히 … 法王애 <u>갓갑ᄉᆞ와</u>(법화경언해 권1, 114장)

우린 다 佛子ㅣ <u>ᄀᆞ트ᄌᆞ오니</u>(법화경언해 권2, 227장)

無量壽佛 보ᅀᆞᄫᆞᆫ 사ᄅᆞ모 十方無量壽佛을 <u>보ᅀᆞᄫᆞᆫ디니</u>(월인석보 권8,
33장)

道士돌히 … 부텻 舍利와 經과 佛像과란 긼 西ㅅ녀긔 <u>노ᅀᆞᆸ고</u>(월인석
보 권2, 73장)

겹문장

주어−서술어 관계가 두 번 이상 이루어져 있는 문장을 말한다.
복문이라고도 한다. 한 문장이 큰 문장 안에 안기는 일이 있는가
하면 문장끼리 서로 결합되어 긴 문장이 되기도 한다. 한 문장이
절이 되어 큰 문장 속에 안겨 있을 때 이를 안긴문장(내포문)이라
하고 절을 안고 있는 큰 문장을 안은문장 혹은 바깥문장(모문)이라
고 한다. 그리고 두 문장이 연결어미에 기대어 이어져 있을 때 이
를 이어진문장(접속문)이라고 한다.

경계법

학교문법에서는 결어법(종결법)의 유형으로 문체법과 존비법을 들
고, 문체법은 종결어미의 종류에 따라 평서법, 의문법, 명령법, 청

유법, 감탄법의 5개 유형을 제시하고 있지만, 고영근을 비롯한 일부 학자들은 위 5개 유형에 허락법, 약속법, 경계법 3가지 유형을 추가한다. 특히 고영근은 여기에 경계의 의미를 가지는 일부 어미를 추가하여 설명한다. -ㄹ셰라(=-ㄹ쎄라)가 그것이며 이들 어미는 현대국어의 경계형 어미('-ㄹ라')와 비슷하게 '-을까 두렵다', '-지 않도록 경계해라'의 의미를 가진다.

> **용례**
> 혼쁴 가면 ᄒᆞ다가 몯 일울쎄라 (삼강행실도 충신도, 30장)
> 어긔야 즌 ᄃᆡ롤 드ᄃᆡ욜셰라 (악장가사, 정읍사)

경덕왕 개명(景德王 改名)

오늘날 우리나라에서 한자를 음독하는 관습은 아마도 통일신라의 경덕왕 때에 지명을 중국식으로 한자 2자로 개명한 것과 같은 중국화 과정이 심화되면서 일반화된 것으로 생각된다. 왕호 및 지명의 개신은 가중되어 가는 중국 문화의 영향이 언어에 미친 과정을 보여 준다.

경어법(→ 존비법)

경어법은 화자가 이야기에 관계되는 어느 인물에 대해 존대 의사를 표현하는가의 여부에 따라 존경법, 겸양법, 공손법으로 삼분된다.

경어법 선어말어미

중세국어에서 경어법을 담당하는 선어말어미로는 '-시-', '-ᅀᆞᆸ-', '-이-'가 있다. 이들은 각각 존경법, 겸양법, 공손법의 문법적 기능을 담당한다.

▎ 존경법 선어말어미 '-시-'

존경법 선어말어미는 尊者의 동작, 상태에 대한 존경을 표시하는 것으로 현대국어의 '-시-'에 해당하는 선어말어미이다. 이 어미는 현대국어에도 이어진다. 자음 뒤에서는 매개모음 '♡/으'가 통합된다. 자음어미나 매개모음을 갖는 어미 앞에서는 '-시-'로 실현되나 부동사 어미 '-아/어'나 의도법 어미 '-오/우-'로 시작되는 모음어미 앞에서 '-샤', '-샤-'로 되고, 어미의 두음은 합쳐지거나 탈락한다.

용례

如來 태자ㅅ 詩節에 나롤 겨집 사ᄆᆞ시니 (석인석보 권6, 4장)
님금 위ᄅ 브리샤 精舍애 안잿더시니 (월인천강지곡 3장)
目連이ᄃᆞ려 니ᄅᆞ샤ᄃᆡ (석보상절 권6, 1장)

▎ 겸양법 선어말어미 '-ᅀᆞᆸ-'

현대국어에는 존재하지 않는 선어말어미로 객체에 대한 존대(또는 동작주체의 겸양)를 표시하는 것이다. 이기문은 이를 尊者에 관련된 卑者의 동작, 상태를 표시하는 것이라고 설명한다. 환경에 따라 다양한 이형태가 존재한다. 어간 말음이 'ㄱ, ㅂ, ㅅ, ㅎ'이면 '-ᅀᆞᆸ-', 모음이거나 'ㄴ, ㄹ, ㅁ'이면 '-ᅀᆞᆸ-', 어간 말음이 'ㄷ, ㅈ, ㅊ'이면 '-ᅀᆞᆸ-'으로 실현된다. 또한, '-ᅀᆞᆸ-, -ᅀᆞᆸ-, -ᅀᆞᆸ-'은 모음어미나 매개모음을 가지는 어미 앞에서는 말음 'ㅂ'이 'ㅸ'으로 되어 각각 '-ᅀᆞᇦ-, -ᅀᆞᇦ-, -ᄌᆞᇦ-'으로 교체된다.

용례

가. 大瞿曇이 슬허 ᄲᅳ리여 棺애 <u>녀ᅀᆞᆸ고</u> (월인석보 권1, 7장)

나. 無色諸天이 世尊ᄭᅴ <u>저ᅀᆞᆸ다</u> 혼 말도 이시며 (월인석보 권1, 36장)

다. 正法 <u>듣ᄌᆞᆸ고져</u> 發願호디 (월인석보 권9, 36장)

라. 須菩提ᄃᆞᆯ히 … 法王애 <u>갓갑ᄉᆞ와</u> (법화경언해 권1, 114장)

마. 내 ᄯᆞᆯ 勝鬘이 聰明ᄒᆞ니 부텨옷 <u>보ᅀᆞᇦ면</u> 당다이 得道를 ᄲᆞᆯ리 ᄒᆞ리니 (석보상절 권6, 40장)

바. 우린 다 佛子ㅣ <u>곧ᄌᆞ오니</u> (법화경언해 권2, 227장)

‖ 공손법 선어말어미 '-이-'

청자(존자)에 대한 화자의 공손한 진술(존대)을 나타내는 선어말어미로 현대국어에서는 쓰이지 않는다. 다만 '-이-'가 담당했던 존대 등급은 '-습니다, -습니까'에 의해 표현된다. 현대국어의 '-습니다, -습니까, -읍시다' 등은 '-습-'과 '-이-'가 독립성을 잃고 통합되어 형성된 것이다. 형태 교체는 복잡하지 않아 설명법 어미 앞에서는 '이', 의문법 어미 앞에서는 '잇'으로 실현된다.

용례

가. 비록 사ᄅᆞ미 무레 사니고도 <u>즁ᄉᆡᆼ마도 몯ᄒᆞ이다</u> (석보상절 권6, 5장)

나. 그딋 ᄯᆞᄅᆞᆯ 맛고져 <u>ᄒᆞ더이다</u> (석보상절 권6, 15장)

다. 이 ᄠᅳ디 <u>엇더ᄒᆞ니잇고</u> (능엄경언해 권1, 59장)

라. 일후믈 ᄆᆞᅀᆞ미라 <u>ᄒᆞ리잇가 몯ᄒᆞ리잇가</u> (능엄경언해 권1, 73장)

고대국어의 경어법은 중세의 그것과 다름이 없었던 것으로 추정된다. 또한 중세어에서도 어휘에 의한 경어법이 발달되어 있었는데 현대어의 그것과는 약간 차이가 있었다. 근대에 와서 경어법 체계는 존경법과 공손법의 체계로 이행하였다. 즉 겸양법이 근대에 와서 공손법으로 변했던 것이다. 그리하여 중세어의 겸양법과 공손법의 결합인 '-ᄉᆞᆸᄂᆞ이다'에 소급하는 '-ᅌᅥᆸ닝이다, -ᅌᅥᆸ니이다, -ᅌᅥᆸᄂᆞ이다' 등은 공손법을 나타내게 되었다. 현대어의 '-(으)ㅂ니다'는 이로부터의 발달이다.

경험시(사건시)

문장이 나타내는 사건이 일어나는 시점을 말한다. 시간과 관련되는 문장을 설명할 때 쓰는 말이다. 이와 관련하여 발화시는 말하는 이가 말을 시작하는 시점을 말한다. 발화시와 경험시(사건시)가 같을 때를 현재, 경험시가 발화시에 앞설 때의 시제를 과거라 한다. 이에 의하면 회상법 '-더-'의 시제는 발화시를 기준으로 하면 과거시제로 해석되고, 경험시를 기준으로 하면 현재시제가 된다.

계기적 사건

문장이 이어지는 양상이 계기적 사건, 즉 시간적 선후 관계로 나타나는 사건에 의해 이어지는 경우를 말한다. 이때는 이렇게 이어진 문장을 대등하게 이어진 문장으로 보느냐, 종속적으로 이어진 문장으로 보느냐는 구분하기 힘든 경우가 생긴다. 하지만 대등적으로 이어진 문장은 두 절의 순서를 바꾸어도 문장의 의미가 근본적으로 바뀌지 않지만 계기적인 사건인 경우에는 순서를 함부로 바꿀 수 없다.

보살이 둔니시며 셔 겨시며 안주시며 누보샤매 (월인석보 권2, 26장)
(아모) … 조흔 짜홀 쓰설오 노폰 座 밍골오 便安히 연주면 (석보상
절 권9, 21장)

계림유사

송(宋) 나라의 봉사고려국신서장관(奉使高麗國信書狀官) 손목(孫穆)이
12세기 초두(정확히는 1103~1104 양년간)에 편찬한 책이다. 본래는
3권으로 '토풍(土風), 조제(朝制), 방언(方言)'과 부록 '구선각석등문(口
宣刻石等文)'으로 이루어졌던 것으로 추정되는데, 오늘날 그 원본은
전하지 않고 『고금도서집성(古今圖書集成)』(1725)과 『설부(說郛)』(1647)
에 그 초록(抄錄)이 전한다. 이들은 짤막한 서설(주로 토풍, 조제에 관
한 것)과 '방언'으로 되어 있는데, '방언'에 관한 부분은 그 원본의
모습에 큰 손상을 입지 않았다.

이 '방언'에는 "天曰漢捺"과 같이 한자로 당시의 국어 단어 또는
어구 350여 항이 기록되어 있는데, 손목이 고려에 와서 직접 기
록한 것임에 틀림없는 것으로 보인다. 따라서 이 책의 표기를 읽
으려면 손목이 사용한 중국 한자음(송나라 때의 발음)에 대한 정확
한 지식이 필요하다.

계사

계사(繫辭)는 체언에 통합되어 서술어를 만들어 주는 문법형태소로
서 어말어미 '-다'와 결합하는 서술격조사의 어간 '이-'에 해당한
다. 이는 주격조사 '-이'와 동일한 교체 현상을 보인다. 체언 말음

이 자음이면 '이', '이'나 'ㅣ'이면 'ø-', 그 밖의 모음이면 'ㅣ-'로 교체된다.

가. 이 : 長子ㅣ 닐굽 아다리러니 (석보상절 권6, 13장)
나. ø : 罪 니블 마디ø며 (석보상절 권9, 8장)
다. ㅣ : 비호ᄂᆞᆫ 弟子ㅣ라 (월인석보 권1, 9장)

중세국어에서 계사 '이-'는 그 활용 방식이 특이하다. 계사의 활용상의 특수성은 어미와의 연결에서 두드러진다.

가. 어미의 두음 'ㄷ'이 'ㄹ'로 변한다.
ᄒᆞᆫ가지라(ᄒᆞᆫ가지-이-다), 아ᄃᆞ리러니(아ᄃᆞᆯ-이-더-니), 弟子ㅣ라(弟子-이-다)
나. 어미의 두음 'ㄱ'이 'ㅇ'으로 변한다.
ᄒᆞᆫ가지오(ᄒᆞᆫ가지-이-고), 아ᄃᆞ리어니(아ᄃᆞᆯ-이-거-니), 弟子ㅣ어든(弟子-이-거든)
다. '오/우'나 '아/어'는 '로', '라'로 변한다.
ᄒᆞᆫ가지로ᄃᆡ(ᄒᆞᆫ가지-이-오ᄃᆡ), 아ᄃᆞ리롬(아ᄃᆞᆯ-이-옴), 弟子ㅣ로라(弟子-이-오-다), ᄒᆞᆫ가지라ᅀᅡ(ᄒᆞᆫ가지-이-아ᅀᅡ), 아ᄃᆞ리라(아ᄃᆞᆯ-이-아)

이러한 변화는 어미가 계사와 직접 연결될 때 나타나는 것으로, 이러한 사실은 계사가 음운론적으로 단순한 'i'가 아니었음을 시사한다. 하지만 중간에 다른 어미가 끼어 있으면 계사 뒤라도 이 변화는 일어나지 않는다.

부텨롤 佛이시다 ᄒᆞᄂᆞ니라 (월인석보 권1, 8장)

또한 어미 '-디빙'는 계사 뒤에서도 'ㄹ'로 변하지 않고 항상 그 대로 통합된다.

용례
부텨는 本來 變化ㅣ <u>디빙</u> (월인석보 권2, 36장)

계열관계

언어 단위를 분석하는 과정에서 사용되는 개념으로 '나는 바다를 좋아한다'라는 문장은 '나는', '바다를', '좋아한다' 세 어절로 분석할 수 있다. 위 문장을 세 어절로 나눌 수 있는 것은 각각의 어절에 같은 성질을 가진 다른 말이 바뀌어 나타날 수 있기 때문이다. 이렇게 같은 성질을 가진 다른 말이 바뀌어 나타나는 것을 '대치'라고 하며 이런 종류의 말은 계열체를 이룰 수 있으므로 이들을 계열관계에 있다고 말한다.

나는	바다를	좋아한다.
너는	산을	싫어한다.
그는	하늘을	사랑한다.
↓	↓	↓
계열관계	계열관계	계열관계

계통적 분류

계통적 분류란 한 조상 언어에서 갈려 나온 언어들을 하나의 어족(語族)으로 묶어 분류하는 방법이다. 이는 언어를 굴절어, 교착어, 고립어 등과 같이 문법적인 특징에 따라 분류하는 유형적(類型

的) 분류와 더불어 언어를 분류하는 대표적인 방식의 하나로 사용
되어 왔다. 계통적인 분류는 언어들의 친족관계(親族關係)에 기초를
둔 분류법인데, 이 친족관계를 밝히는 데 사용되는 것이 비교방법
이다. 친족관계에 있는 언어들을 동일 계통의 언어라고 하며 동계
의 언어들은 어족을 형성한다. 본래의 한 언어가 여러 갈래로 나
뉘어 오랫동안 독자적인 변화를 겪으면 많은 차이가 생기게 되지
만 그 음운, 문법, 어휘에는 아직도 옛날의 공통요소들이 남아 있
음이 발견된다. 학자들은 이 요소들을 찾아내는 데 그치지 않고
아득한 옛날 이들이 분리되기 이전 상태인 공통조어(共通祖語)의 재
구(再構)를 시도하고 있다. 재구형에는 흔히 별표(*)를 붙인다.

고립어(孤立語)

여러 언어를 계통적, 즉 어족(語族)의 관점에서 분류하지 않고 구
조나 형태의 관점에서 분류하면 고립어(孤立語)·교착어(膠着語)·굴
절어(屈折語) 등 3종류로 크게 나뉜다. 고립어에서는 낱말이 그 어
떤 형태상의 변화가 없이 글 가운데 나타나고 다른 말과의 문법
적 관계는 어순에 의해 표시된다. 고립어의 대표적인 예로는 중국
어를 들 수 있는데, '我愛你'를 한국어의 '나는 너를 사랑한다'와
비교해 보면 한국어에서는 '나'에 '는'이, '책'에 '을'이 첨가되어
'나'와 '책'의 문법적인 기능이 나타나 있다. 그러나 중국어의
'我'에는 '나는'처럼 문법적인 기능의 표시가 포함되어 있지 않다.
그래서 어순의 변화에 의해 '你愛我'라고 하면 '我'는 문장에서 목
적어 구실을 하게 된다. 이렇게 어형변화를 하지 않고, 문법적 관
계가 주로 어순에 의해 표시되는 언어를 고립어라 한다.

고유명사

고유명사는 그 정의를 크게 두 종류로 나누어 볼 수 있다. 첫 번째는 '고유한 이름을 나타내는 명사로서 특정 대상에 붙여진 이름'이라는 견해이다. 두 번째 견해는 고유명사를 '특정한 하나의 개체를 다른 개체와 구별하기 위한 이름'으로 정의한다. 국어사에서 고유명사 표기는 우리나라 한문의 일부이면서 동시에 자국어 표기의 첫 단계이기도 했다. 우리 문자가 없던 시절에는 한문을 이용해 우리 인명과 지명을 표기하려는 노력이 석독과 음독을 통해 많이 행해졌다.

고유어(固有語)

고유어는 본래부터 우리 언어에 있던 말을 말한다. 우리 문자 어휘의 양상을 보면 한자어가 많이 침투해 있었다. 명사나 동사도 한자어가 고유어를 격퇴하는 경향이 현저했으며 어떤 것은 한자어라는 의식이 없어져 자주 정음 문자로 쓰인 것도 있었다.

고유어계 수사

수사는 양수사와 서수사로 나눌 수 있는데 양수사와 서수사 모두 고유어를 통해 실현되는 수사가 있다. 이러한 수사를 고유어계 수사라 한다. 중세국어의 고유어계 양수사는 현대국어의 고유어계 양수사와 달리 '千천'(즈믄)까지 고유어계 수사가 있었다. 서수사의 경우 현대국어와 달리 양수사에 '차히'(째)가 붙어서 성립된다. 현대국어의 경우 수관형사에 '째'를 붙인다.

양수사-고유어 계통 : 호나호, 둘호, 세호, 네호, … 아홉, 열호, 스
믈ㅎ, 몇, 여러ㅎ…즈믄
한자어계 수사 : 一 , 二 , 三 , 四 … 十
서수사-고유어 계통 : 호나차히, 둘차히, 세차히 … 열차히, 열호나
차히
한자어 계통 : 第一, 第二, 第三 …

고저 악센트

고저 악센트는 단어 또는 문장의 어떤 요소에 놓이는 소리의 높
낮이를 말한다. 우리 방언은 서북방언, 동북방언, 서남방언, 동남
방언, 중부방언, 제주도방언으로 구획할 수 있다. 그 중에 동북방
언과 동남방언은 역사적으로 깊은 관계가 있으며 고저 악센트를
가지고 있는 점이 특이하다.

고전 모방설(古篆 模倣設)

훈민정음 자모의 기원설 중 하나로 한글이 옛 한자에서 모방했으
리라는 설이다. '字倣古篆'을 들어 세종의 새 글은 옛 한자를 모방
해서 만들었을 것이라는 주장이다. 이는 <세종실록(世宗實錄)>의
'其字倣古篆'이란 기록이나, 최만리(崔萬理) 등의 상소에 "字形雖倣古
篆文" 및 정인지 서문의 '象形而字倣古篆' 등의 기록에서 나타난다.
그러나 상형과 자방고전(字倣古篆)은 결코 상극이 되는 것은 아니
며, 새로운 문자의 원리로 일단 '상형'을 기본으로 하고 형태 및

결합방법에 있어 고전(古篆)의 방법을 채택한 것으로 볼 수 있다.

곡용(曲用)

곡용은 체언에 조사가 통합될 때 체언이 교체하는 현상을 말한다. 이 교체에는 자동적 교체와 비자동적 교체가 있다. 당시의 정서법은 이들 교체를 충실히 반영하였다. 중세어에 비자동적 교체를 보인 체언 어간이 존재한 사실은 특기할 만하다. 또한 중세어에서는 현대국어에서는 곡용을 하지 않는 관형사의 곡용의 예가 보인다. 이들은 본래 명사로 기능하였음을 알 수 있다.

용례
새와 눌ㄱ니와
새예 갈써
느롤(눌+올) 머그면

공동격조사

공동격조사는 현대국어의 '-와/과'에 해당하는 것으로 중세국어에서도 같은 형태가 사용된다. 교체 양상도 차이가 없어 어간 말음이 'ㄹ'이거나 모음 뒤에서는 '-와', 그 밖의 환경에서는 '-과'가 쓰인다. 어간 말음 'ㄹ'뒤의 '-과'는 16세기 후반에 일반화되었다. 공동격 조사는 근대에 와서 모음 뒤에는 '-와', 자음 뒤에는 '-과'로 확정되었다.

용례
가. 나모와 곳과 果實와눈 (석보상절 권6, 40장)

나. 龍과 鬼神과 위ᄒᆞ야 說法ᄒᆞ더시다 (석보상절 권6, 1장)

중세어에 있어서는 마지막 명사도 공동격 조사를 취하고 다시 필요한 격조사를 취하는 것이 일반적이었는데 이러한 현상을 '집단 곡용'이라고 일컫는다.

공대말

일정한 어휘에 대한 높임말을 말한다. 체언, 동사 등에서 나타나며, 높임말을 통해 문장의 주체나 객체를 높이는 기능을 수행한다.

> 체언의 공대말 : 밥 → 진지,
>   뫼너 → 그듸(현대국어의 자네, 당신에 해당)
>   이(의존명사) → 분
>   저(재귀대명사) → ᄌᆞ갸(현대의 '당신'과 비슷)
> 동사의 공대말 : 잇다 → 겨시다
>   먹다 → 좌시다

그런데 '겨시다'는 현대의 '계시다'인데 현대의 '계시다'는 직접높임으로만 쓰이는 반면 중세의 '겨시다'는 직접높임과 간접높임에 모두 쓰였다.

용례
> 文王이 ᄒᆞᆫ번 뫼 자셔든 (소학언해 권4, 12장)
> 王季 진지를 도로 ᄒᆞ신 후에ᅀᅡ (소학언해 권4, 12장)
> 세 분이 프ᅀᅥ리예셔 자시고 (월인석보 권8, 93장)
> 如來 … 묏고래 수머 겨샤 (석보상절 권6, 4장)
> 부톄라 ᄒᆞᆫ 일후미 겨시고 (석보상절 권13, 59장)

공대법

학교문법의 '높임법'에 해당하는 용어로 공대법에는 존경법(주체높임), 겸손법(객체높임)을 구분한다. 일반적으로 '높임법'이라는 용어는 '높임'에만 한정되는 의미가 아니라 상대적 낮춤의 의미도 포함하기 때문에 공대법이라는 용어를 설정한다. 따라서 화자가 남에 대하여 자기를 낮출 때 실현되는 문법적 절차인 겸손법은 '높임'의 의미에 부합하지 않는다고 생각한 것이다.

공손법(→ 존비법)

경어법의 하나인 공손법은 존자에 대한 화자의 공손한 진술을 표시하는 것으로 고대 시기의 사용은 확인이 어려우나 중세국어에서는 어미 '-이-'의 형태로 존재했다. 근대에 와서는 겸양법과 결합하였다. 공손법은 'ᄒᆞ쇼셔'체, 'ᄒᆞ야쎠'체, 'ᄒᆞ라'체의 셋으로 나뉘는 것이 일반적이다. 'ᄒᆞ쇼셔'체는 어말어미에 선어말어미 '-이-'나 '-잇-'을 더해 표현하며, 명령법의 경우만 '-쇼셔'라는 별도의 어미를 사용한다, 'ᄒᆞ야쎠'체는 '-ᅌᅵ다'나 '-ㅅ가', '-아쎠'로 표현된다. 대체로 대명사 '그듸'에 해당하는 청자에 대해 사용되며, 'ᄒᆞ쇼셔'체가 병용되어 쓰이는 일도 많다. 'ᄒᆞ라'체는 그 형태가 다양하다. 특히 의문법이 복잡하므로 형태에 주의할 필요가 있다. 'ᄒᆞ라'체는 가장 중립적인 등급으로 특정 청자가 존재하지 않는 지문이나 설명에도 사용된다. 현대국어의 '해라'체에 해당하는 것으로 보이나, 현대국어의 반말 '해'체의 등급도 포함하는 것으로 보인다. 중세국어에는 선어말어미 '-니'나 '-리'로 문장이 종결되는 예가 있다. 이 역시 공손법의 한 등급일 것이나, 쓰이는 환경이 제한적이어서 정확하게 어느 등급이라고 단정하기는 어렵다. 고영근에서는 반말로 취급한다.

공시문법

어느 특정한 시기 정지 상태 언어의 문법을 말한다. 언어의 변화가 일어나지 않은 특정의 시기를 구획하여 설정한 문법 체계를 일컫는다. 반면 시간의 흐름에 따라 변하는 문법 현상을 통시문법이라 한다.

공시적 문법규칙(→ 통시적 문법규칙)

언어의 변화를 고려하지 않고 특정의 시기만을 기준으로 문법규칙을 설정하는 것과, 언어의 변화를 고려한 문법규칙의 설정은 차이가 있다. 공시적인 관점에서는 '좁쌀, 댑싸리, 입때'처럼 'ㅂ'이 덧붙는 현상을 합리적으로 설명할 수 없기 때문에 이에 해당하는 문법규칙을 설정하여야 한다. 하지만 통시적인 관점에서 본다면 '뿔, 싸리, 때'에서 나타나는 'ㅂ'의 형태를 통해 어두자음군에서 나타나는 'ㅂ'의 화석형임을 설명할 수 있다.

공시태(→ 공시문법)

언어의 변화가 인정되지 않는 일정한 시기에 어떤 언어 공동체 안에서 그 구성원 사이의 의사소통의 도구로서의 기능을 수행하고 있는 그 언어의 모습을 말한다.

공존형

형태는 다르지만 동일한 의미를 갖는 양형이 같은 시간대에 존재할 경우 공존형이라 한다. 동일한 의미를 지향하는 어휘의미적 개념인 동의어와는 다른 개념이다. 'ㄱ로디, ㄱ르샤디, ㄱ론'의 기본형을 중세국어의 '일쿨다', 제주도 방언의 'ㄹ다'를 고려하여 'ㄹ다'로 잡아야 한다고 생각할 수 있다. 중세국어의 공시문법에서 세 활용형만을 대상으로 할 때, '쿨다'로 잡는 것도 타당성을 가진다. '쿨다'는 어원적으로는 'ㄹ다'일 가능성이 많아 보인다. 이럴 경우 '쿨다'와 'ㄹ다'를 쌍형어간, 곧 공존형으로 처리한다.

공통조어(共通祖語)

언어의 계통을 연구하는 방법에는 비교 방법이 있다. 이를 통하여 친족 관계에 있는 여러 언어들이 갈려 나온 것으로 추정되는 언어를 공통조어라고 한다.

과거시제

경험시(사건시)가 발화시에 선행하는 시간표현을 말한다. 중세국어에는 과거시제를 표시하는 형태소 없이 과거시제가 표현되는 일이 많다. 동사의 경우 '-ㄴ-'가 붙지 않으면 과거로 해석한다. 반면에 형용사나 서술격조사는 기본형이 곧 현재시제를 나타낸다. 또한 동사, 형용사, 서술격조사에 '-더-'가 결합하면 역시 과거시제가 된다.

용례

"네 아비 ᄒ마 주그니라" → 과거 (월인석보 권17, 21장)

"네 이제 ᄯᅩ 묻ᄂᆞ다" → 현재 (월인석보 권23, 97장)

"내 지븨 이싫 저긔 ᄡᅮᆷㅣ 만타라" → 과거 (월인석보 권10, 23장)

"네 겨집 그려 가던다" → 과거 (월인석보 권7, 10장)

관계관형사절

학교문법을 바탕으로 하면 절은 두 개 이상의 어절이 모여서 이루어지며 '주어−서술어'가 갖춰져 있으나 보다 큰 문장 안에 포함되어 있는 문장 성분을 말한다. 이 절이 문장 안에서 관형어의 기능을 가질 경우 관형사절이라 하는데 이 관형사절이 서술어 구문으로 전개되는 과정에서 공통된 논항이 공유되는 현상을 관계관형사절 또는 관계절이라고 한다. 예를 들어 '광희가 지은 동시는 많은 사람들의 심금을 울렸다'라는 문장에서 '광희가 지은'은 뒤에 '동시'를 수식하는 관형어의 기능을 담당하고 있다. 그런데 이 문장을 안은문장으로 본다면 두 개의 문장으로 나눌 수 있다. 즉, '광희가 동시를 짓다'와 '동시가 많은 사람들의 심금을 울렸다'가 결합하여 형성된 문장으로 보는 것이다. 이때 앞 문장의 '동시'와 뒷문장의 '동시'가 중복되므로 두 문장을 결합할 때는 중복되는 성분 중 하나를 제거한다. 이를 다른 말로 하면 공통된 논항을 공유하고 있다고 할 수 있다. 이러한 원리는 중세국어에도 그대로 적용된다. '우는 聖女ㅣ여 슬허 말라'(월인석보 권21, 21장)를 보면 이 문장은 '聖女ㅣ 우ᄂᆞ니라'와 '聖女ㅣ여 슬허 말라'의 결합으로 공통된 논항인 '聖女'가 중복되므로 앞 문장의 '성녀ㅣ'를 삭제하고 관계관형사절로 결합한 결과로 나타난 문장이 되는 것이다.

불휘 기픈 남ᄀᆞᆫ ᄇᆞᄅᆞ매 아니 뮐씨 (용비어천가, 2장)
優塡王이 밍ᄀᆞ론 金像ᄋᆞᆯ 象애 싣ᄌᆞᄫᅡ 가더니 (석보상절 권11, 13장)

관계관형사형

서술격조사나 용언에 관형사형 전성 어미가 결합하여 관형어가
될 경우 이 관형어를 관형사형이라 한다. 관형사절과의 차이점은
관형사형은 주술관계가 나타나지 않는 반면 관형사절은 주술관계
가 나타난다는 점이다. 그러나 관형사형이 주술관계가 드러나지
않는다 해도 공통된 논항이 생략된 것으로 보면 동일한 현상으로
볼 수 있다. '푸른 바다가 눈앞에 다가섰다'의 경우 관형사형 '푸
른'이 관형어가 됐는데 이 문장은 '바다가 푸르다'와 '바다가 눈
앞에 다가섰다'라는 두 문장이 결합한 것으로 볼 수 있다. 이렇게
관형사형과 여기에 수식 받는 명사를 문장으로 전개하면 수식받
는 명사는 관형사형의 의미상 주어, 목적어, 부사어가 되는데 이
런 관형사형을 '관계관형사형'이라 한다.

나혼 子息이 양지 端正ᄒᆞ야 (석보상절 권9, 26장)
우는 聖女ㅣ여 슬허 말라 (월인석보 권21, 21장)

관계관형화

용언이나 서술격 조사가 어미와 결합하여 관계관형사의 기능을

수행하는 것을 말함.

흥마 命終홇 사ᄅᆞ몰 善惡 묻지 말오 (월인석보 권21, 125장)
이 지븨 사논 얼우니며 (월인석보 권21, 97장)

관계명사

관계관형사형 혹은 관계절의 수식을 받는 명사를 말한다.

나혼 子息이 양지 端正ᄒᆞ야 (석보상절 권9, 26장)
우는 聖女ㅣ여 슬허 말라 (월인석보 권21, 21장)

관부류

품사 통용의 관점에서 같은 단어가 관형사와 부사로 통용되는 단
어 부류를 말한다.

믈읫 字ㅣ 모로매 어우러ᅀᅡ 소리 이ᄂᆞ니 (훈민정음 언해, 13장) →
관형사
믈읫 됴티 몯혼 이리 다 업서 (월인석보 권9, 43장) → 부사

관형격(관형사격)

격이란 문장 성분이 서술어와 가지는 관계라고 정의할 수 있다.
이렇게 정의를 내린다면 관형격이나 호격은 그 명칭을 설정하는

데 문제가 생길 수 있다. 관형격과 호격은 서술어와 관련을 가지지 않기 때문이다. 그렇지만 '관형격'은 문장상 관형어로서 기능하는 요소를 말한다.

관형격조사

격조사는 다른 말과의 문법적 관계를 표시해주는 역할을 한다. 따라서 관형격조사는 결합하는 체언이 관형어의 역할을 하도록 해주는 조사이다. 중세국어의 관형격 조사는 현대국어와 달리 역할에 따라 여러 가지가 있었다. '익/의'는 선행 체언이 존경의 대상이 아닌 유정명사일 때 결합하며 '익/의'와 같은 기능을 하면서 체언이 모음으로 끝나는 특정의 명사나 인칭대명사 '나, 너, 저, 누' 뒤에서는 'ㅣ'가 결합하기도 한다. 또한 관형격조사로 'ㅅ'이 있는데 'ㅅ'은 앞에 오는 체언이 무정명사일 때나 존경의 자질이 부여되는 명사일 때 그 뒤에 결합한다. 관형격조사 'ㅅ'은 선행 명사의 음성환경에 따라 'ㄱ, ㄷ, ㅂ, ㅸ, ㆆ'와 'ㅿ'로 적히는 일이 있다. 이렇게 되면 관형격조사와 사잇소리의 구분이 문제가 된다. 15세기 국어에서는 'ㅅ'이 사잇소리를 표기하는 글자와 관형격 조사 양쪽으로 모두 쓰였기 때문에 이 둘을 명확히 구분하는 것은 사실상 불가능하다. 따라서 중세국어에서는 사잇소리의 'ㅅ'과 관형격조사로 쓰인 'ㅅ'을 모두 관형격조사로 처리하는 것이 바람직하다.

용례
사스미 둥과 도즈기 입과 눈 (용비어천가, 88장)
부텻 모미 여러가짓 相이 궃즈샤 (석보상절 권6, 41장)

長者ㅣ 지븨 (월인석보 권8, 81장)

관형구(관형사구)

두 개 이상의 어절이 모여서 이루어진 구가 관형어의 기능을 수
행할 때 이 구를 관형(사)구라 한다. 중세국어의 관형(사)구는 두
용언이 병렬될 때 대등적 연결어미 '-고' 대신 관형사형어미가
나타나는 일이 많았다.

▣용례
늘근 눌곤 브륮 사ᄅ미 잇ᄂ니 (월인석보 권13, 23장)

관형사

관형사는 체언의 앞에서 뒤의 체언을 수식해 주는 품사이다. 활용
하는 일이 없으며 조사가 붙는 일도 없다. 현대국어와 같이 중세
국어의 관형사도 지시관형사, 수관형사, 성상관형사로 분류된다.
지시관형사는 '이, 뎌, 어느, 므슴, 어누' 등이 있으며, 수관형사는
'ᄒ, 두, 세, 석, 너' 등이 있다. 성상관형사에는 '진딧, 외, 샹, 새'
등이 있다. 이 중 '새'는 관형사와 함께 명사의 기능을 하기도 했다.

▣용례
眞金은 진딧 金이라 (월인석보 권7, 29장)
외 바랫 두 머린 觀이니 (원각경언해 권하 2-2, 21장)
새 구스리 나며 (월인석보 권1, 27장) 관형사
다시 새롤 비허 (법화경언해 권3, 94장) 명사

관형사 합성법

단어끼리 결합하여 관형사가 되는 합성법을 말한다.

용례
아니(부사) + 하다(형용사) → 아니한
ᄒᆞᆫ(수관형사) + 두(수관형사) → ᄒᆞᆫ두

관형사합성법은 주로 수관형사의 형성에서 확인된다.

예 [관형사+관형사]
ᄒᆞᆫ두(一二), 두ᅀᅥ(二三), 서너(三四), 너덧(四五)

위의 예는 수관형사끼리 결합하여 새로운 수관형사를 형성하는
예를 보인 것이다. 이 외에 관형사 '온'과 명사 '가지'의 결합형
'온가지'가 줄어서 된 '온갓'을 합성관형사로 보는 경우도 있고,
'스므나믄, 녀나믄' 등을 수사나 대명사와 '남-'(餘)의 관형사형
'나믄'의 결합으로 이루어진 합성관형사로 보는 경우도 있다.

관형사의 부정문

부정부사가 관형사를 수식하여 그 관형사를 부정하는 형태의 부
정문을 말한다. 현대국어에는 나타나지 않는 중세국어만의 특이
한 현상이다.

용례
내 어미 邪見ᄒᆞ야 … 죽건 디 비록 <u>아니</u> 여러 나리라도 아모 고대
간 디 모ᄅᆞ노이다 (월인석보 권21, 27장)

관형사절

관형사절에는 관계관형사절과 동격관형사절이 있다. 관형사절은 관형사형 '-ㄴ'에 기대어 성립되는 것이 대부분이고 동격관형사절은 관형격조사 'ㅅ'에 기대는 일도 있다.

[용례]
불휘 기픈 남군 ᄇᆞᄅᆞ매 아니 뮐씨 (용비어천가 2장)
그 지븨셔 차반 밍ᄀᆞᆯ 쏘리 워즈런ᄒᆞ거늘 (석보상절 권6, 16장)
廣熾ᄂᆞᆫ 너비 光明이 비취닷 ᄠᅳ디오 (월인석보 권2, 9장)

관형사형

단어의 본래 역할은 관형어가 아니지만 관형사형 전성 어미와 결합하여 관형어의 기능을 수행할 때 그 단어를 관형사형이라 한다. 이 때 주의할 점은 그 단어가 관형사형 전성 어미와 결합하여 관형어의 기능을 수행한다 하더라도 관형사형의 품사는 관형사가 아니라는 것이다. 즉 문장의 성분으로서 관형어로 기능하지만 품사는 그 어간의 품사를 유지한다.

[용례]
뎨 됴ᄒᆞᆫ 고지라
내 이제 네 어미 간 짜홀 뵈요리라 (월인석보 권21, 21장)

관형사형 어미

어미 중 용언과 결합하여 그 용언이 관형사의 기능을 수행할 수 있도록 해주는 어미를 말한다. 중세국어의 관형사형 어미에는 '-(으)

ㄴ, -눈, -던, -ㄹ'이 있으며 중세국어 관형사형 어미의 특징으로
관형사형 어미가 명사적 기능을 할 때가 있다. 이때의 기능을 동
명사어미로 칭하기도 한다.

> **용례**
> 큰 法 <u>즐기눈</u> ᄆᅀᅮ미 잇던댄 (월인석보 권13, 36장)
> 德이여 福이라 <u>호ᄂᆞᆯ</u> 나ᅀᅡ라 오소이다 (악학궤범, 동동)

관형어

체언을 꾸며 주는 문장의 부속성분을 말한다. 관형어는 '관형사'
로 나타나기도 하고, 체언에 관형격조사가 결합한 형태로 나타나
기도 하며 용언에 관형사형 어미가 결합한 활용형이 관형어가 되
기도 한다. 중세국어에는 명사절과 관형사절의 주어가 관형격(주
어적 속격)으로 나타나는 일이 많았다.

> **용례**
> <u>새</u> 구스리 나며 (월인석보 권1, 27장)
> <u>사ᄅᆞᄆᆡ</u> 몸 ᄃᆞ외요미 어렵고 (석보상절 권9, 28장)
> 明足行온 <u>불곤</u> 힝뎌기 ᄀᆞᄌᆞ실 씨라 (석보상절 권9, 3장)
> <u>迦葉의</u> 能히 信受호ᄆᆞᆯ 贊嘆ᄒᆞ시니라 (월인석보 권13, 57장)

관형어 명사구

명사구에 관형격 조사가 결합하여 관형어의 기능을 수행할 때 이
를 관형어 명사구라 한다.

교착성(膠着性)

교착성이란 말은 본래 19세기 중엽에 유행한 언어의 형태적 분류에서 나온 것으로 단어가 활용될 때 어간과 어미가 비교적 분명하게 분리되는 현상을 말한다. 국어와 알타이제어의 모든 단어의 파생과 굴절은 접미사에 의하여 이루어진다.

교착어(膠着語)

세계의 언어들을 형태적 분류에 따라 나누면 굴절어, 교착어, 고립어로 나눌 수 있는데 교착어는 고립어와 굴절어의 중간적 성격을 지닌 것으로 실질 형태소인 어근(語根, root)에 형식 형태소인 접사(接辭, affix)를 붙여 단어를 파생시키거나 문법적 관계를 나타내는 언어를 가리킨다. 첨가어라고도 한다.

교착적 선어말어미

다른 어미와 결합이 제한되는 선어말어미를 말한다. 이를 '문장구성소'라고 말하기도 한다. 예를 들어 원칙법의 '-니-'는 어말어미 '-다'의 이형태 '-라'에 제한적으로 결합하므로 교착적 선어말어미라 할 수 있다. 이와 반대로 다른 어미와의 결합에 제약이 적은 선어말어미를 분리적 선어말어미라 한다.

교체

한 형태소가 환경에 따라 여러 이형태로 나타나는 현상을 교체(交替)라고 한다. 체언이 곡용하거나 용언이 활용할 때 굴절접사는 물론 체언이나 어간의 형태가 달라지는 것을 교체라고도 한다.

용례

가. 나모도(←나모+도), 남ㄱ온(←남ㄱ+온)

(가)에서 {나모}라는 형태소가 자음으로 시작하는 조사와 모음으로 시작하는 조사 앞에서 '나모'와 '남ㄱ'으로 교체되는 경우가 그것이다.

이러한 교체 현상은 자동적 교체와 비자동적 교체가 있는데 자동적 교체는 교체가 일어나지 않았을 때 음운 규칙이 깨지는 경우이고 비자동적 교체는 그와 관계없이 교체가 이루어지는 경우를 말한다. 규칙적 교체와 불규칙적 교체라고도 한다.

교체조건

교체가 어떤 조건에서 일어나느냐에 따라 음운론적 교체, 형태-어휘론적 교체로 나눌 수 있다. 음운론적 교체는 그 교체가 음운론적 동기에 의해 일어난 교체를 말하며, 형태, 어휘론적 교체는 형태론적인 동기나 특정 단어 뒤에서 일어나는 교체를 말한다. 동반 및 비교의 부사격과 접속의 기능을 가지는 '과/와', 단독의 보조사 '곳/옷', 의문의 보조사 '가/아', '고/오'의 교체는 i(y) 모음이나 '르'받침의 명사 아래에서 'ㄱ'이 'ㅇ'으로 교체되는 음운론적 교체이다. 또한 선어말어미 '-거/-어'가 교체되는 양상은 앞에 타동사가 오느냐 자동사가 오느냐에 달려 있으므로 형태론적 교체라고 볼 수 있고, 마찬가지로 선어말어미 '-거-'가 동사 어간 '오-' 뒤에서는 '-나-'로 교체되는 것은 특정 단어 뒤에서 일어나므로 어휘론적 교체로 볼 수 있다.

구

두 개 이상의 어절이 모여서 하나의 품사처럼 쓰이는 문장의 마디를 말한다. 주어와 서술어가 구성된 완전한 절이나 문장과는 구분된다.

구개음화(口蓋音化)

구개음화는 17세기 후반~18세기에 일어난 현상으로 i, y 앞에서 'ㄷ, ㅌ, ㄸ'이나 'ㄱ, ㅋ, ㄲ'이 'ㅈ, ㅊ, ㅉ'로 변하는 현상을 말하는데, 이런 변화는 남부 지방의 방언에서 매우 일찍 일어나 북상한 것으로 믿어진다. 서울말에서는 'ㄷ, ㅌ, ㄸ'의 구개음화만이 일어났으며 그것도 매우 늦게 일어났다. 구개음화의 결과로 '디 댜 뎌 됴 듀', '티 탸 텨 툐 튜' 등의 결합이 국어에서 자취를 감추게 되었다. 그러나 19세기에 들어 '듸', '틔' 등이 '디', '티'로 변하게 되어 다시 이들의 결합이 나타나게 되었다.

용례
견듸다 > 견디다
무듸다 > 무디다

구개적 조화(口蓋的 調和)

모음에서 전설과 후설의 양계열의 대립에 기초를 둔 것을 구개적 조화라고 한다. 국어는 전기 중세 단계까지는 구개적 조화를 가졌던 것으로 추정된다. 특히 고대 국어에는 매우 엄격한 모음조화가 존재했다는 추정이 가능한데, 그것은 후설모음(a ɔ ɯ)과 전설모음(ä ɔ̈ ü)의 양계열로 된 이른바 구개적 조화였던 것으로 추정된다.

구격조사

구격조사는 현대국어의 '-(으)로'에 해당하는 것이며 수단이나 도구의 부사격 조사라고도 한다. 중세국어에서도 큰 차이가 없이 '-ᄋᆞ로/으로, 로'가 쓰인다. 체언의 말음이 모음이나 'ㄹ'이면 '-로'가 쓰이고, 자음이면 '-ᄋᆞ로/으로'가 쓰인다. '-ᄋᆞ로'와 '-으로'는 선행체언의 모음에 따라 결정된다.

> 용례
> 가. 따히 열어듧 相ᄋᆞ로 뮈여 (월인석보 권2, 13장)
> 나. 쭘 안해 右脇으로 드르시니 (월인석보 권2, 17장)
> 다. 含生ᄋᆞᆯ 慈悲로 化호미오 (금강경삼가해 권4, 1장)
> 라. 文章은 다 날록 몬졔로다 (두시언해 권20, 6장)
> 마. 白玉盤애 올이고 雲霞 ᄀᆞᆮᄒᆞᆫ 기ᄫᅩ로뻐 ᄲᆞ면 (두시언해 권16, 67장)

위는 구격조사의 예이다. (가)의 '-ᄋᆞ로', (나)의 '-으로'는 선행체언 '相'과 '右脇'의 말모음에 따라 결정된다. (다)는 '慈悲'가 모음으로 끝나기 때문에 매개모음이 없는 '-로'가 사용되었다. (라)는 조금 복잡하다. '날록'은 대명사 '나'에 구격조사가 통합된 후

다시 강세의 보조사 '-ㄱ'이 통합된 것이다. 이 때 'ㄹ'이 덧나고 있는데, 구격조사가 '나, 너, 누, 이'와 연결되면 이와 같이 'ㄹ'이 덧생겨 '날로, 널로, 눌로, 일로'로 되었다. (마)는 구격조사 뒤에 '뻐'가 통합된 예이다. '뻐'는 현대국어의 '-(로)써'에 해당하는 것으로 '쓰-(用)'의 활용형이 굳어진 것이다. 특히 중세국어에서는 한문에 '以'가 쓰이면 거의 예외 없이 '뻐'가 쓰인다. '以'와 관련된 어사는 구격조사를 취한 형태로 언해되는 일이 많다.

구결

한문을 읽을 때 문법적 관계를 표시하기 위해 삽입하는 요소를 말한다. 구결은 '입겿' 또는 '입겾'의 한자 차용 표기이다. 흔히 '토(吐)'라고 하기도 한다. 오늘날 전하는 구결 자료는 한문 책의 원문에 붓으로 써 넣은 것이 많다. 이 경우에는 기호처럼 보이는 약자를 썼다. 구결에는 음독구결(音讀口訣)과 석독구결(釋讀口訣)의 두 가지 방식이 존재한다. 음독구결은 오늘날에도 사용하는 방식으로 한문 원문을 읽을 때 우리말 문법 요소(주로 조사, 어미 등)를 끼워 넣어 읽는 것을 말한다. 이러한 독법이 조선 시대 초기부터 있었음은 여러 자료를 통해서 증명된다. 석독구결(또는 訓讀口訣)은 오늘날에는 사용되지 않는 방식의 구결인데, 이 구결에 따라 원문을 읽으면 한문이 우리말로 번역되는 것과 같은 결과를 얻게 된다. 물론 이 구결 요소들을 전부 제거하고 나면 한문 원문이 그대로 남아 있게 되는 점에서는 음독구결과 같다. 이두는 문법적인 요소를 제거하였을 경우 한문 원문이 그대로 회복되지 않는데, 이것이 바로 이두와 구결의 차이점이기도 하다.

구성소

→ 교착적 선어말어미

굴절

단어의 문법적인 기능·역할·관계 등의 양상을 표현하기 위하여 단어에 어미를 붙이거나 어형을 변화시키는 형태론적인 절차를 말한다. 이는 중세국어에서 어휘적 의미를 나타내는 형태소에 문법적 의미를 나타내는 접사가 통합되어 통사적 관계나 시제, 서법, 경어법 등의 문법 범주를 표현하는 방식을 말하는 것과 같다.

굴절어(屈折語)

어형과 어미의 변화로 단어가 문장 속에서 가지는 여러 가지 관계를 나타내는 언어이다. 굴절어에서는, 단어가 문장에서 사용될 경우 단어 자체의 형태변화로 그 단어의 문법성을 나타낼 수 있다.

굴절접사(→ 어미)

국어문법에서는 체언에 통합되는 굴절접사를 조사, 어간에 통합되는 굴절접사를 어미라고 부른다. '굴절'은 어미의 활용을 말한다. 그리고 체언에 조사가 결합하는 형태를 곡용이라고 할 때 이를 합쳐 '굴곡(굴절과 곡용)'이라는 말도 사용한다.

굴절형태소

굴절접사를 말함.

규칙활용

어간이나 어미가 결합할 때 어간이 항상 일정한 모습으로 유지되
거나 어간-어미의 모습이 달라진다 해도 그 현상을 일정한 규칙
으로 설명할 수 있으면 규칙 활용이다. 활용이 규칙이냐 불규칙이
냐는 학자에 따라 견해가 다르다. 고영근의 경우 규칙 활용으로 8
종성법에 의한 받침소리의 바뀜과 '륵/르'로 끝나는 용언이 모음
어미와 만날 때 교체가 일어나는 경우, 'ᅀᅡ/ᅀᅳ'로 끝나는 용언이
모음 어미와 만날 때 교체가 일어나는 경우를 규칙활용으로 본다.
반면 이기문은 앞서 언급한 '륵/르'로 끝나는 용언과 'ᅀᅡ/ᅀᅳ'로 끝
나는 용언이 모음어미와 만날 때 교체되는 것을 불규칙활용으로
본다. 고영근에서는 이외에 매개모음이 삽입되는 경우와, '익/으'
로 끝나는 용언이 모음어미와 만날 때 용언 어간 끝 '익/으'가 탈
락하는 경우, 'ㄹ'받침을 가진 용언이 'ㄴ, ㄷ, ㄹ, ㅅ, ᅀ'으로 시
작하는 어미와 선어말어미 '-ᄂ-'앞에서 'ㄹ'이 탈락하는 경우도
규칙활용으로 보고 있다.

```
[익/으 탈락] 프 + 아 → 파         크 + 어ᅀᅡ → 커ᅀᅡ
[8종성법에 의한 소리바뀜] 브터(븥어) ~ 븥고, 마자(맞아) ~ 맛긔
[ㄹ탈락] 알 + 디 → 아디           알 + ᄂ니라 → 아ᄂ니라
[륵/르 → ㄹ익] 다륵 + 아 → 달아   그르 + 어 → 글어
[륵/르 → ㄹ리] 모륵 + 아 → 몰라   흐르 + 어 → 흘러
[ᅀᅡ/ᅀᅳ → ᅀ익] ㅂᅀᅡ + 아 → 봣아   비ᅀᅳ + 어 → 빗어
```

61

이기문은 이 중 '르/르 → 르ㅁ/르르', 'ㅅ/ㅿ → ㅿㅇ'의 세 경우를 불규칙 활용으로 본다.

극존대

일반적으로 존대의 표현은 자신을 낮추는 겸손법이나 주체를 존대하는 주체존대법이 일반적이나 자신을 낮추면서 주체를 높이는 겸손법과 존경법이 동시에 쓰이는 경우를 말한다.

근칭

지시형용사, 지시대명사 등 지시 표현에 나타나는 개념으로 화자에게 가까운 대상을 지칭하는 표현을 말한다. 국어의 근칭으로는 '이'가 쓰인다.

'-기' 명사절(형)

명사형 전성 어미 '-기'에 기대어 성립되는 명사절을 말한다. 현대국어는 '-기'명사절이 일반적이지만 중세국어에서는 '-기'명사절을 찾기가 쉽지 않다. 중세국어의 명사절은 주로 '-옴'에 기대어 실현되었으며 고영근은 '-기'명사절의 경우 목적어와 부사어로만 쓰임을 지적하고 있다.

용례
겨집 出家ᄒᆞ기를 즐기디 말라 (월인석보 권10, 18장)
太子ㅣ 글 빈호기 始作ᄒᆞ샤 (석보상절 권3, 8장)

기본문형

각각의 경우에 따라 나타나는 구체적인 문장을 대표하는 문장을 말한다. 일반적으로 기본문장의 형태는 다음과 같은 구성 형식을 가진다.

무엇이 어떠하다/ 무엇이 어찌하다 / 무엇이 무엇이다 / 무엇이 무엇을 어찌하다
무엇이 무엇이 아니다 / 무엇이 무엇이 되다

기본서법

직설법, 부정법, 회상법, 추측법, 추측회상법을 총괄하여 부르는 문법 범주이다. 기본서법은 부차서법에 선행하여 화자의 사태에 대한 인식 양태(예를 들자면 '앎'이나 '믿음' 등)의 정도를 표시한다.

기본형

한 형태소가 한 가지 형태로만 나타나는 경우에는 문제가 없지만, 이형태가 둘 이상인 경우에는 여러 이형태를 간단히 가리킬 수 있는 대표형이 필요하다. 예를 들어 '가격'을 뜻하는 고유어 '값', '갑', '감'의 대표형을 '값'으로 잡는 것과 같은 것이다. 이형태의 대표형을 '기본 이형태'라고 하는데, 흔히 줄여서 '기본형'이라고 한다. 사전에 등재할 때에는 여러 이형태를 전부 올리지 않고 기본형만을 대표로 올리기 때문에, 사전에 올라 있는 형태를 기본형이라고 생각해도 별 무리는 없다. 다만 동사나 형용사의 경우에는

어간인 '먹-'이나 '어엿브-'와 같은 기본형이 아니라 종결어미 '-다'가 통합된 '먹다'와 '어엿브다' 같은 활용형을 사전에 올리므로 주의해야 한다. 기본형은 이형태의 대표형이기 때문에 아무 이형태나 기본형을 삼아도 원리적으로 문제가 없지만, 되도록 기본형으로부터 다른 이형태로의 교체를 설명하기 쉽도록 기본형을 설정하는 것이 일반적이다. 가령 '값'을 기본형으로 잡으면, 자음 앞에서 'ㅅ'이 탈락되어(자음군 단순화) '갑'으로 교체되는 현상과 'ㅁ'앞에서 'ㅅ'이 탈락되고 'ㅂ'이 'ㅁ'으로 동화되어(자음동화) '감'으로 교체되는 현상을 설명하기 쉽기 때문에 '값'을 기본형으로 설정하는 것이다. 더불어 자주 쓰이는 형태소나 역사적으로 원형에 가까운 형태를 기본형으로 삼기도 한다.

긴 부정문(장형부정문)

서술어의 어간에 보조적 연결어미 '-디'나 '-돌'을 매개로 한 부정 보조 용언이 결합하여 만들어지는 부정문의 유형 중 하나를 말한다. 서술어의 어간에 보조적 연결어미 '-디'나 '-돌'을 붙이고 뒤에 부정 보조 용언 '아니ᄒ다', '몯ᄒ다', '말다'가 결합하여 긴 부정문을 이룬다.

> 용례
> ᄂᆞ미 ᄠᅳ들 거스디 아니ᄒ고 (월인석보 권23, 72장)
> 닐궤사 머디 아니ᄒ다 (월인석보 권7, 2장)
> 부텨 맛나디 몯ᄒ며 法 듣디 몯ᄒ며 (월인석보 권17, 91장 ; 법화경 언해 권6, 88장)
> 믈읫 됴티 몯ᄒᆫ 이리 다 업서 (석보상절 권9, 24장)

끊어적기(=분철)

받침 있는 체언이나 용언의 어간에 모음으로 시작하는 조사나 어미가 붙을 때, 대부분의 중세국어 문헌은 이어적기를 한다. 그러나 중세국어 문헌 중에는 현대처럼 끊어적기를 한 경우가 있다. 『월인천강지곡』의 경우 체언이 'ㄴ, ㄹ, ㅁ, ㆁ, ㅿ'와 같은 불청불탁의 자음으로 끝나면 끊어적기가 이루어졌고, 용언 어간이 'ㄴ, ㅁ'으로 끝나 있으면 끊어적기로 나타난다. 끊어적기와 형태음소적 표기(=표의적 표기)를 구분할 필요가 있다.

낙착점 처소(→ 부사격조사)

낙착이란 '도착'과 유사한 말로 다양한 부사격 조사의 의미를 구
분하는데 문법학자들이 많이 사용하는 용어이다.

> **용례**
> 내히 이러 바른래(바룰애) 가느니 (용비어천가 2장)
> 무틔(뭍의) … 靑蓮花ㅣ 나며 (월인석보 권2, 31장)

특이한 낙착점 처소의 부사격조사로 '의/의'가 있다. 부사격조사
'의/의'는 관형격조사 '의/의'와 형태만 같을 뿐 다른 조사이다.
'의/의'의 구분은 조사 다음에 무엇이 오느냐로 구분할 수 있는데,
일반적으로 '의/의' 다음에 명사가 오면 관형격, 동사가 오면 부사
격으로 구별된다. '의/의' 부사격조사가 붙는 단어는 대체로 고정
되어 있다. 하루의 다섯 때를 표시하는 '새박, 아춤, 낮, 나조ㅎ,
밤'을 비롯하여 '낯, 앒, 봄, ㄱ술ㅎ, ㅁ술ㅎ, 나모, 술, 집, 둙' 등

과 한자어 '東, 城, 門, 甁'에도 붙는다. 이를 흔히 특이처격어라고
부른다.

내사(內史)

언어사에 있어서는 그 외사와 내사를 구별하는 것이 중요하다. 내
사는 그 언어의 구조 자체에 일어난 여러 가지 사실에 대해서 논
하는 것이다.

내적 변화

단어 내의 자음이나 모음을 바꾸어서 새로운 단어를 만드는 방법
을 내적 변화라고 한다.

예 살 : 설(歲), 남다(餘) : 넘다(越), 늙다(朽) : 늙다(老)

내적 재구

재구란 언어와 관련된 내·외적 정보를 가지고 그 이전의 언어 현
상을 살펴보는 것을 말한다. 내적 재구(內的 再構, internal reconstruction)
란 순전히 어떤 공시적(共時的) 상태가 보여 주는 암시에 근거하여
그 이전의 상태를 재구하는 방법이다. 가령 현대국어에서 모음으
로 시작되는 조사 앞에서는 '낫'(鎌), '낮'(畫), '낯'(面), '낟'(穀),
'낱'(個)의 말자음(末子音)들이 제대로 나타나지만 휴지(休止) 앞에서
는 한결같이 [t]로 나타나 모두 동음어(同音語)가 되고 마는 사실이

주목된다. 이 사실은 어느 이른 단계에서는 이들의 말자음이 휴지 앞에서도 각기 제대로 나타났었는데, 이들이 하나로 합류되었음을 암시하고 있다.

이러한 재구의 예로, 전기 중세국어의 'ㅿ'의 音節末에서의 존재 여부를 추정한 것이 있다. 『계림유사』의 '剪刀曰割子蓋'의 독법에는 문제가 있으나 15세기의 문헌(月印釋譜 권10, 13장)에서 확인되는 'ㅈ-'(剪)이라는 동사 어간에 접미사 '-개'가 붙어서 이루어진 것으로 볼 수 있다. 모음간의 자음군은 [*zg] > [*zɣ] > [zɦ] > [z]로 변화하였는데, 15세기의 'ㅈ애'는 [zɦ] 단계를 나타낸 것이요, 16세기의 'ㅿ애'는 마지막 [z] 단계를 나타낸 것이다. 따라서 이를 볼 때, '剪刀曰割子蓋'에서 나타내는 형태를 '*ㅈ개'[kʌzgai]로 재구해 볼 수 있는 것이다.

후기 중세국어의 예로는, 15세기 국어에서 자음으로 시작되는 조사나 휴지 앞에서 '나모'(木)로 나타나는 명사의 주격형은 '남기', 대격형은 '남굴', 처격형은 '남기' 등으로 나타나는 것을 들 수 있다. 또한 'ㅎ·ㄹ'(一日)도 주격형은 '홀리', 대격형은 '홀롤', 처격형은 '홀리'였다. 이렇게 한 형태소가 모양을 바꾸는 것을 교체(交替)라고 하는데, 이것은 '나모~남ㄱ', 'ㅎ·ㄹ~홀ㄹ'과 같은 교체를 보여 준다. 이처럼 특수한 교체를 보여 주는 명사들에 대하여 내적 재구의 방법을 적용하여 '*나ㅁ', '*ㅎ롤' 등으로 그 옛 모습을 추정해 볼 수 있다. 그러나 이 경우는 문헌 자료를 통해서 확인되지는 않는다.

내파화(內波化)

국어 음운사의 가장 큰 특징 중 하나는 음절말 자음의 내파화이다. 이는 음절말 위치에서 자음이 파열되지 않는 현상인데 고대국어 시기에는 이 내파화가 일어나지 않았던 것으로 추정된다. 전기 중세국어에서는 부분적으로 내파화가 일어나 음절말 유기음이 평음으로 중화되었다. 후기 중세국어의 음절말에 있어서의 자음 대립은 매우 제한되어 있었는데 음절말 자음의 내파화의 결과로 어말에서 중화가 일어난 것이었다. 현대에 와서는 그 현상이 극치를 달해 파찰음과 마찰음도 [t]로 실현되어 모두 중화된다.

내포문

안긴문장을 이르는 다른 말.

능격동사

같은 동사가 자동사와 타동사로 통용되는 동사로 중립동사라고도 한다.

> [용례]
> ㄱ. 고본 곳 것고 (석보상절 권11, 43장)
> ㄴ. 두 갈히 것그니 (용비어천가, 36장)

동일한 동사 '겄다'가 (ㄱ)에서는 타동사로 쓰였고, (ㄴ)에서는 자동사로 쓰였다. 이때 나타나는 '겄다'를 능격동사라고 한다. 현대국어에서도 '돌이 움직였다'의 경우 돌을 움직인 동작주가 있어 '철수가 돌을 움직였다'라는 표현으로 쓰여야 한다. 하지만 이때의 주어 '돌이'는 목적어 '돌을'과 같은 기능을 가진 것으로 해석된다. 이때의 '움직이다'는 능격동사가 된다. 이때의 자동사 기능은 피동사와 차이가 없어 피동문의 테두리에 넣어도 좋다. 하지만 능격문과 피동문이 활용상의 차이를 보이는 경우가 있다.

용례
　ㄷ. 東寧을 ᄒ마 아ᅀᆞ샤 구루미 <u>비취여늘</u> (용비어천가, 42장)
　ㄹ. 비치 <u>무티건</u> 디 오라니 (두시언해 권23, 39장)

'비취다'는 자동사와 타동사로 두루 쓰이는 능격동사이다. (ㄷ)에서는 구문상 자동사로 쓰인다. 하지만 활용형에는 타동사 표지 '어'가 나타난다. 내용상 동작주 '하ᄂᆞᆯㅎ'이 상정되고 '구룸'이 피동작주가 되어 타동사 표지가 나타난 것이다. 하지만 (ㄹ)의 '무티다'는 타동사 '묻-'에 접사 '-히-'가 붙어서 된 피동사이다. 따라서 자동사 표지 '-거-'가 붙는다. 따라서 능격구문은 타동성을 띠고 있고 피동구문은 자동성을 띠고 있는 사실을 확인할 수 있다.

능격문

능격동사가 쓰인 구문을 '능격문'이라 한다. 능격동사에는 '삐(부화), ᄀᆞᆯ다(替), 졌다(折), 닫다, 버히다(斬), 흩다(散)' 등이 있다.

능격적 타동구문

능격동사가 쓰이면서 피동작주가 자동문의 주격조사와 같은 형태로 나타나는 문장을 말한다. 하지만 활용형에서는 타동사표지가 나타난다.

용례
東寧을 ᄒ마 아ᅀᅡ샤 구루미 <u>비취여늘</u> (용비어천가, 42장)

능동(사)문

피동문의 반대개념인 용어로 주어가 제 힘으로 어떤 동작을 하는 문장을 말한다.

능동적 타동구문

능격동사가 쓰이면서 일반적인 타동사 구문을 형성하는 것을 말한다. 다음의 문장에서는 능격동사 '비취다'가 목적격조사 '롤'을 동반하고 타동사표지를 동반하여 타동사 구문을 형성하고 있다.

용례
(悉達太子) 放光ᄒ샤 三千界롤 비취여시놀 (원각경언해 서, 43장)

능력부정

자신의 능력이 부족하여 뭔가를 하지 못함을 표현하는 용어이다. 중세국어도 현대국어와 마찬가지로 능력부족에는 부정부사 '몯'

이 쓰였다.

므스글 보디 몯ᄒ리오 (법화경언해 권6, 29장)
부텨를 몯 맛나며 法을 몯 드르며 (석보상절 권19, 34장)
부텨 맛나디 몯ᄒ며 法 듣디 몯ᄒ며 (월인석보 권17, 91장 ; 법화경
언해 권6, 88장)

'ㄷ' 규칙용언

'ㄷ'으로 끝나는 어간이 모음 어미와 만났을 때 어간의 모습이 변
화하지 않거나 변화해도 그 변화 양상을 규칙화 할 수 있는 용언
을 말한다.

용례
얻다 : 얻 + 니라 → 어드니라, 얻 + 어 → 어더
갇다 : 갇 + 니 → 가드니, 갇 + 아 → 가다

'ㄷ' 불규칙 용언

'ㄷ'받침을 가진 용언 중 모음어미나 매개모음을 취하는 어미 앞
에서 받침 'ㄷ'이 'ㄹ'로 바뀌는 용언을 말한다. '걷다, 찌돋다, 다
돋다, 일쿧다' 등이 그 예이다.

용례
걷다 : 걷 + 어 → 걸어, 걷 + 니 → 걸으니
긷다 : 긷 + 어 → 기러, 긷 + 니 → 기르니

단독(보조사)

'곳'은 단독의 의미를 가지는 보조사로 현대의 '만'과 비슷한 의미를 가진다.

용례
내 말옷 아니 드르시면 (월인석보 권2, 5장)

단독적 장면(↔ 상관적 장면)

글의 지문과 같이 사람 사이의 직접적 상호작용 없이 일방적으로 전달되는 상황을 단독적 장면(서사적 세계)라고 한다.

단모음

소리를 내는 도중에 입술의 모양이나 혀의 위치가 고정되어 처음과 나중이 달라지지 않는 모음을 말한다. 중세국어는 현대모음과 달리 '·, ㅡ, ㅣ, ㅗ, ㅏ, ㅜ, ㅓ' 7개의 모음만이 단모음이었다.

▌단모음 체계

15세기 국어의 7개 단모음의 체계는 다음과 같다.

	혀(舌)	소리(聲)	상형(象形)
·	축(縮)	심(深)	天
―	소축(小縮)	불심불천(不深不淺)	地
ㅣ	불축(不縮)	천(淺)	人

그리고 나서 나머지 4모음에 대하여 위의 3모음과 관련지어 입의 모양으로 설명하였다.

	입(口)	계열(系列)
ㅗ	축(蹙)	·
ㅏ	장(張)	
ㅜ	축(蹙)	―
ㅓ	장(張)	

이 설명에 사용된 술어들은 혀에 대한 "설축(舌縮), 설소축(舌小縮), 설불축(舌不縮)", 입에 대한 "구장(口張), 구축(口蹙)"과 같이 매우 독특한 것들이다. 따라서 그 해석이 쉽지 않았고 학자에 따라 달랐다. '설축, 설소축, 설불축'의 해석에는 후설, 중설, 전설을 가리킨다는 견해와 '설축'은 후설 저모음, '불축'은 전설 고모음, '설소축'은 그 중간 단계를 가리킨 것이라는 견해가 있었고, '구장, 구축'은 장순(張脣), 원순(圓脣)을 의미한다는 견해와 개구도(開口度)의 대소를 가리킨다는 견해가 있어 왔다.

단모음화(單母音化)

'·'의 소실이 있은 후 얼마 뒤 'ㅐ[ai]'와 'ㅔ[əi]'는 각각 [ɛ]와 [e]로 단모음화하였다. 단모음화를 '·' 소실 이후로 보는 이유는 제1음절의 'ㆎ'가 'ㅐ'와 마찬가지로 [ɛ]로 변한 사실에서 찾을 수 있다. 그리고 이 단모음화가 일어난 증거로는 움라우트 현상을 들 수 있다. 이는 이중모음의 단모음화로 ɛ와 e가 확립된 뒤에 일어난 현상으로 볼 수 있기 때문이다. 따라서 'ㅐ'와 'ㅔ'의 단모음화는 18세기 말엽에 일어난 것으로 결론할 수 있다.

용례

익기는(<앗기- 惜), 티리고(<드리- 煎), 메긴(<머기- 食) 등

단문(單文)

'주어 서술어' 구성이 하나만으로 이루어진 문장을 단문이라고 하는데 이를 홑문장이라고도 한다. 중세어 문장의 가장 큰 특징은 단문이 거의 없고 복합문과 합성문이 뒤얽힌 복잡한 구조를 가지고 있었다는 사실이다.

단어

학교문법에서는 단어를 '자립할 수 있는 말이나, 자립할 수 있는 형태소에 붙어서 쉽게 분리할 수 있는 말'이라고 정의하고 있다. 본래 단어라는 개념에 대한 정의는 학자들마다 상이하다. 이렇게 딱 떨어지는 개념 정의가 이루어지지 않는 이유는 조사와 어미를 어떻게 처리할 것인가와 연관된다. 학교문법에서 단어의 정의 중 '자립할 수 있는 형태소에 붙어서 쉽게 분리할 수 있는 말'은 조사를 가리키는 것이다. 학교문법은 조사를 단어로 보고 어미는 단

어로 보지 않는 절충안(절충체계)을 바탕으로 단어의 개념을 정의하고 있다. 이밖에도 조사나 어미의 일부를 단어로 인정하는 견해가 있으며(분석체계), 조사와 어미를 모두 단어로 보지 않는 견해역시 존재한다(종합체계).

단어형성법

단어의 형성 방법을 '단어형성법' 또는 '조어법'이라고 한다. 새로운 단어의 형성은 대체로 기존에 알고 있는 형태소나 단어를 이용하여 이루어지는데, 이렇게 새로 만들어진 단어들은 합성어나 파생어 가운에 하나가 된다. 합성어를 만드는 방법을 '합성법', 파생어를 만드는 방법을 '파생법'이라고 한다.

단위성 의존명사

주로 수관형사와 결합하여 숫자의 단위라는 의미를 가지는 의존명사를 말한다. 중세의 단위성 의존명사로는 '디위(번), 치, 리, 설, 번, 낱/낯, 량' 등이 있다.

단일어

단어는 구성방식이 단일한가, 복합적인가에 따라 단일어와 복합어로 나뉜다. 어떤 단어가 다른 접사나 어근과의 결합 없이 자립적으로 의미를 나타낼 경우 그 단어를 단일어라 한다.

발, 불무, 검다

한 단어는 하나 이상의 형태소로 구성되어 있는데, 단어를 구성하고 있는 형태소의 수에 따라 단일어와 복합어로 나뉜다. 하나의 형태소만으로 이루어져서 단순한 구조를 가진 단어를 단일어, 둘 이상의 형태소로 이루어져 복잡한 구조를 가진 단어를 복합어라고 한다.

단정법

→ 원칙법

당위(보조동사)

'-해야만 한다'라는 의미를 가지는 보조동사로 '-어ㅿ'와 연결되어 '-어ㅿ 흐다'가 당위의 의미를 가진다.

부텻 世界예 나고져 發願ᄒ야ㅿ ᄒ리라 (석보상절 권9, 11장)

당위평서문

형태상 평서문이지만 의무나 당위의 의미가 포함된 문장을 말한다. 용언 어간에 '-옳디(ᄃ + ㅣ)니라'가 결합하여 형성된다.

> **용례**
> 쏘 반두기 仔細히 ᄆᆞᅀᆞ몰 뿛디니라 (몽산법어언해, 39장)

대격조사(→ 목적격조사)

대격조사는 통합된 체언이 타동사의 목적어임을 보이는 것으로 주격조사와 더불어 순수한 통사적 관계만을 나타내는 것이다. 중세국어의 대격조사로는 '-ᄋᆞᆯ/을, 롤/를, -ㄹ'이 있다. 고대국어 시기에는 '-ㄹ'만 있었던 것으로 추정된다. 조사의 모음 'ㆍ'와 'ㅡ'는 모음조화에 따라 교체된다. '-ᄋᆞᆯ/을'은 체언 말음이 자음일 때 쓰이며, '-롤/를'과 '-ㄹ'은 체언 말음이 모음일 때 쓰인다. '-롤/를'은 기원적으로 '-ㄹ'에 다시 '-ᄋᆞᆯ/을'이 겹쳐져 이루어진 중복형이다.

> **용례**
> 가. <u>ᄆᆞ님올</u> 모롤쎄 발자칠 바다 (월인석보 권1, 2장)
> 나. 몬져 부텻 <u>像올</u> 밍ᄀᆞ라 (석보상절, 권9, 22장)
> 다. <u>나롤</u> 겨집 사ᄆᆞ시니 (석보상절 권6, 4장)
> 라. <u>精舍롤</u> 디나아 가니 (월인석보 권1, 2장)
> 마. <u>개야밀</u> 어엿비 너기고 (두시언해 권7, 18장)
> 바. <u>知慧르</u> 여러 뵈샤 (법화경언해 권3, 8장)

대관류

같은 단어가 대명사와 관형사 두 부류로 통용되는 단어를 말한다. '이, 그, 뎌, 므슴'이 대관류 단어의 예이다.

釋迦氏 <u>일</u>로 나시니 (월인천강지곡, 기 10) 대명사

<u>의</u> 道士ㅣ 精誠이 지극ㅎ단디면 (월인석보 권1, 7장) 관형사

글로 일후믈 사ㅁ니라 (월인석보 권2, 27장) 대명사

<u>그</u> 긔별 드르시고 (석보상절 권6, 2장) 관형사

대관부류

같은 단어가 대명사, 관형사, 부사 세 부류로 통용되는 단어를 말
하는데 '어느'가 그 대표적 예이다.

이 두 말올 <u>어늘</u> 從ㅎ시려뇨 (월인석보 권7, 26장) 대명사

<u>어느</u> 뉘 請ㅎ니 (용비어천가, 18장) 관형사

현 날인둘 迷惑 <u>어느</u> 플리 (월인천강지곡, 기 74) 부사

대등성

앞뒤 절이 의미적으로 대등한 관계로 이어져 있을 경우 대등성을
갖추고 있다고 한다. 같은 시간에 벌어진 사건이 이어지거나 시간
적 선후 관계를 가지고 이어지는 사건들이 주로 대등성을 가지고
이어진다.

대등적 연결어미

이어진 문장은 연결어미와 접속조사에 의해 성립된다. 이 중 연결
어미는 대등적 연결어미와 종속적 연결어미로 구분된다. 대등적

연결어미는 앞 뒤 절이 대등한 의미관계를 가질 때 쓰이는 연결
어미이다. 대등적 연결어미에는 '나열'의 의미를 가지는 '-고/-오',
'-곡/-옥(고/오의 강조)', '-으며'와 대조의 의미를 가지는 '-으나',
그리고 선택의 의미를 가지는 '-거나/-나/-으나'가 있다.

대등적 합성동사

두 개의 동사가 대등한 의미관계를 가진 채 합성된 동사를 말함.

용례
나들다, 오르느리다, 듣보다, 여위시들다

대등적 합성어

두 개의 단어가 대등한 의미관계를 가지고 결합한 합성어를 말한다.

용례
밤낮, 무쇼, 바느실, 가막가치

대명사

어떤 대상의 이름을 대신하여 그것을 가리키는 말로 사용하는 체
언을 대명사라 한다. 중세국어의 대명사도 인칭대명사와 지시대
명사로 나눌 수 있다.
중세어의 1인칭 대명사는 '나'로 그 복수형은 '나'와는 관계없는
'우리'였다. 이러한 것을 보충법이라 한다. 그리고 '너'(2인칭)와

'저'(自)의 복수형은 '너희', '저희'로 접미사 '-희'가 붙는 형태였다. 여기에 다시 복수 접미사가 붙기도 하였다. 대명사의 곡용에서는 주격 조사와의 결합에서 성조 변화의 특이성이 있다. 의문 대명사 '므스/므슥'의 경우 휴지나 자음 앞에서 말자음이 탈락하고 모음 앞에서도 이음절 모음을 유지했다는 특이점이 있다.

대부류

같은 단어가 대명사와 부사, 두 가지 부류로 통용되는 단어를 말한다. '엇뎨'가 대부류 단어이다.

용례

엇뎨어뇨 ᄒ란ᄃᆡ (석보상절 권9, 26장) 대명사
누비옷 붓그료미 엇뎨 업스신가 (월인천강지곡, 기 120) 부사

대상 표시법

선어말어미 '-오-'에 대해 설명하기 위해 사용된 용어. 선어말어미 '-오-'가 관형사형 전성어미 '-ㄴ, -ㄹ'과 결합했을 때 관형사형 어미 뒤에 오는 명사와의 의미관계에 따라 '-오-'가 표시되기도 하고 표시되지 않기도 한다. 일반적으로 피한정명사가 관형사형의 의미상 목적어나 부사어이면 선어말어미 '-오-'가 나타난다. 이렇게 피한정어가 의미상 목적어나 부사어가 되는 현상에 근거하여 이를 대상표시법이라 부른다. 보통 피한정어가 관형사형의 의미상 목적어일 경우에는 대부분 '-오-'가 나타나며 주어일 경우에는 대부분 나타나지 않는다. 그 밖에 피한정어가 의미상 부사어

나 동격일 때는 '-오-'가 나타나기도 하고 그렇지 않기도 한다.

부톄 道場애 안즈샤 <u>得호샨</u> 妙法을 닐오려 ᄒ시ᄂ가 (석보상절 권 13, 25장) → 피한 정명사가 관형사형의 의미상 목적어 (妙法을 得 ᄒ다)

이 觀 <u>지ᅀᆞᆫ</u> 사ᄅ면 … (월인석보 권8, 32장) → 피한정명사가 관형 사형의 의미상 주어 (사ᄅᆞᆷ이 짓다)

그림 <u>그륨</u> ᄇᆞᄅ몰 (두시언해 권6, 34장) → 피한정명사가 관형사형 의 의미상 부사어 (바ᄅ매 그리몰 그리니라)

本來 <u>求호논</u> ᄆᆞᅀᆞᆷ 업다이다 (월인석보 권13, 36장) → 피한정명사 가 관형사형과 동격 (구하는 것 = ᄆᆞᅀᆞᆷ)

큰 法 <u>즐기논</u> ᄆᆞᅀᆞ미 잇던댄 (월인석보 권13, 35장) → 피한정명사 가 관형사형과 동격

대응적 진술

평서문의 종결 방식에 대한 개념인데, 상대방의 말에 대답하는 방 식으로 진술이 이루어질 경우 대응적 진술이라고 한다.

대조(보조사)

중세국어에서 대조의 의미를 가지는 보조사는 'ᄂᆞᆫ/ᄂᆞᆫ/ᄋᆞᆫ/은/ᄂ'이 있다. 대조의 보조사일 경우에는 '다른 것과 달리 이것은 이러하 다'라는 의미를 가진다. 그런데 대조의 보조사가 특정한 개념을 표시하는 명사의 뒤에 쓰일 경우에는 주제의 의미를 표시한다. 주 제란 설명의 제목이 된다는 뜻이다.

(대조) <u>나</u>는 어버미 여희오 느믹 그에 브터 사로터 (석보상절 권9, 5장)
(주제) 流通은 흘러 스막출 씨라 (훈민정음언해, 1장)

대주어

국어에는 다른 언어와 달리 특이하게 한 문장에 주어가 두 번 나타나는 경우가 있다. 대주어는 주어가 두 번 나타나는 특이한 현상을 설명하는 여러 견해 중 하나이다. 즉, '이 東山은 남기 됴홀 씩(석보상절 권6, 24장)'라는 문장에서 앞에 오는 주어 '이 東山은'을 대주어로 보고 뒤에 오는 주어 '남기'를 소주어로 보는 것이다.

太子ㅣ 性 고봉샤 (월인석보 권21, 21장)

도구의 부사격조사

중세국어에서 도구의 부사격조사는 '(으/으)로뼈'와 '(으/으)로'가 있는데 현대와 동일하게 '-을 가지고'의 의미를 가진다.

般若智<u>로뼈</u> 얼굴 삼고 萬行 고주<u>로뼈</u> 文을 사막니 (금강경삼가해 권2, 15-16장)
훈 발로 고초 드듸여 셔샤 (월인석보 권1, 52장)

도치

문장성분이나 품사 또는 형태소들이 그 위치를 뒤바꾸는 것을 말한다. 『월인천강지곡』에서는 주어와 서술어 사이에 오는 부사어가 주어 앞으로 위치가 바뀌어 있고 『능엄경언해』에서는 '大王아 올ᄒᆞ니라'가 정상적인 문장 어순이다.

용례
瑠璃山 우흿 모새 七寶行樹間애 銀堀ㅅ 가온ᄃᆡ 金床이 이렛더니 (월인천강지곡, 182)
올ᄒᆞ니라 大王아 (능엄경언해 권2, 5장)

독립성분

독립어를 말한다. 독립어에는 감탄사와 체언에 호격조사가 붙는 경우가 있다. 여기에 더해 문장 접속 부사 '그러나, 그럴씬, 그런ᄃᆞ로' 등을 독립어로 분류하기도 하는데, 학교문법은 접속부사를 부사어로 분류하고 있다.

동격관형사절(→ 동격관형사형)

동격관형사가 나타나면서 절의 형식을 갖춘 것을 말한다.

동격관형사형

관형사형 또는 관형사절을 평서문으로 전개할 때 수식받는 명사가 전개된 평서문에서 어느 특정한 성분으로 나타나지 않을 때,

즉 피한정명사가 선행하는 관형사형 또는 관형사형의 내용을 간추린 정도로만 나타날 때, 이를 동격관형사절 또는 동격관형사형이라 한다.

동격명사

피한정명사가 선행하는 관형사형 또는 관형사절의 내용을 간추린 정도로만 나타날 때, 이 명사를 동격명사라고 한다.

용례
큰 法 즐기ᄂ 모ᅀᅡ미 잇던댄 (월인석보 권13, 36장)
차반 ᄆᆡᇰᄀᆞᆯ 쏘리 워즈런ᄒ거늘 (석보상절 권6, 16장)

동국정운식 한자음

『동국정운』이란 한글 창제 이후, 한자음을 바로잡아 통일된 표준음을 정하기 위해 조선 최초로 편찬된 운서이다. 이 책은 세종의 언어정책의 일환으로 당시 혼란 상태에 있었던 우리나라의 한자음을 바로잡아 통일된 표준음을 정하려는 목적으로 편찬, 간행되었다. 이로 보아 『동국정운』은 우리나라에서 관습적으로 사용하던 한자음의 발음체계를 중국의 한자 원음에 가깝게 고쳐서 정리하기 위해 편찬한 것임을 알 수 있다. 이러한 『동국정운』의 원칙에 따라 표기된 한자음을 동국정운식 한자음 또는 동국정운식 교정음이라 하는데 동국정운식 한자음은 현실에서 통용되던 실제의 한자음과는 거리가 먼 가상적이고 이상적인 한자음이었으므로 세조 이후에는 쓰이지 않았다. 동국정운식 한자음이 가지는 특징은 다음과 같다.

첫째, 중국 원음에 가깝게 표기하였다. 覃땀, 邪썅, 洪뽕과 같이 순 우리말을 표기할 때에는 단어 첫머리에 쓰지 않는 'ㄲ, ㄸ, ㅃ, ㅆ, ㅉ, ㆅ, ㆆ, ㅿ' 등을 단어 첫머리에 사용하였다.

둘째, 한 음절은 초성, 중성, 종성을 반드시 갖추어서 표기하였다. 이를 성음법이라 한다. 虛헝, 斗둫, 步뽀와 같이 종성이 없는 한자음에는 음가가 없는 'ㅇ'이나 'ㅱ' 등을 붙여서 종성의 자리에 채워 넣어 초, 중, 종성을 모두 갖추게 하였다.

셋째, 종성이 /ㄹ/로 끝나는 한자어에는 반드시 'ㆆ'을 붙였다. 이를 이영보래라 한다. '日싏, 戌숧, 八밣' 등은 원래 국어에서 표현되는 한자음 중 /ㄹ/로 발음되는 말들은 15세기 당시 중국에서는 모두 /ㄷ/으로 발음되는 소리(입성)였다. 이에 따라 /ㄹ/ 받침으로 끝난 국어의 한자음을 중국의 발음인 입성에 가깝게 표현하기 위해 'ㆆ(影母)'으로써 'ㄹ(來母)'을 보충하여 표기하였다.

동등 비교(부사격조사)

서로 동등한 대상을 비교하는 것을 말한다. '와/과'의 조사가 쓰인다. 동일한 의미를 가지는 조사로 '이'가 쓰이기도 한다.

용례

길 넓 사롭과 ᄀᆞ티 너기시니 (석보상절 권6, 4-5장)

부톄 … 敎化ᄒᆞ샤미 ᄃᆞ리 즈믄 ᄀᆞᄅᆞ매 비취요미 ᄀᆞᆮᄒᆞ니라 (월인석보 권1, 1장)

동명사(動名詞)

알타이제어의 문법 체계에서 동명사는 매우 큰 중요성을 지니고 있다. 기원적으로 많은 활용형이 동명사형이었으니, 동사의 서술어형으로도 동명사형이 그대로 쓰였던 것이다. 따라서 알타이조어에서는 명사문이 매우 중요했다고 할 수 있다. 우리 국어에서는 15세기에 일부 동명사가 그대로 명사로 굳어져 있었다.

동명사 어미에는 (1) '-ㄴ'과 '-ㄹ', (2) '-ㅁ', (3) '-기'가 있다. (1)은 시상의 선어말어미와 결합되는 것이 특징이었다. 특히 부가어적 용법만이 아니라 명사적 용법도 있었던 것이 특이하다(얼운, 호시느로, 다? 업스니 등). '-ㄹ' 동명사 뒤에는 각자병서와 결합되고(쌔, 쑬, 쐬 등) 미래(추측)의 선어말어미(-리)에 쓰이기도 했다. (2)는 언제나 의도법 선어말어미에 결합되었다(옴/움). (3)은 중세어에서는 그 용례가 매우 드물다(出家호기, 비호기). '-기' 동명사를 지배하게 된 것은 17세기 초의 일이다. 근대어에 와서 '-기' 동명사가 엄청나게 많아진 것이다. 근대어나 현대어에서 '-기' 동명사가 하는 일은 'ㅁ' 동명사가 담당하였다.

동반의 부사격조사

'함께, 더불어'의 의미를 가지는 부사격 조사로 '와/과'가 쓰인다.

용례

太子와 호야 그위예 決호라 가려 호더니 (석보상절 권6, 24장)
고르몬 논는 빈와 다못 몱도다 (두시언해 권7, 11장)

동사

주어의 움직임을 나타내는 품사. 동사의 파생은 명사에서 파생된 것과 용언 어간에서 파생된 것이 있다. 명사에서 파생된 것은 수가 적고 용언 어간에서 파생된 것에는 사동 어간과 피동 어간이 있다. 용언 어간의 합성은 매우 생산적이었다. 또한 중세국어의 동사 역시 자동사와 타동사로 나눌 수 있다. 목적어의 유무를 통해 이 두 동사를 구분할 수 있고 또한 그 활용형에 나타나는 형태론적 표지를 가지고도 구분할 수 있다. 주관적 앎을 나타내는 확인법(또는 주관적 믿음의 선어말어미)의 선어말어미 '-거/어-'의 사용 양상을 통해 자동사와 타동사를 구별할 수 있다. '-거-'는 자동사와 형용사, 서술격조사 뒤에 쓰이며, '-아/어-'는 타동사 뒤에 쓰인다.

> **용례**
> 내 本來 求홀 무슨 업다니 오늘 이 寶藏이 自然히 <u>니를어다</u> (법화경 언해 권2, 226장)
> 王人 中엣 尊호신 王이 업스시니 나라히 威神을 <u>일허다</u> (월인석보 권10, 9장)

동사문(動詞文)

중세어에서 설명문은 대부분 동사문으로 변모되어 있었다. 동사문은 다시 목적어를 갖는 타동사문과 목적어를 갖지 않는 자동사문으로 나뉜다.

동사 파생법

파생법을 통해 동사가 파생될 경우 이를 동사 파생법이라 한다.

동사 합성법

합성법을 통해 동사가 합성될 경우, 이를 동사 합성법이라 한다.

동사구

두 개 이상의 어절이 모여 하나의 단어와 동등한 기능을 하는 것을 '구'라고 하는데, 이 '구'가 문장 내에서 동사의 기능을 수행할 때 '동사구'라 한다.

용례
그르 알면 外道ㅣ오 (월인석보 권1, 5장)

동사의 공대말

→ 공대말

동작상

완료, 진행, 예정 등 동작의 모습이 동사의 활용형에 나타나는 문법범주를 말한다. 중세국어 역시 동작상을 완료상, 진행상, 예정상으로 나눌 수 있다.

완료상은 보조적 연결어미와 연결 어미에 기대어 표시된다. 전자의 경우 보조적 연결어미 '-어-'와 상태의 보조형용사 '잇다/겨시다'가 결합하여 완료상을 표시한다. 후자의 경우 종속적 연결어미에 의해 완료상을 표시하는데 이러한 종속적 연결어미에는 '-억, -어다가, -곡, -다가며, -다가, -락' 등이 있다.

짜해 <u>무톗던</u>(무티어+잇) 보비 절로 나며 (월인석보 권2, 45장)

수메셔(숨<u>어</u>+이셔, 숨+<u>에셔</u>) 드르시고 (용비어천가, 108장)

진행상 역시 보조적 연결어미와 종속적 연결어미에 기대어 표시된다. 전자의 경우 보조적 연결어미 '-고'와 진행의 보조동사 '잇다'가 결합되어 진행상을 표시한다. 후자의 경우 종속적 연결어미 '-으며셔, -락, -엄' 등이 진행상을 표시한다. 이 밖에도 완료상의 '-아 잇다'가 진행상으로 쓰이는 경우도 있다.

네 … 내 풍류바지 드리고 됴흔 차반 <u>먹고 이쇼더</u> 엇데 몯 듣고 몯 보노라 ᄒᆞᄂᆞᆫ다 (석보상절 권24, 28장)

말ᄒᆞ며 우숨 <u>우스며셔</u> 주규믈 行ᄒᆞ니 (두시언해 권6, 39장)

王이 듣고 깃거 그 나모 미틔 가 누는 長常 <u>빨아 잇더라</u> (석보상절 권24, 42장)

예정상도 마찬가지로 보조적 연결어미, 종속적 연결어미에 기대어 표시된다. 전자의 경우 보조적 연결어미 '-게'에 보조동사 '드외다', 'ᄒᆞ다'가 결합하여 예정상을 표시한다. 후자의 경우 종속적 연결어미 '-고뎌, -과뎌' 등에 의해 표시된다.

모딘 잠개 나소드듸 <u>몰게 드외니</u> (월인천강지곡, 기69)

厄이 스러디과뎌 ᄒ노니 (월인석보 서, 25장)

예정상은 예정의 기능 이외에도 의도의 의미가 결부되어 있다. 이는 예정상이 아직 성취되지 않은 사건의 동작상을 표시하기 때문이다.

동사파생 명사

동사파생 명사는 파생접사에 의해 형성된 것으로 '여름', '거름' 등이 그에 해당한다. 파생접사에는 '-*m(-ㅁ/-옴/-음)'이 있다.

동작주(動作主)

타동사의 주어를 동작주라 한다. 즉, 서술어가 나타내는 행위를 직접 수행하는 주어를 말한다.

동족목적어

서술어와 동일한 어원을 가진 명사를 목적어로 가질 때, 이때의 목적어를 동족목적어라고 한다. '거르믈 걷다, 꿈 꾸다, 우숨 웃다' 등이 이에 속한다. 이들 동족목적어는 동일 계통 서술어의 선택제약을 받는다는 특성이 있다.

동화

음운 변화는 조건 변화와 무조건 변화가 있다. 어떤 음의 변화가 그 인접음의 영향으로 설명될 수 있을 때 이것을 조건 변화라고 하는데 조건 변화에는 동화와 이화 등이 있다. 동화는 어떤 음의 영향으로 다른 음이 그것과 닮아지는 현상으로, 앞 음이 뒷 음에 영향을 미치는 경우(순행 동화)와 그 반대의 경우(역행 동화)가 있으며, 앞 음과 뒷 음이 동시에 영향을 받는 경우(상호동화)가 있다. 또 이들 두 음이 서로 붙어 있는 경우(인접 동화)와 떨어져 있는 경우(원격 동화)가 있다. 국어에서 몇 가지 예를 들면 근대국어에서 양순자음 뒤에 '一'가 'ㅜ'로 변한 '믈(水) > 물', '플(草) > 풀'은 순행 인접 동화이며, 중세국어에서 'ㄴ' 위의 'ㄷ'이 'ㄴ'으로 변한 '돋니-(行) > 돈니-'와 근대국어의 구개음화는 역행 인접 동화이다. 그리고 근대국어의 움라우트는 역행 원격 동화의 예들이다.

된소리, 된소리화, 된시옷

고대국어에는 된소리 계열이 존재하지 않았던 것으로 보이는데, 전기 중세어의 자음체계는 된소리 계열이 등장했다. 후기 중세어 자료에 어두 된소리가 광범하게 확인되는 사실에 비추어 그 존재가 증명된다. 15세기 중엽에는 마찰음의 된소리밖에 없었던 것으로 추정된다. 15, 16세기에 많이 나타난 바 있는 평음의 된소리화 및 유기음화는 근대에 들어서서 더욱 일반화되었다. 된소리의 인상적 가치를 이용하여 표현이 강화된 것들이 많았고 18세기에까지 이어졌다. 된시옷의 경우 이미 된소리로 굳어져 있었던 것으로 본다. 17세기 삼중체계의 소멸로 합용병서 사이에 혼란이 나타나고

이는 18세기에 극심해진다. 그리고 각자병서 일부가 부활되어 된소리가 사실상 세 가지 표기를 가지게 되었다. 이에 따라 19세기에 와서 된소리 표기는 모두 된시옷으로 통일되는 경향이 뚜렷해졌다.

된소리가 합쳐진 중자음

합용병서 중, 'ㅅ'계 합용병서를 된소리부호로 본다면, 'ㅄ'계 합용병서를 된소리가 합쳐진 중자음으로 보는 견해이다. '뻬니, 쁘리니' 등은 'ㅂ+된소리'의 결합으로 보는 것이다. 합용병서로 된 말은 현대국어에서 대부분 된소리로 바뀌었으므로 된소리로 읽는 것이 관습으로 되어 있다. 이기문은 'ㅅ'계 합용병서를 된소리부호로 보고 있으나 고영근은 'ㅅ'계 합용병서를 된소리부호로 따로 보고 있지 않다.

된소리부호 ㆆ

'ㆆ'은 사잇소리, 이영보래, 된소리부호 등으로 다양한 용례에 쓰이는데, 그 중 뒤에 있는 평자음을 된소리로 발음해 주도록 하는 기능을 말한다.

용례
지브로 도라오싫 제, 니르고져 홇 배

된소리 표기

'ㄲ, ㄸ, ㅃ, ㅆ, ㅉ' 등 각자병서 글자 중에서 현대국어의 된소리와 비슷한 음가를 가지는 것과, 'ㅅ'계 합용병서를 된소리 부호로 보아 'ㅺ, ㅼ, ㅽ' 등을 된소리 표기로 본다. 이기문은 각자병서와 'ㅅ'계 합용병서를 된소리표기로 보고 있지만 고영근은 각자병서만을 된소리 표기로 보고 있다.

용례
홀 껏, 올 뚤, 여흴 쩌긔, 쉴 쓰싀, 쏘리, 뼈

된시옷

합용병서 'ㅺ, ㅼ, ㅽ' 등의 'ㅅ'은 예로부터 '된시옷'이라고 불리어 왔는데, 이 이름이 언제쯤 생긴 것인지 기록이 없어 알 수 없으나 15세기 중엽에 이것은 이미 사실상 '된시옷'이었던 것으로 믿어진다. 이렇게 믿어지는 근거는 다음과 같다.

첫째, 훈민정음 여러 문자 중에서 유독 'ㅅ'은 그 음가에 구애되지 않고 '사이시옷'으로 사용되었다. 이 사이시옷은 된소리와 깊은 관련이 있는 것이다.

둘째, 15세기 중엽에는 '그스-'(牽)였던 어간이 『법화경언해』와 『두시언해』에서 '끄스-'로 나타나며, 그 전의 문헌에서는 '딯-'(擣, 搗)으로 나타나던 어간이 『구급간이방』에서는 '띻-'으로 나타난다. 격렬성을 띤 동작을 보다 인상적으로 나타내기 위하여 어두음이 된소리화한 예들이다. 이런 경향은 16세기에 오면 더욱 강해진다. 『속삼강행실도』에 '쑤짓-'(叱, 15세기 '구짖-')이 여러 군데 보이며, 『훈몽자회』에 '쁠-'(撒, 뿔-), '씹-'(嚼, 십-) 등의 예와 함께, 『본문온역이해방』에 '싫-'(沸, 긇-), '싸홀-'(刿, 사홀-) 등의 예가 보인다. 된소리 계열이 이렇듯 표현적 가치를 가지게 될 수 있으려면 이미 된소리가 어두에서 확고한 기반을 가지고 있고서야 가능한 일이라고 보아, 어두 된소리는 15세기 후반보다 앞서 나타났다고 보는 것이 온당할 것이다.

두음법칙

어두에 자음군이나 유음(특히 r)이 오는 것을 피하는 현상으로서 알타이제어와 국어의 공통특징으로 주목되었다. 중세국어에는 어두 자음군이 있었으나 이것은 일시적인 것이었다. 국어와 알타이 제어에는 본래 'r'로 시작되는 단어는 없었던 것으로 믿어진다. 따라서 외래어의 어두 'r'은 단어에서 '르(r)' 뒤 모음이 첨가되거나 'n'으로 바뀐다.

두 자리 서술어

서술어를 중심으로 보면, 서술어가 필수적으로 요구하는 성분이 있는데 두 자리 서술어는, 서술어가 주어 한자리뿐만 아니라, 목적어나 보어와 같이 주어 외에 필수적 성분을 하나 더 요구하는 서술어를 말한다. '주어+목적어+서술어'로 구성되거나 '주어+보어+서술어'로 구성하는 문장의 서술어는 두 자리 서술어가 된다.

용례
(주어) 므스글 얻ᄂᆞ다 (월인석보 권1, 36장)

등시적 사건

이어진 문장의 종류에는 대등하게 이어진 문장과 종속적으로 이
어진 문장이 있는데, 선행절과 후행절이 서로 자리를 바꾸어도 의
미를 그대로 유지하는 문장이 있다. 이는 대등한 사건을 등시적으
로 연결했기 때문에 가능하다.

용례
子ᄂᆞᆫ 아ᄃᆞ리오 孫ᄋᆞᆫ 孫子ㅣ니
(아모) … 조ᄒᆞᆫ 짜ᄒᆞᆯ 쓰ᅀᅥᆯ오 노ᄑᆞᆫ 座 밍ᄀᆞᆯ오 便安히 연ᄌᆞ면

'디' 명사형

현대국어에서 '-기'로 대치된 것인데 이는 중세국어에서 '어렵다,
슬ᄒᆞ다, 둏다'의 지배를 받는 통사상의 특징이 있다. 이는 명사적
기능을 가지기 때문에 주어로 쓰이기도 하고 목적어로 쓰이기도
한다. 명사형 '-디'가 붙은 용언의 주어가 표시되지 않는다는 점
에도 유의할 필요가 있다.

용례
내 겨지비라 가져 가디 어려ᄫᅳᆯᄊᆡ (월인석보 권1, 13장)
나리 져믈ᄊᆡ 나가디 슬ᄒᆞ야 (삼강행실도 열녀도, 16장)
그릇 안해 담가 두면 ᄀᆞ장 보디 됴ᄒᆞ니라 (번역박통사 권상, 5장)

'ㄹ'관형사형(→동명사어미)

원래 'ㄹ'관형사형은 이름에서 보이듯이 대부분 관형사형 어미의
역할을 하는데, 여기에서 'ㄹ'관형사형은 특이하게 명사적 역할을
하고 있다. 이와 마찬가지로 '-ㄴ'도 명사형 어미와 같은 용법을
보이기도 한다. 이 용법을 갖는 '-ㄹ'은 보통 '-ㅭ'으로 표기된다.

용례

놀애롤 노외야 <u>슬픐</u> 업시 브르ᄂ니

일즉 글월 앗고 ᄆᅀᆞ매 서늘히 너기디 <u>아니홄</u> 아니ᄒ시나

여러 劫ㅅ 囚이 <u>아닔</u> 아니며

'말다' 부정문

'말다' 부정문은 주로 명령문에서만 실현되지만 소망이나 기원을
표현하는 등 특별한 경우 명령문이 아닌 경우에도 실현되는 일이
있다. 중세국어에서도 현대국어와 같이 보조적 연결어미와 보조
동사의 통합에 의존한다. 중세국어는 보조동사 '말다'가 보조적
연결어미 '-디'외에도 '-어', '-게'에도 붙는다.

[용례]
다시 니르디 마라쇼 ᄒᆞ리니
서리와 이슬로 ᄒᆡ여 사ᄅᆞ미 오ᄉᆞᆯ 저지게 마롤디니라
너희 두리여 말며 믈러 도라가디 말라

명령문의 경우에 '않다'의 보충법 형태로 '말다' 부정문이 쓰이는
데 짧은 부정문의 형태로는 쓰이지 않고 긴 부정문에서만 쓰인다.
그러나 서술어가 형용사인 경우에는 쓰이지 않는다.

매개모음

두 형태소의 결합에서 생기는 자음충돌을 피하기 위하여 그 자음들 사이에 들어가는 모음을 말한다. 중세국어에서는 'ㆍ'와 'ㅡ'가 모음대립을 구성하고 있기 때문에, 'ㅇ'와 '으' 등으로 이형태가 나타나기도 한다. 기본형을 매개모음이 있는 형태를 기준으로 하면 선행어간의 받침이 없을 경우 매개모음이 빠지는 것으로 설명할 수 있다.

용례
지스니, 버스니

명관부류

중세국어에는 품사의 통용이라는, 한 가지의 형태소가 여러 가지 품사의 기능을 하기도 하는데 이 중 '명사'와 '관형사'와 '부사'의 역할을 동시에 하는 종류를 말한다.

용례
이 나래 새를 맛보고 <명사>
새 기슬 一定하얫도다 <관형사>
새 出家혼 사르미니 <부사>

명대류

중세국어에는 품사의 통용이라는, 한 가지의 형태소가 여러 가지 품사의 기능을 하기도 하는데, 이 중 '명사'와 '대명사'의 역할을 동시에 하는 종류를 말한다.

더우니로 춘 게 섯거 <명사>
게 가 몯 나시리라 <대명사>

명령문

중세국어의 문체법에는 종결어미의 종류에 따라, 평서법, 의문법, 명령법, 청유법, 감탄법 등을 설정할 수 있다. 이 중 명령문은 화자가 청자에게 무슨 일을 할 것을 요구하는 것으로써, 존비법에 따라 구분할 수도 있다. 정동사어미가 결합되는 서술어가 서법에 따라 구분되는데, 문장을 종결하는 기능에 따른 분류법 중에 '명령법'이 있다. 현대국어와는 다르게 직접명령법과 간접명령법의 형태상의 차이가 분명하지 않다.

너희 디마니 혼 이리 잇느니 샐리 나가라 <ᄒ라체>
내 보아져 ᄒᄂ다 술ᄫᅡ쎠 <ᄒ야쎠체>
님금하 아ᄅᆞ쇼셔 <ᄒ쇼셔체>
아가 아가 하 셜ᄫᅥ ᄒ노니 아ᄆᆞ례나 救ᄒ야 내오라 <반말>

명령법(命令法)

명령법의 어미에는 '-쇼셔'와 '-아쎠', '-라' 등이 있었다. 이들은 2인칭의 명령으로 공손법의 등급을 나타내었다. 넓은 의미에서 '-져'와 '-사이다'는 권유하여 함께 하자는 뜻으로 1인칭 복수에 대한 명령이었다. '-고라'와 '-고이다'는 청원의 뜻을 나타내었다. '-고려'의 예도 보인다. '-지라'와 '-지이다'는 선어말어미 '-거-',

'-아/어-'에 연결되었으며 자기가 원하는 대로 하게 해 달라는 뜻
이었다.

님금하 <u>아루쇼셔</u> (용비어천가 125장)
그 ᄠᅳ들 <u>닐어쎠</u> (석보상절 권6, 16장)
녯ᄠᅳ들 <u>고티라</u> (월인천강지곡 29장)
ᄒᆞ디 가 <u>듣져</u> ᄒᆞ야둔 (석보상절 권19, 6장)
淨土애 ᄒᆞ디 가 <u>나사이다</u> (월인석보 권8, 100장)
付囑ᄋᆞᆫ 말쏨브텨 아므례 <u>ᄒᆞ고라</u> 請홀씨라 (석보상절 권6, 46장)
부텨 조쯔와 머릴 <u>갓고이다</u> (능엄경언해 권1, 42장)
내 아기 위ᄒᆞ야 어더 <u>보고려</u> (석보상절 권6, 13장)
願ᄒᆞᆫ돈 내 生生애 그딋 가시 <u>두외아지라</u> (월인석보 권1, 11장)
내 <u>니거지이다</u> (용비어천가 58장)

명령형(→ 명령법)

명령문이 실제 문장으로 실현된 형태를 말한다.

명부류

중세국어에는 품사의 통용이라는, 한 가지의 형태소가 여러 가지
품사의 기능을 하기도 하는데, 이 중 '명사'와 '부사'의 역할을 동
시에 하는 종류를 말한다.

숝가락과 숝가락 <u>아니</u>와애 나게 ᄒᆞ리라 <명사>
ᄇᆞᄅᆞ매 <u>아니</u> 뮐씨 <부사>

현대국어에서도 동일한 형태소가 명사와 부사의 역할을 동시에 수행하기도 한다.

용례
함께 해서 한 <u>평생</u>이 행복했다 <명사>
그런 얘기는 <u>평생</u> 처음 듣는다 <부사>

명사

사물의 이름을 표시하는 말. 대상에 따라서 고유명사와 보통명사로 구분된다. 자립 여부에 따라서 의존명사와 자립명사로 구분하기도 한다. 여기서 의존명사를 조사와의 통합 조건에 따라서 주어, 목적어, 서술어로 두루 쓰이는 보편성 의존명사, 주어로 기능하는 주어성 의존명사, 부사어로 기능하는 부사성 의존명사, 서술어로 기능하는 서술성 의존명사, 수량 단위를 나타내는 단위성 의존명사 등으로 구분한다. 부사성 의존명사에는 목적어로 쓰이는 의존명사도 포함한다. 여기에는 '드, 디, ᄀ장, 거긔, 게, 그에, 긔, 다비, 둧, 동, 만, 손디, 양, 자히' 등이 있다.

용례
<고유명사> 나랏 말ᄊᆞ미 <u>中國</u>에 달아
<보편성 의존명사> 니르고져 홇 <u>배</u> 이셔도<주어>, 밍ᄀᆞ론 바롤
　　　　　　　　　브터<목적어>, 重히 너기논 배오<서술어>
<주어성 의존명사> 그제로 오신 <u>디</u> 순지 오라디 몯거시든 (법화
　　　　　　　　　경언해 권5, 119장)
<부사성 의존명사> 현맛 劫을 디난 <u>디</u> 모ᄅᆞ리로소니 (월인석보
　　　　　　　　　권14, 9장)
<서술성 의존명사> 날로 ᄡᅮ메 便安킈 ᄒᆞ고져 홇 <u>ᄯᆞᄅᆞ미니라</u> (훈민

정음언해, 3장)
<단위성 의존명사> 百千 디위 브려도 (월인석보 권21, 216장)

이외에도 명사는 감정 표현 능력 여부에 따라 유정 명사와 무정 명사, 손으로 만질 수 있느냐 없느냐에 따라 구체 명사와 추상 명사로도 나눌 수 있다.

명사의 파생은 명사에서 된 것과 용언 어간에서 파생된 것이 있다. 동사형은 언제나 선어말어미 '-오/우-'를 가져 파생명사와는 구별되었다. 현대국어에서는 볼 수 없는 ㅎ말음을 가진 체언도 존재했다. 이들은 곡용에서 그 ㅎ이 드러났다.

명사구

단어가 둘 이상 모여서 한 품사처럼 쓰이는 문장의 마디를 '구'라고 하는데 '절'과 다른 점은 '주어+서술어'의 구조를 가지지 않는다는 점이다. 이 중 명사의 역할을 하는 문장의 마디를 명사구라고 한다.

용례
몬져 뎌 부텻 像올 밍그라

명사구의 확장

여러 명사가 합쳐져 하나의 명사구를 형성하는 것을 말한다. 명사를 단순히 나열시키거나 조사 '-와/과'로 접속하는 방식, 핵심 명사를 중심으로 관형어적 요소를 통합시키는 방식 등이 명사구 확장의 대표적인 절차이다.

가. ᄒ다가 <u>男子 女人</u>이 이 부텻 일훔 듣ᄌᆞᄫᆞ면 (월인석보 권21,
   134장)
나. <u>千別室 百鍾室</u>ᄋᆞᆯ 莊嚴을 다 ᄒᆞ고 (월인석보, 171장)
다. 모딘 일 보고 됴ᄒᆞᆫ 일 닷ᄀᆞ니ᄂᆞᆫ <u>漸漸 東南北 洲와 四王 忉利天</u>
   에 가 나니 (월인석보 권1, 46장)
라. <u>若一日 若二日 三 四 五 六 七 日</u>에 功德이 어루 일리이다 (월인
   석보 권7, 60장)

명사문(名詞文)

알타이조어에서는 명사문이 매우 중요했다. 중세국어의 문장들을
분석해 보면 문장의 서술어는 체언이나 동명사에 첨사가 연결된
것이 많이 있다. 명사적 용법이 흔히 사용되었는데 고대에 있어서
는 일반적이었지만 15세기에 이르러서는 크게 위축되었다. 그 경
향은 후대로 내려올수록 강해져 현대에 와서는 모든 문장은 동사
문의 성격을 띠게 되었다. 체언이 서술어에 쓰이는 경우에는 반드
시 계사가 연결된다.

명사절

단어가 둘 이상 모여서 한 품사처럼 쓰이는 문장의 마디를 '절'이라
고 하는데, '구'와 다른 점은 '주어+서술어'의 구조를 가진다는 점
이다. 이 중 명사의 역할을 하는 문장의 마디를 명사절이라고 한다.

내 겨지비라 <u>가져 가디</u> 어려볼쎠 (월인석보 권1, 13장)
ᄆᆞ술히 멀면 <u>乞食ᄒᆞ디</u> 어렵고 (석보상절 권6, 23장)

명사(체언) 파생법

명사나 대명사를 다시 명사로 만들거나, 명사가 아닌 것을 명사로
만들어주는 파생법을 말한다. 어휘적 파생법과 통사적 파생법으
로 크게 나눌 수 있는데 어휘적 파생법은 명사나 대명사에서 접
사가 붙어 다시 체언을 파생시키는 파생법이고, 통사적 파생법은
품사를 바꾸기도 하고 통사구조에 영향을 미치기도 하는 파생법
을 말한다.

용례
ᄇᆞ롬가비, 머리맡, 글발, 말씀, ᄉᆞ라기, 세차히, 불무질, 너희, 여듧
곰 <어휘적 파생법>
이바디, 거름, 우숨, 무덤, 놀개, ᄀᆞ새, 버워리 <통사적 파생법>

명사(체언) 합성법

어근과 어근이 결합하여 새로운 단어를 만들어 내는 것을 단어
합성법이라고 하는데, 명사 합성법은 그 중에서도 명사를 만들어
내는 합성법이다. 현대국어와 다른 점은, 대부분 통사적 합성법이
확인된다는 점이다. 두 명사가 대등적으로 결합한 대등합성어, 앞
의 명사 어근이 뒤의 명사 어근을 수식, 한정하는 방식으로 결합되
는 종속적 합성어로 나눌 수 있다. 학교문법에서는 어근의 결합 방
식에 따라, 대등 합성어, 종속 합성어, 융합 합성어로 나누고 있다.

융합 합성어는 두 명사가 결합하여 제3의 의미를 갖는 합성어를 말한다.

밤낮, 어ᇫ아돌, 바ᄂᆞ실, 가막가치 <대등 합성법>
외딱, 외셤, 요ᄉᆡ <종속적 합성법>

명사합성법

명사를 만드는 합성법을 말한다. 중세국어에서 명사적 합성법에는 통사적 합성법만 확인된다. 명사와 명사가 결합하여 합성어를 형성하기도 하는데, (가)와 같이 두 명사 사이에 다른 요소의 개재 없이 명사끼리 직접 결합하는 경우도 있고, (나)와 같이 두 명사 사이에 사이시옷이 개재되거나 관형격 조사가 개재되는 경우도 있다.

가. 밤낮(←밤+낮), ᄆᆞ쇼(←ᄆᆞᆯ+쇼)
나. 곳믈(←고+ㅅ+믈), 돌기알(←ᄃᆞᆰ+익+알)

다음은 관형사와 명사가 결합하는 경우를 보인 것으로, 지시관형사 '요', '뎌'와 명사 'ᄉᆡ', '즈슴'이 결합하여 합성명사를 형성한 예이다.

요ᄉᆡ(←요+ᄉᆡ), 뎌즈슴(←뎌+즈슴)

다음은 형용사와 명사가 결합하는 경우를 보인 것인데, '하나비'

는 '크다'의 의미를 가진 형용사 '하다'의 관형사형 '한'과 명사 '아비'가 결합한 예이고, '져므니'는 현대어의 '젊다'에 이어지는 형용사 '졈다'의 관형사형 '져믄'과 '사람'의 의미를 가진 명사 '이'가 결합한 예이다.

하나비(←하+ㄴ+아비), 져므니(←졈+은+이)

다음은 동사와 명사가 결합하는 경우를 보인 것인데, 'ᄌᆞ물쇠'는 '잠그다'의 의미를 가진 동사 'ᄌᆞᄆᆞ다'의 관형사형 'ᄌᆞ물'과 명사 '쇠'가 결합한 예이고, '밀믈'은 동사 '밀다'의 관형사형 '밀'과 명사 '믈'이 결합한 예이다.

ᄌᆞ물쇠(←ᄌᆞᄆᆞ+ㄹ+쇠), 밀믈(←밀+ㄹ+믈)

명사형

명사형 어미가 붙어 단어가 명사의 역할을 하게 해주는데 품사는 그대로 유지된다.

안좀 걷뇨매 어마님 모ᄅᆞ시니

명사 형성의 접사(명사 파생 접사)

명사 파생법 중의 하나로, 명사가 아닌 품사를 접사가 결합하여 명사로 품사를 바꾸어주는 기능을 하는 접사를 말한다. 중세국어에서는 '옴/음'이 명사 형성의 접사로 생산적이었으며 동명사 어미인 '옴/움'과 형태적으로 구분된 것이 특징적이었다. 이 둘의 구분은 근대국어에 이르러 사라졌다. 그래서 중세어에서 동명사가 그대로 파생명사로 쓰였던 '우룸(鳴), 우숨(笑)' 등이 '우름(중간본 훈몽자회), 우음(첩해신어)'으로 변하게 되었다.

> 용례
> 우숨, 춤(<츠-), 우룸, 즈오롬

명사형 어미

비종결 어미는 연결어미와 전성어미로 나누는데, 이 중 전성어미는 어간 뒤에 붙어 다른 품사가 그 품사의 역할을 해주도록 만들어 주는 어미이다. 명사형 어미는 명사의 역할을 해주게 하는 어미를 말한다.

> 용례
> 날로 뿌메 편안킈 ᄒ고져 홀 ᄯᄅᆞ미니라
> 能히 色이로ᄆᆡ 거우루의 볼곰 ᄀᆞ톨시라

명사화

서술어가 되는 활용어는 활용형에 따라 문장종결, 문장접속, 명사화, 관계관형화 등의 기능적 차이를 표시한다. 이 중 명사의 역할을 해주는 것을 '명사화'라고 한다. 명사화는 문장 안에서 주로 주어, 목적어로 기능한다.

됴혼 法 닷고몰 몯ᄒᆞ야
ᄒᆞ논 일 업수미 비록 뷔나

모음교체(母音交替)

모음교체는 모음이 문법성을 달리하는 것을 말한다. 굴절어는 교착성과 관련되는데 접미사에 전적으로 의존하는 결과, 인도·유럽제어에서처럼 모음교체가 문법적 기능을 가지지 않는다.

모음동화

동화는 앞이나 뒤의 음운에 영향을 받아 그 음을 닮아가는 현상을 말하는데, 모음동화는 모음이 앞이나 뒤의 모음의 영향을 받아 그 모음의 특성을 닮아가는 현상이다.

여희오 → 여희요

모음조화(母音調和)

모음조화는 본질적으로 한 단어 안의 모음 동화현상이다. 한 단어 안의 모음들의 출현에 특수한 제약 조건이 있어서 가령 전설모음만으로 되어 있는 단어와 후설모음만으로 되어 있는 단어는 있으나 이 두 계열의 모음이 한 단어 안에 공존할 수 없다는 규칙이다. 이처럼 전설과 후설의 양계열의 대립에 기초를 둔 것을 구개적 조화라고 한다.

현존 고대국어 자료는 모음조화의 확실한 증거를 보여주지 않는다. 하지만 중세국어와 근대국어에서, 이른 시기로 올라갈수록 모음조화가 강했음이 드러나는 사실에 비추어 보면, 고대국어에는 매우 엄격한 모음조화가 존재했다는 추측이 가능하다.

중세어의 가장 현저한 것은 모음조화였다. 한 단어 안에 양성모음 또는 음성모음만이 있을 수 있고 그들의 공존은 허용되지 않았다. 중립모음은 어느것과도 연결될 수 있었다. 특이한 점은 조사나 어미에서 특수한 제약 규칙이 적용되었다는 것이다. 모음으로 시작된 조사나 어미는 모음조화의 일반 규칙을 따랐지만, 자음으로 시자된 것들은 모음조화의 일반 규칙에 따르지 않았던 것이다. 가령 부동사 어미 '-고', '-괴'는 어간의 모음이 양성모음이거나 음성모음이거나 그것과 조화를 보여 주지 않았던 것이다.

16세기에 'ㆍ'가 비어두 음절에서 'ㅡ'로 변한 사실은 근대어의 모음조화에 큰 영향을 미쳤다. 어두 음절에서는 여전히 'ㆍ'는 양모음, 'ㅡ'는 음모음이었으나 비어두 음절에서는 'ㅡ'만이 나타났던 것이다. 이리하여 'ㅡ'는 부분적인 중립성을 가지게 되었다(부분 중립모음). 모음조화의 붕괴가 중립화의 증가에 의해서 일어났음을 생각할 때, 이 'ㅡ'의 부분 중립화는 국어의 모음조화의 붕괴를 결정적으로 촉진한 것이라고 할 수 있다.

현대어에 와서 모음조화는 극도로 쇠퇴했으나 아직도 언중에 의해 분명히 의식된다. 그것은 양성모음 '아, 오'와 음성모음 '어, 우'의 대립을 주축으로 하며 주로 의성어와 의태어에서 현저하다.

모음조화규칙

체언의 모음에 따라 그에 맞는 조사가 선택되는 규칙을 모음조화
규칙이라고 한다. 중세국어에서 가장 보편적 현상이 양성모음(·,
ㅗ, ㅏ)과 음성모음(ㅡ, ㅜ, ㅓ)의 대립에 의해 나타난다. 양성모음에
는 체언과 조사의 사이에서뿐만 아니라 어간과 어미의 결합에서
도 적용된다. 부사격조사의 예를 들면 양성모음 다음에는 '이/애'
의 결합이, 음성모음 다음에는 '의/에'가, 'ㅣ'모음 다음에는 'ㅖ'
가 결합한다.

용례
익/의(특이처격), 애/에/예(낙착점처소)

모음조화는 본질적으로 한 단어 안의 모음 동화 현상이다. 한 단
어 안의 모음들의 출현에 특수한 제약 조건이 있어서 가령 전설
모음만으로도 되어 있는 단어와 후설모음만으로 되어 있는 단어
는 있으나, 이 두 계열의 모음이 한 단어 안에 공존할 수 없다는
규칙이다. 모음조화현상에는 전설과 후설의 양계열에 의한 구개
적조화와 원순과 비원순의 대립에 의한 순적조화가 있다.

모음추이(母音推移)

음운 변화는 조건변화와 무조건 변화로 분류되는데 모음추이는
무조건 변화에 속하는 것이다. 후기 중세국어의 모음체계는 전기
중세어의 그것과 비교해 보면 모음추이가 있었음이 드러난다. 이
추이는 아마도 'ㅓ'가 중설 쪽으로 들어온 것이 단초가 되었을 것

으로 보인다. 이 중설화에 밀려 '一'가 위로 움직이고 이 압력으로 'ㅜ'가 후설로 움직이게 되었을 것이다. 'ㅗ'는 다시 'ㅜ'에 밀려 아래로 움직이게 되고 마지막으로 '·'가 더욱 아래로 밀리게 되었을 것이다. 즉 '·' 모음은 근대국어에 와서 완전히 소실되고 마는데, 이 원인은 연쇄적 변화의 끝에서 그것이 궁지에 몰렸기 때문이라고 할 수 있다.

모음탈락

모음탈락에는 여러 가지의 경우가 있는데, 여러 가지 환경에 따라 모음이 탈락하는 경우를 말한다. 우선 '이'로 끝나는 명사가 관형격조사 '인/의' 및 호격조사와 결합하면 '이'가 탈락한다.

> 용례
> 아비+인→아비, 늘그니+의→늘그늬

'모/무'와 '느'로 끝난 체언이 모음으로 된 조사와 결합되면 끝음절 '오/우'와 '으'가 떨어지고 'ㄱ'이 덧생기는 예도 있다.

> 용례
> 남기, 남ᄀ로, 남ᄀ, 남ᄀᆯ cf) 나못 일후미오, 나모 바ᄅ, 나모와

고영근에서는 '木'을 의미하는 단어의 독립형이 '나모'였는데, 이 명사가 곡용할 때는 주격이 '남기', 구격은 '남ᄀ로', 공동격은 '나모와'로 되었다고 언급한다. 즉 휴지나 자음(반모음 포함) 앞에서는 '나모'로, 모음으로 시작되는 격조사 앞에서는 'ᄂᆞᆰ'으로 교체

되어 비자동적으로 교체된다고 설명하고 있다.

국어와 알타이 조어의 비교에 있어서 흥미로운 사실은 국어의 어말 모음의 탈락이다. 그리하여 기원적인 2음절 단어가 1음절로 되고 3음절 단어가 2음절로 되었다. 국어에서는 다시 어중의 '르'과 자음 사이에서 모음이 탈락하는 현상이 추가되는데 그 결과 3음절 단어가 1음절로 된 예도 있다(중세국어 닭).

목적(연결어미)

연결어미에는 보조적 연결어미, 대등적 연결어미, 종속적 연결어미로 나뉘는데 여기에서 '목적'의 연결어미는 종속적 연결어미에 속해있다. 다음의 연결어미들은 '희망, 의도, 목적'의 의미를 함께 지닌다.

> 예 -고져[고자], -과뎌[-게 하고자], -굿고[-게끔], -오려, -라[러]

> **용례**
> 善男子 善女人이 뎌 부텻 世界예 나고져 發願ᄒ야ᅀᅡ ᄒ리라
> 一切 衆生이 다 解脫올 得과뎌 願ᄒ노이다
> 三寶애 나ᅀᅡ가 븓굿고 ᄇ라노라
> 그듸 精舍 지ᅀᅮ려 터흘 ᄌ 始作ᄒ야 되어늘
> 나라해 빌머그라 오시니

목적의 의미를 가지는 종속적 접속어미로, 행동의 목적을 나타내는 '-라'도 있다.

용례

나라해 빌머그라 오시니 다 몰라 보ᄉᆞ더니

道理 빅호라 나아가샤

이와 관련하여 현대국어에서는 목적의 의미를 갖는 종속적 연결 어미로 '-(으)러'가 있다.

용례

고기를 잡으러 바다로 갈까?

목적격조사(=대격조사)

체언 뒤에 붙어 체언으로 하여금 목적어의 역할을 하도록 만들어 주는 조사이다. 체언의 말음에 따라 다양한 이형태가 존재한다.

예 을, 올, 롤, 을, 를, ㄹ

용례

耶輸는 … 法을 모롤씨

현대국어에서는 체언의 말음이 모음이냐 자음이냐에 따라서 '을/를' 두 가지로 구분된다.

목적어

문장을 구성하는 필수 성분의 하나로서, '므스기 므스글 엇뎨ᄒᆞᄂ 다' 중에 '므스글' 부분을 목적어라고 할 수 있다. 타동사의 주어를 동작주라고 부르기도 하는데, 목적어가 되는 말은 주어의 영향을 받는 대상이 된다고 하여 '피동작주'라고 하기도 한다. 국어의 피동작주는 대개 목적격으로 나타나는 일이 많으나 능격동사가 쓰인 문장에서는 주격으로 실현되기도 한다.

용례
아히 고기를 잡느다

목적어 명사구

단어가 둘 이상 모여서 한 품사처럼 쓰이는 문장의 마디를 '구'라고 한다. '절'과 다른 점은 '주어+서술어'의 구조를 가지지 않는다는 점이다. 이 중 명사의 역할을 하는 문장의 마디를 명사구라고 한다. 그리고 이 명사구가 문장에서 목적어의 역할을 하게 되면 '목적어 명사구'이다. 다음의 예에서는 명사구인 '부텨'보다 자기 딸 '승만'이 지위가 낮다고 생각하여 객체 높임법이 나타나고 있다.

용례
내 뚤 勝鬘이 聰明ᄒᆞ니 부텨옷 보ᅀᆞᄫᆞ면 당다이 得道를 ᄲᆞᆯ리 ᄒᆞ리니

'몯' 부정문

중세국어의 부정법은 현대국어와 큰 차이가 없다. 짧은 부정법과 긴 부정법이 있고, 부정명령문의 형태가 따로 나타난다. '아니' 부정문은 의지의 부정문을 나타내고, '몯' 부정문은 '능력'의 부정을 나타내는 부정문이다. 동작주의 의지가 아닌 그의 능력이 부족하

거나 외부의 환경이 적절하지 못해 그 행위가 일어나지 못하는 것을 표현할 때 사용되는 부정문이다. '몯' 부정문은 짧은 것과 긴 것으로 구분되는데, 짧은 부정문은 용언 앞에 부정부사 '몯'이 오며, 긴 부정문은 용언의 어간에 보조적 연결어미 '-디'를 매개로 한 보조 용언을 붙여 만들어진다. '몯' 부정문은 형용사와 함께 쓰이는 제약이 있는데, 주어의 성질이나 상태는 '능력'의 유무를 나타내기 어렵기 때문이다. 하지만 긴 부정문의 경우 화자의 기대에 미치지 못함(불급부정)의 의미로 형용사에 '몯' 부정이 사용되기도 한다.

용례
부텨를 몯 맛나며 法을 몯 드르며(짧은 부정문)
부텨 맛나디 몯ᄒ며 法 듣디 몯ᄒ며(긴 부정문)

몸

한자의 구성은 변, 몸, 갓머리, 받침으로 나뉘는데, 이 중에서 가장 핵심적인 역할을 하는 부분을 '몸'이라고 한다.

무정명사(체언)

명사를 구분하는 기준 중에 감정의 표현 유무에 따라 유정명사와 무정명사로 나뉘는데, 무정명사는 나무나 돌 따위와 같이 감각이 없는 것으로 감정을 표현하지 못하는 명사를 말한다. 현대국어와 쓰임은 별 차이가 없다. 무정명사는 높임의 뜻을 가진 조사 등과의 결합이 불가능하다.

門돌호 다 구디 줌겨 뒷더시니

무조건 변화(無條件 變化)

음운 변화는 조건 변화와 무조건 변화로 분류할 수 있다. 무조건
변화란 특정한 조건 없이 일어나는 변화를 말하는데 모음추이와
같은 것이 있다. 한 음소가 분화하여 두 음소가 되든가, 두 음소
가 합류하여 한 음소가 되든가, 음소들의 대립 관계가 새로워지든
가 해서 음운 체계에 변천이 일어나는 것을 말한다. 조건 변화가
부분적임에 대하여, 무조건 변화는 전반적이다.

문장

생각이나 감정을 말로 표현할 때 완결된 내용을 나타내는 최소의
단위를 문장이라고 한다. 현대국어와 다른 점은 중세국어에서는
띄어쓰기와 문장 부호가 특별히 사용되지 않는다는 점이다.

불휘 기픈 남ᄀᆞᆫ ᄇᆞ른매 아니 뮐쎄 곶 됴코 여름 하ᄂᆞ니

문장구성소(교착적 선어말어미)

문장을 구성할 때, 다른 단어와 활발하게 결합하여 문장을 생성하
는데 생산적으로 참여하는 성분을 문장형성소(-ᄂᆞ-, -니-, -이-)라
고 하고, 조금 제한적으로 참여하는 성분을 문장구성소('찾는다'에

서 '-는-'라고 한다. 교착적 선어말어미는 문장구성소에 속하는데 이는 제한된 어미와 결합하기 때문이다.

문장구조

문장이 구성되는 방식을 말한다. 중세국어의 문장구조도 현대국어와 크게 다른 점을 찾아보기 힘들다. '주어+서술어', '주어+목적어+서술어', '주어+보어+서술어', '주어+부사어+서술어'의 구성이 현대국어와 동일하다. 또한 관형어는 항상 체언 앞에 놓이고 부사어는 원천적으로 서술어 앞에 자리 잡는 것도 동일하다. 그러나 문장구성에서부터 문법요소에 이르기까지 자세히 살펴보면 형태구조 이상으로 다른 점이 발견된다. 주어 명사구 '眷屬'이 서술어 부분에서 또다시 되풀이되고 있는 점이나 명사절의 주어가 관형격으로 표시되는 일은 현대국어에서 찾아보기 힘든 예이다.

용례
眷屬은 가시며 子息이며 죵이며 집앳 사름믈 眷屬이라 ᄒᆞᄂᆞ니라
迦葉의 능히 信受호믈 讚歎ᄒᆞ시니라

문장부사

특정 성분이 아닌 문장 전체를 수식하는 부사를 말한다. 크게 양태부사와 접속부사로 나뉘는데, 양태부사는 화자의 태도를 표시한다. 예를 들어 '모로매, 모디, 반ᄃᆞ기'는 사태에 대한 앎이 확실하다든지 서술내용을 단정할 필요가 있을 때 쓰인다. 접속부사는 '이럴씨, 그러나, 그러면, 그럴씨, 그런ᄃᆞ로, 이런ᄃᆞ로' 등이 쓰이

는데, '그리고'는 확인되지 않는다. '밋'은 명사구를 연결하는 순수 접속부사로서 현대국어의 '및'의 직접적 소급형이다. 접속부사는 문장과 문장, 단어와 단어를 연결한다.

[용례]
모로매 모딘 ᄠ들 그치고 (양태부사)
이 四天이 ᄒᆞ갓 뷔리여 이럴ᄊᆡ (접속부사)

문장접속

서술어가 되는 활용어는 활용형에 따라 문장종결, 문장접속, 명사화, 관계관형화 등의 기능을 지니는데, 그 중에 문장접속의 기능을 하는 서술어는 다음과 같다.

[용례]
狐ᄂᆞᆫ 엿이니 그 性이 疑心 ᄒᆞ니라
六師ㅣ 이리 니르ᄂᆞ니 그듸 … 무러 보라

문장종결

서술어가 되는 활용어는 활용형에 따라 문장종결, 문장접속, 명사화, 관계관형화 등의 기능을 지니는데, 그 중에 문장종결의 기능을 하는 서술어는 다음과 같다.

[용례]
文은 글와리라
내 ᄒᆞ마 終命호라

문장형성소(분리적 선어말어미)

선어말어미는 문장 전체의 문법적 성격에 영향을 미치므로 결합의 빈도에 따라 '문장 형성소'와 '문장 구성소'로 구분하여 설명한다. 문장을 구성할 때, 다른 단어와 활발하게 결합하여 문장을 생성하는데 생산적으로 참여하는 성분을 문장형성소라고 하고, 조금 제한적으로 참여하는 성분을 문장구성소라고 한다. 분리적 선어말어미는 대부분의 어미와 결합되어 문장형성소에 해당한다.

用例
'보숩ᄂ니이다'에서 선어말어미 '-숩-'

문체법

결어법이란 종결어미로써 한 문장을 맺는 활용법을 가리킨다. 결어법에는 문체법과 존비법이 있는데, 문체법은 한 문장을 진술, 물음, 시킴 등으로 끝맺는 기능적 범주로, 평서법, 의문법, 명령법, 청유법, 감탄법 등으로 나눌 수 있다.

用例
닐굽 히 너무 오라다 (평서법)
내 아ᄃ리 어딜쎠 (감탄법)
이 ᄯ리 너희 죵가 (의문법)
너희 디마니 혼 이리 잇ᄂ니 ᄲ리 나가라 (명령법)
이 劫 일후ᄆ란 賢劫이라 ᄒ져 (청유법)

미래시제

시제란 화자가 발화시를 기준축으로 삼아 앞뒤의 시간을 제한하는 문법 범주인데, 미래시제는 발화시보다 후에 일어날 일을 지칭한다. 이것을 추측법이라고 명명하고 있는데, 중세국어의 추측법은 종결형과 연결형에서는 '-리'로 실현되고 관형사형어미에서는 '-ㄹ'로 나타난다.

> **용례**
> 내 願을 아니 從ᄒ면 고줄 몯 어드리라 (종결형)
> 그 지븨셔 차반 ᄆᆡ글 쏘리 워즈런ᄒ거늘 (관형사형)

현대국어에서는 추측법을 포함하여, '-는/ㄴ'을 비롯한 현재시제형도 미래시제로 사용되며 전통적으로 미래시제의 형태로 알려져온 '-겠-'도 부분적으로 미래시제의 역할을 수행한다. '내일, 모레'와 같은 시간 부사어와 '-리-'와 같은 미래 시제 선어말어미도 미래 시제를 나타낼 수 있다.

미지칭

가리킴을 받는 지시 대상이 무엇인지 정확하게 모를 때 사용하는 것을 미지칭이라고 한다. '누, 아모, 어느, 어듸, 어드메' 등이 사용된다.

> **용례**
> 二百戶를 어느 뉘 청ᄒ니

미침(보조사)

다양한 보조사의 쓰임 중에, '미침'의 의미를 더해주는 보조사를 말한다. 'ㄷ록/도록'이 여기에 해당한다.

미파(未破)

닿소리를 조음할 때 폐쇄를 만들어서 공기의 흐름을 막은 채 폐쇄를 개방하지 않는 파열음을 말한다. 중세국어에서는 전청음 'ㄱ, ㄷ, ㅂ'이 [k˺, t˺, p˺]와 같이 미파의 상태로 발음되었다고 추정한다.

ㅂ

'ㅂ' 규칙용언

어간과 어미가 결합할 때 어간과 어미가 바뀌지 않고, 규칙대로
활용하는 용언을 규칙용언이라고 한다. 이 중 어간의 말음이 'ㅂ'
인 어간과 어미가 결합할 때를 말한다.

용례
곱다(曲, 倍), 굽다(屈), 넙다, 닙다, 잡다, 좁다

'ㅂ' 불규칙용언

어간과 어미가 결합할 때 어간과 어미가 바뀌어 불규칙하게 활용
하는 용언을 불규칙용언이라고 한다. 이 중 어간의 말음이 'ㅂ'인
어간과 어미가 결합하여 어간과 어미의 변화를 일으킬 때를 말한
다. 구조언어학이나 생성음운론에 기울어진 사람들은 어간의 기
본 형태를 'ㅸ'으로 잡아 그것이 자음 어미 앞에서 'ㅂ'으로 바뀐

다고 규칙활용으로 설명하고 있으나, 일반적으로 이와 같은 변화를 동반하는 것을 'ㅂ'불규칙활용으로 다룬다.

> <용례>
> 갓갑다, 곱다(麗), 굽다(炙), 눕다, 덥다, 돕다, 쉽다, 어렵다, 입다 (迷), 칩다, 곫다, 엷다, 넓다, 솗다, 섧다, 엷다

바깥문장

여러 문장이 모여서 만들어진 겹문장에는 한 문장이 큰 문장 안에 안기는 일이 있는가 하면, 문장끼리 서로 결합되어 긴 문장이 되기도 하는데, 어떤 큰 문장이 작은 문장 하나를 포함하게 되면 그 문장을 바깥문장이라고 한다. 다른 말로 안은문장이라고도 한다.

> <용례>
> ([부톄 授記ᄒ샤미] 글 쑤미 곧고) ( ) : 바깥문장 [ ] : 안긴문장

반말

중세국어의 종결어미를 존비법에 따라 정리해 보면 'ᄒ라체, ᄒ야쎠체, ᄒ쇼셔체'의 세 등분으로 나눌 수 있다. 이러한 공식적인 상황에서 사용되는 존비법 밖에 반말의 가치를 띤 종결어미를 중세국어에서는 찾아볼 수가 있다.

> <용례>
> 곳 됴코 여름 <u>ᄒᄂ니</u> (평서형)
> 부텻긔 받자바 므슴 호려 <u>ᄒ시ᄂ니</u> (의문형)
> 므스게 <u>쓰시리</u> (의문형)

생생애 내 願을 일티 아니케 <u>호고라</u> (명령형)

현대국어에서는 비격식체에 속하는 어투로 평서형과 의문형에서
는 '-니, 리', 명령형에서는 '-고라(고려)'로 나타난다. 형태적으로
는 말끝이 분명치 않고 기능적으로는 높이고 낮추는 뜻을 드러냄
이 없이 어물거리는 말씨를 의미한다.

반복 합성 어근

반복 합성 어근은 어근이 반복되어 합성어를 형성하는 어근을 말
한다. 다음은 반복 합성 어근에 접미사 '-이'가 붙어 부사를 형성
하는 단어의 예이다.

용례
낫나치, 근그티, 그릇그르시, 겹겨비, 念念이

반복 합성법

중세국어의 반복 합성법도 현대국어와 별 차이는 없다. 첫째, 명
사가 반복되어 부사가 된 경우, 둘째, 부사가 반복되어 다시 부사
가 된 경우, 셋째, 형용사의 어근 또는 어간이 반복되어 형성되는
경우, 넷째, 의태부사와 의성부사가 있다. 여기에서 셋째에 속하
는 예들은 현대국어에는 확인되지 않는 반복 합성법이다. 그리고
셋째와 넷째는 그 자체가 어근으로 나타나는 일이 없으므로 현대
국어와 같이 의사(擬辭) 반복 합성어라고 해야 옳다.

1. 가지가지, 나날, 마디마디
2. 다문다문, 아득아득
3. 믈ᄀᆞᆺ믈ᄀᆞᆺ, 반둑반둑, 서늘서늘, 아둑아둑, 격격
4. 구믈구믈, 다폴다폴, 너운너운, 셤셤, 설설

현대국어에서 반복 합성법이란 일부 예외를 제외하면 단어나 형
태소 전체가 반복되어 이루어진 합성법을 말한다. 반복을 이루는
요소는 품사를 알기 어려운 불규칙적인 요소인 경우도 있지만 대
체로 명사나 부사가 많다.

가지가지, 구석구석, 군데군데(명사)
송이송이, 차례차례(부사)

받침

국어의 글자에서 마지막 종성에 오는 글자를 말한다.

발화시

시제에는 사건이 실제로 일어난 시간인 사건시와, 대화가 이루어
지는 시점인 발화시가 있다. 이 사건시와 발화시의 관계에 따라서
절대시제와 상대시제가 나뉜다. 절대시제는 발화시와 관계없이
사건이 일어난 그 시제로 그대로 유지되나, 상대시제는 발화시와
사건시의 시간에 따라 달라진다. '사건시'를 기준으로 사건이 발
화시에 앞서면 과거, 동시에 일어나면 현재, 일어나지 않았으면

미래시제로 설명한다.

방점(傍點)

훈민정음 체계에 있어 방점은 중세어의 성조를 표기한 것이다. 중국어의 사성체계를 그대로 받아들이지 않고 국어의 성조 체계를 정확히 파악하여 그에 적합한 표기를 마련했다. 평성은 무점, 거성은 일점, 상성은 이점으로 표기했다. 입성에 대해서는 일정한 방점을 마련하지 않았다. 평점은 가장 낮은 소리, 거성은 가장 높은 소리, 상성은 처음은 낮지만 끝은 높은 소리를 말한다. 15세기 문헌의 방점 표기는 매우 정연하다. 그러나 16세기에는 말엽으로 올수록 방점 표기가 점차 문란해진다. 그리하여 17세기 초엽부터는 방점을 찍지 않는 것이 일반화 되었다.

배타적 분포

한 형태소의 이형태들은 나타날 수 있는 환경이 중복되지 않는데, 이를 '배타적 분포'라고 한다. 배타적 분포를 보이는 이형태들을 모두 합쳐야 하나의 형태소가 된다는 점에서, 이형태들은 형태소를 구성하기 위해 상호 보완적인 구실을 한다고 할 수 있으므로 '배타적 분포'를 '상보적 분포'라고도 한다.

백화문

백화(白話)는 당나라 대에 발생하여, 송, 원, 명, 청 시대를 거치면서 확립된 중국어의 구어체를 말하며, 이를 글로 표기한 것을 백화문(白話文)이라고 한다.

번안 산문 자료

원작의 내용이나 줄거리는 그대로 두고 풍속, 인명, 지명 따위를 시대나 풍토에 맞게 바꾸어 고치는 것을 '번안'이라고 한다. 『석보상절』과 『월인석보』가 대표적이다.

범언어적 관점

존재하는 여러 가지 언어를 통틀어서 언어를 분석하는 관점을 말한다.

변성의 부사격조사

부사격조사는 부사가 아닌 단어를 부사의 역할을 하도록 만들어주는 조사인데, 그 중에서 '변성', 즉 다른 것으로 변하게 해주는 의미를 지닌 부사격조사를 말한다. 중세국어에는 '-로'가 쓰인다.

용례
實로 흙로 變ᄒ며 엇뎨 흙로 變홀 ᄲᅮ니리잇고

보격조사

보어는 단어나 구, 절에 보격조사가 붙어서 이루어지는데, 현대국어의 보어 설정에 따라, '아니다, 드비다' 앞에 오는 성분을 보어로 본다. 보격조사에는 환경에 따라 달리 설정되는 '이, ㅣ, ∅' 등이 있다. 앞 음절의 받침이 자음이면 '이', 앞 음절이 'ㅣ'모음 이외의 모음이면 'i', 'y'모음 다음이면 '∅'로 나타난다.

용례
이는 우리 허므리라 世尊ㅅ 다시 아니시다ㅅ이다.
山이 草木이 軍馬ㅣ 드비니이다

보수적 감동법

감동법은 선어말어미를 활용한 부차서법으로, 감동법의 선어말어미에는 '-돗-'이 대표적이고 약간 보수적인 '-옷-'이 있다.

용례
世尊이 世間애 나샤 甚히 奇特ᄒ샷(시+옷)다

보수적(부정) 평서형어미

평서형 중에서, 보수적인 평서형어미로 '-니라, -ᄂ니라, -더니라, -리니라'를 설정한다. 관형사형 어미 '-(으)ㄴ, -ᄂ, -던, -ㄹ(*-린)'은 보수적 평서형어미에서 '이라'가 탈락되어 형성한 것으로 설명한다.

네 아비 ᄒ마 주그니라

보어

문장의 필수적인 성분 중 하나로 단어나 구, 절에 보격조사가 붙어서 이루어지는데, 현대국어의 보어 설정에 따라 '아니다, ᄃᆞ외다' 앞에 오는 성분을 보어로 본다. 문장의 주성분으로서의 주어와 서술어가 어느 문장에서나 보편적으로 필수적인 성분이고, 그 다음 목적어가 타동사 구문에서만 필수적인 성분임에 비하여, 보어는 그 필수성이 뒤떨어진다. 그 이유는 주성분으로서의 보어가 부정의 형용사 '아니다'와 자동사 'ᄃᆞ외다'에 국한되어 나타나는 성분이기 때문이다.

어르미 므리 ᄃᆞ외ᄂᆞ다
뎨 고지 아니라

보유(보조동사)

보조용언은 크게 보조동사와 보조형용사로 나뉘는데, 보조동사의 역할을 하는 것 중에 '보유'의 의미를 나타내는 보조동사를 말한다. '(어) 두다, 놓다'가 여기에 해당한다.

므를 기러 두고ᅀᅡ 가리라
大同江 너븐 디 몰라셔 빈 내여 노흔다 샤공아

보조동사

보조용언은 크게 보조동사와 보조형용사로 나뉘는데 앞에 있는 본용언이 동사이면 그 뒤에 오는 보조용언도 동사로 그 품사를 따라간다.

보조사

조사는 크게 격조사, 보조사, 접속조사로 나뉘는데 보조사는 체언 등의 뒤에 붙어 특수한 의미를 더해주는 조사를 말한다. 격조사는 결합하는 데 제약이 많으나, 보조사는 격조사보다는 제약이 적어 조금 더 자유롭게 결합할 수 있다. 보조사의 기능상의 특수성은 분포에도 영향을 미쳐 체언뿐만 아니라, 격조사, 용언의 연결형과 부사에도 붙을 수 있다.

> **용례**
> 나ᄂᆞᆫ 어버ᅀᅵ 여희오 (체언)
> 뒤헤ᄂᆞᆫ 모딘 도죽 (격조사)
> 이러훈 ᄢᅵ 니르러ᄂᆞᆫ 키 아로미… (용언의 연결형)
> 어긔야 머리곰 비취오시라 (부사)

현대국어에서도 보조사는 격을 표시하지 않고 자기 자신의 특수한 뜻을 더해 주는 조사를 말하는데 격조사와 달리 생략이 가능하지 않으며 주격, 목적격, 부사격 자리에 두루 쓰인다. 보조사는 크게 통용보조사와 종결보조사로 나눌 수 있는데 통용보조사는 체언, 부사, 연결형, 다른 격조사 등에 두루 쓰이고, 종결보조사는 주로 종결형 뒤에 쓰인다. '보조 조사'라는 명칭을 사용하기도 하는데 체언이나 부사에 통합되어 선행하는 말의 뜻을 정밀하게 해 주는 기능을 가진다. 보조조사로는 비교, 대조, 역시, 단독, 시발, 도착, 한계, 존재, 강조 등의 다양한 의미를 나타낸다.

용례

철수가 일을 빨리는 하지만 잘은 못한다. (통용)

그걸 어디 쓰게요. (종결)

▌보조사의 예

은/는 : 대조, 주제

만 : 단독

도 : 포함

까지, 마저, 조차 : 포함

(이)야, (이)야말로 : 대조와 유사하지만 더 강조된 특수의 의미

(이)나, (이)나마 : 차선의 선택

학교 문법에서는 특별한 의미를 덧붙여 주는 조사를 말하며, 통사 범주보다는 화용 범주에서 다루는 것이 더 타당하다고 보고, 크게 문장 성분 뒤에 오는 성분 보조사와 문장 끝에 붙는 종결 보조사, 그리고 문장 성분에도 붙고 문장 끝에도 붙는 통용 보조사를 구분한다.

▌중세국어 보조사 목록

① ᄂᆞᆫ/는/ᄋᆞᆫ/은<대조>, ② 곳/옷, 붓/봇, 만, ᄲᅮᆫ<단독>, ③ 도<역시>, ④ 브터<시작>, ⑤ (이)ᄃᆞ록/(이)ᄂᆞ록<미침>, ⑥ 마다<균일>, ⑦ (이)나/(이)어ᅡ<선택>, ⑧ ᅀᅡ<특수>, ⑨ (이)ㄴ돌<비특수>, ⑩ (으)란<지적>, ⑪ ㅣ라<감탄>, ⑫ 나마<개산>, ⑬ 곰/옴<여운>, ⑭ 가/아/고/오<의문>, ⑮ 마론<종결>

보조성

연결어미는 대등적 연결어미, 종속적 연결어미, 보조적 연결어미
로 나뉘는데, 이 중에 보조적 연결어미의 역할을 가진 것을 보조
성을 지니고 있다고 한다. '-게'는 보조적 연결어미로 쓰이기도
하나, 다음과 같이 부사절의 역할을 하게 해주는 종속적 연결어미
의 역할을 하기도 한다.

용례
向公이 피 나게 우러

보조용언

보조용언은 본용언 뒤에 붙어 문법적인 기능을 하거나 의미를 더
하는데, 일반적인 용언과 마찬가지로 크게 보조동사와 보조형용
사로 나눌 수 있다. 일부 보조용언의 경우 부정의 보조용언 '아니
ㅎ다' 등 앞의 본용언이 무슨 품사이냐에 따라서 보조용언의 품
사도 따라 결정되기도 한다.

보조적 연결어미

연결어미는 대등적 연결어미, 종속적 연결어미, 보조적 연결어미
로 나뉘는데, 이 중에서 본용언과 보조용언을 연결해 주는 역할을
하는 어미를 보조적 연결어미라고 한다.

예 -어/아, -게(긔), -디(둘), -고

赤眞珠 드외야 잇느니라

부텨 フ타시긔 흐리이다

보조적 연결형(→보조적 연결어미)

보조사의 기능상의 특수성은 분포에도 영향을 미치는데, 체언뿐
만 아니라 격조사, 용언의 연결형과 부사 등에도 붙을 수 있다.
연결형에 붙는 것은 대등적 연결형, 종속적 연결형, 그리고 보조
적 연결형에 붙을 수 있는데, 다음은 보조적 연결형(연결어미)에 붙
은 예이다.

내 難을 救티옷 아니ᄒ면 (월인석보 권21, 56장)

현대국어에서는 용언 활용형 중에 비종결형 중 연결형에서 보조
적 연결형을 언급한다.

철수야, 책을 읽어 보아라

달이 밝아 보인다.

보조형용사

보조용언은 본용언 뒤에 붙어 문법적인 기능을 ᄒ거나 의미를 더
하는데, 일반적인 용언과 마찬가지로 크게 보조동사와 보조형용
사로 나눌 수 있다.

용례
나고져 <u>식브녀</u> (식브다 : 희망)
一切 有情이 나와 다른디 <u>아니케</u> 호리라 (아니ᄒ다 : 부정)
비록 득ᄒ야도 ᄆ디 <u>몯거니와</u> (몯ᄒ다 : 부정)
다ᄃ론가 <u>식브거늘</u> (-ㄴ/-ㄹ 가 식브다 : 추측)
赤眞珠ㅣ ᄃ외야 <u>잇ᄂ니라</u> (-어 잇다 : 상태)
곳 닐굽 줄기롤 가져 <u>겨샤디</u> (-어 겨시다 : 상태)

보충법

어형의 규칙적 변화 틀에서 예외를 메우는 어휘적 수단으로, 원래의 것과 아주 다른 것이 사용되는 것을 보충법이라고 한다. 중세국어와 현대국어에서 고루 나타나고 있다. 중세국어에서는 '달라'라는 형태가 '도라'라도 나타나는데 양자는 수의로 교체되는 '주다(자기에게 건네다)'의 보충법이라고 밝히고 있다.

용례
수를 <u>달라</u> ᄒ야 먹ᄂ다

중세국어의 인칭대명사의 복수형은 다른 체언과 매우 다른데, 단수 2인칭의 '너', 단수 재귀칭의 '저'는 접미사 '-희'와 결합함으로써 복수형을 만들었는데, 1인칭의 '나'는 이 방법을 따르지 않고 전혀 다른 모습인 '우리'가 된다. 이러한 형태 요소의 생성을 보충법이라고 한다. 현대국어에서도 '주다(자기에게 건네다)'의 '해라'체 명령형은 '주어라'가 아닌 '다오'로 나타나고, '첫째'는 '하나'와 '한'이 아닌 '첫'과 결합하여 '첫째'가 되는 것도 보충법에 해당한다.

보충법적 형태

보충법이 실현되어 나타난 형태를 보충법적 형태라고 한다.

보통명사

대상에 따라서 명사는 고유명사와 보통명사로 구분하는데 보통명
사는 고유명사가 아닌 일반적인 명사를 대체적으로 가리킨다.

보편성 의존명사

혼자 자립으로 오지 못하고 관형어 뒤에 와야 비로소 제 역할을
하는 명사의 종류가 의존명사이다. 이 중 문장에서 한 가지 역할
뿐만 아니라 여러 가지 문장성분을 보편적으로 수행할 수 있는
의존명사를 보편성 의존명사라고 함.

예 바, 드, 샌, 스, 이

용례
니르고져 홇 배 이셔도 → 주어
밍ㄱ론 바롤 브터 → 목적어
重히 너기논 배오 → 서술어

보편적 교체

하나의 환경에서만 일어나지 않고 다른 여러 가지 환경에서노 보
편적이고 일반적으로 일어나는 교체를 보편적 교체라고 한다. 디

음은 받침규칙에 의한 소리의 바뀜으로 용언의 활용뿐만 아니라 체언과 조사의 결합 및 휴지 사이에 나타나는 체언에서도 목격되는 보편적 교체를 보인다.

고줄(곶울)~곳과, 비츠로(빛으로)~빗과, 바툴(밭올)~받닙자히, 니페(닢에)~닢괘, 즈싀(즞이)~즛 모(貌)

복수

둘 이상의 수를 복수라고 한다. 중세국어에서도 명사와 대명사는 복수를 표시할 수 있는데, 현대국어와 비슷하게 명사는 접미사가 수의적으로, 대명사는 필수적으로 붙는다. 단지 명사나 대명사에 공대의 자질이 주어지면 별도의 형태가 선택된다는 점이 다르다. 겸사말에서는 접미사 '-둘ㅎ'가 붙고 공대말에서는 '-내'가 붙어 복수를 표시한다.

이 사롬둘히 다 神足이 自在ᄒ야
어마님내 뫼읍고 누이님내 더브러

현대국어에서도 복수 표시의 접미사로 '-네, -희, -들'이 쓰이는데, 원래 '-들'이 붙지 않는 추상명사나 물질명사 외에 다른 품사에도 '-들'이 붙어서 주어가 복수임을 표시해 주는 경우도 있다.

빨리 물들 길어 오너라
여기들 잠깐 기다려라

어서들 오너라

학교문법에서는 이와 같은 '-들'을 복수 표시의 보조사로 분류하고 있다.

복수적 명사구

복수를 나타내며, 명사의 역할을 하는 구를 복수적 명사구라고 한다. 다음은 복수적 명사구가 주어가 되는 경우이다.

용례
우리 어싀아드리 … 주구믈 기드리노니 (석보상절 권6, 5장)

복합문(複合文)

두 개 이상의 절로 된 문장을 복합문 또는 복문이라고 한다. 중세어 문장의 가장 큰 특징은 단문은 거의 없고 복합문과 합성문이 뒤얽힌 복잡한 구조라는 것이다. 중세에 있어서는 사건 또는 사고 속의 한 단락은 한 문장으로 표현함이 원칙이었던 것으로 믿어진다.

복합 초성 글자

중세국어 자음 중에서 초성에 오는 글자가 두 개 이상 결합된 것을 말한다. 일반적으로 병서가 해당하지만 'ᄫ'도 연서된 복합 초성 글자이다.

예 ㄲ, ㄸ, ㅃ ㅉ, ㅆ, ㆅ, ㆀ, ㄴ
ㅴ, ㅄ, ㅵ, ㅳ, ᄼ, ᄾ, ᅎ, ᄰ
ㅴ, ㅵ
ᄫ

복합명사구

복합명사구는 여러 개의 명사가 복합적으로 나타나 형성된 명사
구를 말한다. '굳흐다, 다르다, 맛나다, 싸호다' 등은 단일 주어일
때 문장이 성립하지 않는 경우가 많은데, 이를 대칭서술어라고 한
다. 따라서 복합명사구는 대칭서술어가 오는 문장에서 주어의 역
할을 하는 경우가 많다.

복합어

단어 형성법(조어법)에는 어근 한 개로 이루어진 단일어, 어근과
어근이 결합한 합성어, 어근과 접사가 결합한 파생어가 있는데 이
중 합성어와 파생어를 합쳐서 복합어라고 부른다.

용례
니뿔, 불무질, 검듸영 (파생어)
뿔낯, 불뭇골, 검븕다 (합성어)

본용언

두 개의 용언이 겹칠 때, 직접적인 의미를 띠는 용언을 의미한다.
보조용언과는 달리 합성용언을 구성하기 이전 의미를 그대로 유

지하고 있다.

勞度差ㅣ 쏘 혼 쇼롤 <u>지서</u> 내니 (짓다)
目連이 耶輸ㅅ 宮의 <u>가</u> 보니 (가다)

부(部)

문장의 성분은 대체로 어절 단위로 성립되나, 구나 절로 이루어지
기도 하는데 성분의 재료가 구나 절로 이루어질 때 특별히 부(部)
를 붙여 쓸 수 있다. 주어부, 서술부 등으로 쓰인다.

됴혼 고지라(서술부), 져믄 아히(주어부)

부가어적 용법(附加語的 用法)

부가어적 용법은 명사 앞에 놓여 명사를 수식하는 기능을 할 때
의 용법을 말한다. 중세어의 동명사 어미 '-ㄴ'과 '-ㄹ'은 부가어
적 용법과 명사적 용법을 겸했으나 근대에 와서는 부가어적 용법
만을 가지게 되었다.

부대류

중세국어에는 품사의 통용이라는, 한 가지의 형태소가 여러 가지
품사의 기능을 하기도 하는데, 이 중 '부사'와 '대명사'의 역할을
동시에 하는 종류를 말한다.

용례
엇뎨어뇨 ᄒ란디 (대명사)
븟그료미 엇뎨 업스신가 (부사)

부동사(副動詞)

접속사의 결여를 보충하는 것이 부동사의 사용이다. 문장을 종결
시키는 정동사에 대립되는 것으로, 부사형 어미, 연결형 어미(종속
적, 대등적, 보조적 연결어미)가 포함된다. 국어와 알타이제어에서는
선행동사가 부동사형을 취한다. 중세어의 부동사 어미는 매우 잡
다하여 그 의미를 추정하기가 쉽지 않으나 현대어에 이어지는 것
이 많다. 그 중 중세어에 특수한 어미로서 15세기 중엽에 '-디ᄫᅵ'
가 있었다. 이것이 그 뒤에 '-디위, -디외, -디웨' 등으로 표기되
었다. 뒤에 부정사가 와서 앞의 사실에 대한 긍정이 두드러짐을
나타내었다.

용례
이에 든 사ᄅ몬 죽디ᄫᅵ 나디 몯ᄒᄂ니라 (석보상절 권24, 14장)

중세의 다양한 부동사 어미들은 근대어에 와서 간소화 된다. 고대
국어부터 이어지는 것은 '-라'와 '-매'가 있다.

부분중립모음(部分中立母音)

'ㆍ'의 소실로 음성모음이던 'ㅡ'는 대응되는 양성음을 잃고 부분
적인 중립성을 가지게 되었다. 'ㅡ'를 부분중립모음이라고 칭한다.

부사

부사는 주로 용언의 의미를 제한하는 기능을 띠고 있고, 관형사와 마찬가지로 활용하지 않는다. 관형사와 다른 점은 조사가 붙을 수 있다는 점이다. 부사는 일반적으로 동사나 형용사, 그리고 다른 부사의 의미를 한정하는 기능을 갖기도 하는데, 경우에 따라서는 명사의 의미를 한정하는 기능을 갖기도 한다. 성분부사와 문장부사로 나뉘는데, 부사의 수식 범위에 따라 문장 내의 일정한 성분을 수식하는 성분부사는 흔히 후행하는 성분과의 의미관계에 따라 성상부사, 지시부사, 부정부사로 나눈다. 성상부사는 특정 성분을 수식하며 성질과 상태를 나타내고, 지시부사는 지시성을 가진다. 부정부사는 부정문을 만드는데 쓰이고 의도부정과 능력부정의 구분이 있다. 의도부정에는 '아니', 능력부정에는 '몯'이 쓰인다. 문장 전체를 수식하는 문장부사는 그 문장 전체의 의미를 제한하여 주는 기능을 가지며, 두 문장을 접속시켜 주는 접속부사가 있는 것이 특징이다.

용례
그르 알면 外道ㅣ고 (성상부사)
六師ㅣ 이리 니르느니 그듸 沙門 弟子ᄃ려 … 무러 보라 (지시부사)
불휘 기픈 남ᄀᆞᆫ ᄇᆞᄅᆞ매 아니 뮐씨 (의도부정)
三年이 몯 차 이셔 (능력 부정)

중세국어의 문장부사에도 양태부사와 접속부사가 설정된다.

용례
모로매, 모디, 반ᄃᆞ기 (양태부사)
이럴씨, 그러나, 그러면, 그럴씨 (접속부사)

중세어에서는 용언 어간 자체가 부사로 쓰이는 경우가 있었다. '하ᄂᆞ벼리 눈 곧 디니이다'에서의 '곧', '왼녁 피 닫 담고 올ᄒᆞᆫ녁 피 닫 다마'에서 '닫'과 같은 것이 그 예이다.

부사 파생법

부사를 파생시켜주는 두 가지의 방법으로, 어휘적 파생법과 통사적 파생법이 있다. 어휘적 파생법은 어근 원래 그대로의 품사를 유지시켜 주며, 부사를 다른 부사로 파생시켜 주는 반면, 통사적 파생법은 어근에 다른 접사가 결합하여, 그 어근의 품사를 부사로 바꾸어주는 파생법을 말한다.

> **용례**
> 어휘적 파생법 : 몯내, 본디로, 나날로, 고대, 卽時예, 萬一에
> 통사적 파생법 : 진실로, 날로(명사에서)
> 　　　　　　　비르서, 다, 모다, 가시야(동사에서)
> 　　　　　　　기리, 져기, 볼기(형용사에서)
> 　　　　　　　그럴씬, 그러면, 그러나(형용사에서)
> 　　　　　　　바ᄅᆞ, 빅브르(동사, 형용사에서 Ø접사 결합)

부사 합성법

부사와 부사가 결합하거나 관형사와 부사가 결합하여 새로운 부사가 합성되는데, 중세국어에서는 용례가 그렇게 흔하지 않다.

> **용례**
> 몯다, 잘몯(부사＋부사), 외ᄠᆞ로(관형사＋부사)

전혀 다른 뜻을 가진 부사어간이 직접구성요소로 연결되어 복합 부사를 이루기도 한다.

【용례】
몯다, 몯내, 몯니르

부사격조사

체언 뒤에 붙어 체언으로 하여금, 부사어의 역할을 하도록 만들어 주는 조사를 말한다. 체언의 말음에 따라 다양한 이형태가 존재하고, 다양한 의미가 존재한다. 특이한 점은 현대국어에서 나타나는 '인용'의 부사격조사가 없다는 점이다.

> 【예】 낙착점의 부사격조사 : 내히 이러 바릭래 가느니
> 출발점처소의 부사격조사 : 묏고래(골애) 이셔 道理 ᄉ랑ᄒ더니
> 지향점처소 : 東 녀그로(녁으로) 萬里예 녀 가
> 도구 : 白玉盤애 올이고 雲 ᄀᆮᄒ 기브로뻐 ᄲᅡ면
> 비교 : 길 넗 사ᄅᆞᆷ과 가티 너기시니
> 동반 : 天과 ᄒᆞᆫ디 잇ᄂᆞ니라
> 변성 : 희로 變ᄒ며

부사구

단어가 둘 이상 모여서 한 품사처럼 쓰이는 문장의 마디를 '구'라고 하는데 '절'과 다른 점은 '주어+서술어'의 구조를 가지지 않는다는 점이다. 이 중 부사의 역할을 하는 문장의 마디를 부사구라고 한다.

용례
使者ㅣ 더욱 急히 자바

부사성 의존명사

혼자 자립으로 오지 못하고 관형어 뒤에 와야 비로소 제 역할을 하는 명사의 종류가 의존명사인데 이 중, 문장에서 부사의 역할을 하는 의존명사를 부사성 의존명사라고 한다.

용례
열히 드욃 ᄀ장 조료믈 滅이라 ᄒ고
더우니로 천 게 셋거
ᄀᆞ르치산 다비 奉行ᄒᆞᆸ보리니
어제 본 도 ᄒᆞ야

부사어

문장은 크게 주성분(필수성분), 부속성분(수식성분), 독립성분으로 나눌 수 있는데 이 중에서 부속성분은 주성분 앞에 쓰여서 그 의미를 한정해 주는 성분(관형어와 부사어)을 말한다. 특히 그 중에서 서술어 앞에 오는 부속성분을 부사어라고 한다. 부사어는 부속성분의 하나로서 용언 또는 다른 부사어를 꾸며 주는 역할을 하는데 부사어의 종류는 부사, 부사어 명사구로 실현되거나 어간에 보조적 연결어미가 붙어 이루어지는 경우, 부사절에 기대어 성립되는 경우, 부사성 의존명사에 기대어 성립하는 경우도 있다.

그르 알면 外道ㅣ오 (부사)
섬 안해 자싫 제 (부사어 명사구)
三乘을 크게 여르시며 (보조적 연결어미)
돈 업시 帝里예 살오 (부사절)
굳이 아니혼 게 구든 ᄠ들 머그샤 (부사성 의존명사)

부사어 명사구

체언에 부사격 조사가 붙어 부사어가 되는 명사구를 부사어 명사
구라고 한다.

낙착점 처소 : 섬 안해 자싫 제 (용비어천가 67장)
출발점 처소 : 台州예셔 音信이 비르수 傳ᄒ야 오ᄂ다 (두시언해 권
21, 41장)
지향점 처소 : 제 나라ᄒ로 갈 쩌긔(석보상절 권6, 22장)
도구 : 혼 발로 고초 드듸여 셔샤 (월인석보 권1, 52장)
비교 : 웃 사ᄅᆞᆷ두고 더은 양 ᄒ야 (석보상절 권9, 14장)
동반 : 太子와 ᄒ야 그위에 決ᄒ라 가려 ᄒ더니 (석보상절 권6, 24장)
변성 : 實로 히로 變ᄒ며 (능엄경언해 권2, 7장)

보조사에 기대어 부사어가 되는 경우도 있다. 보조사에 기대는 것
이니 부사어 명사구에 속한다. 다음은 지적의 보조사 '으란'이 붙
어 부사어가 된 것이다.

져믄 저그란 안죽 ᄆᆞᅀᆞᆷ 짓장 노다가 (석보상절 권6, 11장)

부사의 부정문

부정부사 '아니'가 다른 부사를 꾸며서 나타나는 부정문으로, 현대국어에서는 잘 나타나지 않는다는 점이 특징이다.

> **용례**
> 갈 저긔 칙츠기 호오모 <u>아니 더듸</u> 도라올가 너기다 ᄒᆞ니

부사절

단어가 둘 이상 모여서 한 품사처럼 쓰이는 문장의 마디를 '절'이라고 하는데 '구'와 다른 점은 '주어+서술어'의 구조를 가진다는 점이다. 이 중 부사의 역할을 하는 문장의 마디를 부사절이라고 한다.

> **용례**
> <u>돈 업시</u> 帝里에 살오

부속성분

문장은 크게 주성분, 부속성분, 독립성분으로 나눌 수 있는데 이 중에서 부속성분은 주성분 앞에 쓰여서 그 의미를 한정해 주는 성분을 말한다. 명사 앞에 오는 부속성분을 '관형어'라고 하고, 서술어 앞에 오는 부속성분을 '부사어'라고 한다.

> **용례**
> 그디 子息 업더니 <u>므슷</u> 罪오 (관형어)
> 나랏 말쓰미 <u>中國에</u> 달아 (부사어)

부음(副音)

부음은 전통적으로 '딴이'라고 불렀는데, 이중모음의 앞뒤에서는 반모음을 가리키며, 'y'나 'i'로 표기하기도 한다. 이중모음을 형성할 때, 주음의 앞과 뒤에 나타나 상향이중모음과 하향이중모음을 형성하기도 한다. '이'가 성절음을 나타내는 것과 구별하여 비성절음 표기로 'ㅣ'로 표기한다.

부정(不定)(보조동사)

보조용언은 크게 보조동사와 보조형용사로 나뉘는데, 보조동사의 역할을 하는 것 중에 '부정'의 의미를 나타내는 보조동사를 말한다.

> **용례**
> (디/둘) 아니ᄒ다 : 道애 여희디 아니ᄒ니
> (디) 몯ᄒ다 : 시러 펴디 몯ᄒᆯ 노미 하니라
> (디, 게, 어) 말다 : 다시 니르디 마라ᅀᅡ ᄒ리니

부정감동법

감동법은 현대국어에 나타나지 않는 부차서법인데, 감동법이 어간에 직접 붙으면 이를 '부정감동법'이라고 한다.

> **용례**
> 그듸 가 들 찌비 불쎠 <u>이도다</u>

부정관형사형

동사의 어간에 관형사형 어미가 직접 결합한 것을 부정관형사형이라고 한다. 다음은 의문형에서 동사의 부정사형이 활용된 예와 동사의 부정관형사형이 명사적으로 쓰인 예이다.

> **용례**
> 네 엇뎨 <u>안다</u> (의문형)
> <u>虞芮質成ᄒᆞᄂᆞ로</u> 方國이 해 모드나 (동사의 부정관형사형)

부정명령문

부정명령문은 '말다' 부정문에 의해서 실현되며 현대국어와 같이 보조적 연결어미와 보조동사의 통합에 의존한다. 현대국어와 다른 점은 동사 '말다'가 '-디' 외에 '-어, -게'에도 붙는다는 점이다.

> **용례**
> 邪曲ᄒᆞᆫ 마리 이셔도 받고 갑<u>디</u> 마라
> 이 ᄠᅳᆮ들 닛<u>디</u> 마ᄅᆞ쇼셔
> 오술 저지<u>게</u> 마롤디니라
> 너희 두리<u>여</u> 말며

부정법(不正法)

중세국어의 부정법은 현대국어와 큰 차이가 없는데 짧은 부정법과 긴 부정법이 있고, 부정명령문의 형태가 따로 나타난다. '아니' 부정문은 의지나 단순 부정을 나타내며, '몯' 부정문은 '능력'의 부정을 나타낸다. 그리고 '말다' 부정문이 있는데 주로 명령문에

서 실현되고 특이한 경우, 그렇지 않은 경우에도 실현되기도 한다. '-디' 외에 '-어, -게' 등에도 다양하게 결합한다. 이밖에도 인식동사 '알다'와 존재사 '잇다'는 어휘적 수단으로, 반의어 '모 른다'와 '없다'에 의하여 부정법이 성립된다.

쟝츠 주구미 오라디 아니ᄒᆞ야 (아니 부정문)
므스글 보디 몯ᄒᆞ리오 (몯 부정문)
이 ᄠᅳᆮ들 닛디 마ᄅᆞ쇼셔 (말다 부정문)

부정법(不定法)

부정법(不定法)은 시제 형태소가 표면에 실현되어 있지 않은 것을 말한다. 'ø'(零形態素)가 쓰인 것으로 볼 수도 있다. 부정법은 동사에 통합되면 과거시제를, 형용사와 계사에 통합되면 현재시제를 나타낸다.

네 아비 ᄒᆞ마 <u>주그니라</u> (월인석보 권17, 21장)
주거미 닐오디 "내 ᄒᆞ마 命終호라" (월인석보 권9, 36장)
엇던 行業을 지서 惡道애 <u>ᄠᅥ러딘다</u> (월인석보 권21, 56장)
내 ᄒᆞ마 發心호니 엇뎨 住ᄒᆞ며 降ᄒᆞ리잇고 (금강경삼가해 권2, 4장)
鹿母夫人이 <u>나혼</u> 고즐 어듸 ᄇᆞ린다 (석보상절 권11, 32장)
내 오늘 實로 無情호라 (월인석보 권21, 219장)
眞實로 우리 죵이니이다 (월인석보 권8, 94장)

부정부사(→ 부정법)

부정부사는 '아니'와 '몯'이 있으며, 현대국어와 별 차이가 없다.

> 용례
> 불휘 기픈 남ᄀᆞᆫ ᄇᆞᄅᆞ매 <u>아니</u> 뮐씨 (아니 부정문)
> 三年이 <u>몯</u> 차 이셔 (몯 부정문)

부정수

정확한 수를 나타내지 않고, 개략적인 수량을 표시하는 숫자 표시 방법을 말한다.

> 용례
> 두ᅀᅥᇂ, 서넣, 너덧

부정칭

특정한 지시 대상이 아니고, 지시 대상이 정해지지 않았다는 의미에서 부정칭이라는 말이 유래한다.

> 용례
> <u>아모디</u>도 마ᄀᆞᆫ 디 업서 (월인석보서, 8장)

부정평서형

특별한 형태소가 결합하지 않고 어간이 그대로 나타나며, 일정한 형태가 없으면서도 일정한 시제가 표시된다고 하여 부정형이라고 불리며, 부정형 중에서 평서문의 역할을 하는 문장의 형태를 의미한다.

용례

夫人ㅅ 벼슬 아ᄉ시고 그 蓮花ᄅᆞᆯ ᄇ리라 하시다

내 ᄒ마 終命호라

부정확인법

확인법은 확인의 선어말어미 '-것-/-엇-'의 직접적인 소급형태를
대상으로 하는데, 중세국어에는 '-거-/-어-'로 나타나며 선어말어
미 '-오-'와 결합되면 '-과-, -가-'로 교체된다. 확인법 형태소는
어간에 직접 붙을 수 있는데, 이를 '부정확인법'이라고 부른다.

용례

내 本來 求홀 ᄆᆞᅀᆞᆷ 업다니 오늘 이 寶藏이 自然히 니를어다

부차서법

중세국어의 서법은 시제와 관련을 맺고 있는 서법인 기본서법과
화자의 앎이나 느낌을 표시하는 서법인 부차서법으로 나누어진다.
부차 서법에는 확인법, 원칙법, 감동법이 있는데, 확인법은 비타
동사에서 '거', 타동사에서 '어'로 나타나며, 화자가 심증과 같은
주관적 앎을 토대로 하여 사태에 대한 자신의 지식의 상태를 확
인할 때 쓰인다. 객관적인 믿음을 나타내는 선어말어미 '니'에 의
해서 원칙법이 나타난다. 원칙법은 화자가 사태를 불변적이고 기
정적인 것으로 파악하여 타이르거나 일깨워 줌으로써 그것에 주의
가 집중되기를 바라는 화자의 의도가 작용할 때 쓰인다. 감동법은

현대국어에는 나타나지 않는 부차서법으로, 선어말어미로 '-도-, -돗-, -옷-, -ㅅ-' 등이 나타난다. 부차서법은 기본서법에 후행하는데 달리 강조법이라고 부르기도 한다.

> **용례**
> 王ㅅ 中엣 尊ᄒᆞ신 王이 업스시니 나라히 威神을 일허다 (확인법)
> 사ᄅᆞ미 살면 주그미 이실씨 모로매 늙ᄂᆞ니라 (원칙법)
> 그듸 가 들 찌비 불쎠 이도다 (감동법)

분리적 선어말어미

분리적 선어말어미는 다른 어미와 자유롭게 결합하며, 문장의 형성에 생산적으로 참여하는 '문장형성소'에 속하는 선어말어미이다. 분리적 선어말어미에는 겸손법의 선어말어미인 '숩'과 존경법의 선어말어미인 '시'가 있다. '숩'은 'ㄱ, ㅂ, ㅅ, ㅎ', '줍'은 'ㅈ, ㅊ, ㄷ', 'ᅀᆞᆸ'은 유성자음 'ㄴ, ㅁ, ㄹ'과 모음 뒤에서 이형태로 나타난다. '시'는 자음어미 앞에서, '샤'는 모음어미 앞에서 이형태로 나타난다.

> **용례**
> 막숩거늘, 닙숩고, 빗숩더니
> 가시고, 가샤

현대국어에서 분리적 선어말어미는 크게 주체 높임 선어말어미 '시', 시제 선어말어미 '는, 었, 겠', 공손 선어말어미 '옵, 오' 등으로 나뉜다. '겸손의 선어말어미'인 '삽'과 '옵'은 분리적 선어말어미와 교착적 선어말어미의 중간에 자리 잡는다고 하여 수의적 선어말어미로 보기도 한다.

분석기준

하나의 문장은 구를 거쳐 어절로 분석되고 어절은 다시 형태소로
분석할 수 있는데, 이를 문장의 분석기준이라고 한다.

> **용례**
> 철수가 동화를 읽었다.

분석의 기준인 '철수가'라는 어절의 자리에는 '영수가'라는 어절
이 대치될 수 있고 '동화를 읽었다'라는 구의 자리에는 '떡을 먹
었다'라는 구가 대치될 수 있는데 이를 계열 관계의 원리라고 한
다. 그리고 '철수가'와 '동화를 읽었다'의 사이에는 '날마다'와 같
은 어절이 삽입될 수도 있는데 이를 통합관계의 원리라고 한다.

분철

받침이 있는 체언이나 용언의 어간에 모음으로 시작하는 조사나
어미가 결합할 때, 체언이나 용언 어간의 받침과 조사와 어미를
구분하여 표기하는 방식으로 이미 15세기부터 발견된다.

> **용례**
> 가. 눈에, 말이시나, 꿈을, 죵올 ; 담아, 안아(월인천강지곡)
> 나. ᄆᆞ슴이(능엄경언해 권1, 62장), 눈ᄋᆞ로(능엄경언해 권9, 51장),
>   숨가락올(금강경언해 권1, 8장), ᄀᆞ롭애(금강경언해 권2, 25장),
>   사롬이(여씨향약 3), 돈을(여씨언해 31)

다. 손으로(소학언해 권1, 3장), 벋이(소학언해 권1, 9장) ; 넘으리라
   (소학언해 권1, 2장), 묽으며(소학언해 권5, 13장)

(가)는 훈민정음 창제 초기의 문헌인 『월인천강지곡』에서 나타나는
분철 표기의 예이다. 이 문헌에서는 분철 표기가 규칙적으로 나타
날 뿐만 아니라, '담아, 안아'와 같이 용언 어간과 어미의 통합형이
분철된 경우도 발견된다. (나)는 15세기 말, 16세기 초의 문헌들에
서 간혹 발견되는 분철 표기의 예이다. 이들 예는 모두 체언과 조
사의 통합형에서만 발견된다. (다)는 16세기 말의 문헌인 『소학언
해』에 나타난 분철 표기의 예이다. 이 문헌에서는 체언과 조사의
통합형에서 분철 표기가 매우 흔하게 발견될 뿐만 아니라, 용언 어
간과 어미의 통합체가 분철되는 일도 발견된다. 중세국어 단계 중
훈민정음이 창제된 15세기에는 연철 표기가 주종을 이루었는데, 15
세기 말에 명사와 조사의 통합형에서 간헐적으로 분철 표기가 나
타나다가 16세기에는 분철 표기가 보다 확대되었으며, 그 결과 16
세기 말에는 용언과 어미의 통합형이 분철되는 일도 흔해진다.

불규칙활용

국어에서 용언이 활용하는 방법은 크게 두 가지로 나뉜다. 용언의
활용은 어간에 어미가 결합을 하는 경우를 말하는데, 이 중에서
정해진 규칙대로, 원칙대로 활용하는 것을 규칙활용, 정해진 규칙
과 관계없이 특수하게 활용하는 부분을 불규칙활용이라고 한다.
현대국어와 중세국어의 불규칙은 많이 다르며, 그에 따른 예도 많
은 편이다. 중세국어의 불규칙활용은 어간이 불규칙적으로 교체
되는 경우, 어미가 불규칙적으로 교체되는 경우가 있다. 어간의

불규칙활용은 크게 'ㅅ' 불규칙활용과 'ㅂ' 불규칙활용, 'ㄷ' 불규칙활용, 개별 어간들이 특정한 어미와 결합될 때 나타나는 어간의 교체를 들 수 있다.

예 'ㅅ' 불규칙활용 : 지어, 지으니, 지소니 cf) 버서, 버스니
　'ㅂ' 불규칙활용 : 더버, 더보니 cf) 자바, 자ᄫᅳ며
　'ㄷ' 불규칙활용 : 기러, 기르라 cf) 어드니라, 어더
　'개별 어간과 특정한 어미의 결합' :
　　심거, 심군, 심곰 cf) 시므는, 시므고
　　잇다, 잇고, 잇더니 cf) 이셔, 이쇼니, 이시며, 이시나
　　니거시든, 니거들 cf) 넒, 녀(보니), 녀실(씨라)
　　도라, 달라 cf) 주쇼셔

어미의 교체의 양상을 살펴보면, 'ㄷ'으로 시작하는 '-다, -더, -도-, -다가'와 같은 어미가 서술격 조사와 선어말어미 '-ㄹ' 뒤에서는 'ㄹ'계열의 어미 '-라, -러, -로-, -라가'로 교체된다.

용례
아드리러니, 이리로다, ᄒᆞ리라

둘째로, 'ㄱ'으로 시작하는 '-거늘, -고' 등의 어미가 'ㄹ' 받침 및 하향이중모음의 부음 'ㅣ'(y)로 끝나는 용언, 서술격조사 그리고 선어말어미 '-리-' 뒤에서 후두유성음 'ㅇ'으로 교체된다.

용례
알어늘, ᄃᆞ외오

셋째로, '오/우'로 시작하는 어미나 선어말어미 '-오-/-우-'가 서술격조사 뒤에서 '로'로 바뀐다.

162

용례
이롬, 이로디

넷째로, 보조적 연결어미 '-어-'와 상태의 보조용언 '잇-'의 결합
형인 '-엣-'이 동사 '두-' 아래에서 '닛'으로 바뀌거나 '둣'의 형
태가 나타나기도 한다.

용례
뒷더시니, 뒷돈, 둣더시니

다섯째로, '아/어'로 시작하는 어미나 선어말어미 '-아-/-어-'가
자동사나 동사 '오-'의 뒤에서 '거', '나'로 바뀐다.

용례
앗거늘, 앉거든, 앉거다 ; 오나눌, 오나돈

마지막으로 양성모음으로 끝난 어간에 붙는 연결어미 '-아, -아
셔, -아도'가 동사 'ᄒᆞ-'의 뒤에서 '-야, -야셔, -야도'로 바뀜을
보여준다. 'ㅑ'불규칙이라고 한다.

용례
ᄒᆞ야, ᄒᆞ야셔

중세국어에서 불규칙적 교체의 예는 찾아보기 힘들며, 활용어간
의 자동적 교체라는 대목에서 규칙적 교체로 보기도 한다. 따라서
'ㅅ' 불규칙과 'ㅂ' 불규칙을 모두 규칙적 교체로 보고 있다. 불규
칙 교체는 'ㄷ'이 'ㄹ'로 교체되는 자음어간의 비자동적 교체와
'잇-'과 '이시-'가 교체되는 모음어간의 비자동적 교체가 해당된

다. '이시-'는 모음어미 및 매개모음으로 시작되는 어미 앞에 나타나는데 선행하는 단어가 모음 '이'로 끝날 경우, 이에 후행하는 어간 '이시-'의 첫음 '이'가 탈락되어 '-시-'라는 형태로 나타나기도 한다. 또한 중세국어에서는 두 가지의 형태가 공존하여 한 가지의 뜻을 가진 어간들이 존재하였는데, 이를 쌍형어간이라고 하는데 이들의 교체도 불규칙적이다.

용례
버믈/범글, 여믈/염글, 져믈/졈글

현대국어에서는 어간에 어미가 결합되어 활용을 할 때 어간과 어미가 일정한 모습을 보이는 경우도 있지만 환경에 따라 모습을 달리하는 경우도 있는데, 이를 불규칙 활용이라고 한다. 불규칙 활용은 크게 어간이 불규칙한 것, 어미가 불규칙한 것, 어간과 어미가 모두 불규칙한 것의 세 가지 유형으로 나눌 수 있다.

1. 어간이 불규칙한 것
　예 짓다, 짓지, 지어, 지으니 (ㅅ 불규칙)
　예 묻다, 묻지, 물어, 물으니 (ㄷ 불규칙)
　예 돕다, 돕지, 도와, 도우니 (ㅂ 불규칙)
　예 흐르다, 흐르지, 흘러, 흘렀다 (르 불규칙)
　예 푸다, 푸지, 퍼, 펐다 (우 불규칙)
　예 주다, 주오, 다오, 달라 (주다 불규칙)

2. 어미가 불규칙한 것
　예 하다, 하고, 하여(해), 하여라(해라) (여 불규칙)
　예 이르다, 이르고, 이르러, 이르렀다 (러 불규칙)
　예 가다, 가고, 가거라 (거라 불규칙)

예 오다, 오고, 오너라 (너라 불규칙)

3. 어간과 어미가 모두 바뀌는 경우

'파랗-'은 자음으로 시작하는 어미 앞에서는 국어의 일반적인 규칙인 유기음화가 일어나지만 모음으로 시작하는 어미 앞에서는 '파란, 파라면'처럼 'ㅎ'이 탈락하는 어간의 불규칙 현상과, '파래서, 파랬다'처럼 어미 '-아서', '-았-'이 '-애서', '-앴-'으로 변하는 어미의 불규칙 현상을 동시에 보여준다.

예 파랗다, 파랗고
  파란, 파라면, 파래서, 파랬다

이러한 불규칙 활용은 다음과 같다.

순서	활용 부분	불규칙 활용 명칭	내 용	용 례	비교 (규칙 활용 용례)
ㄱ	어간	'ㅅ' 불규칙	'ㅅ'이 모음 어미 앞에서 떨어지는 현상	짓+어 → 지어	짓+고 → 짓고
ㄴ		'ㄷ' 불규칙	'ㄷ'이 모음 어미 앞에서 'ㄹ'로 변하는 현상	묻+어 → 물어	묻+어 → 묻어
ㄷ		'ㅂ' 불규칙	'ㅂ'이 모음 어미 앞에서 '오/우'로 변하는 현상	돕+아 → 도와	잡+아 → 잡아
ㄹ		'르' 불규칙	'르'가 모음 어미 앞에서 'ㄹㄹ' 형태로 변하는 현상	흐르+어 → 흘러	흐르+고 → 흐르고
ㅁ		'우' 불규칙	'우'가 모음 어미 앞에서 떨어지는 현상	푸+어 → 퍼	푸+고 → 푸고

순서	활용 부분	불규칙 활용 명칭	내 용	용 례	비교 (규칙 활용 용례)
ㅁ	어미	'여' 불규칙	어간이 '하'로 끝나는 용언에 모음 어미 '아'가 '여'로 바뀌는 현상	하+아 → 하여	파+아 → 파아
ㅅ		'러' 불규칙	어간이 '르'로 끝나는 용언에 모음 어미 '어'가 '러'로 바뀌는 현상	이르+어 → 이르러	치르+어 → 치러
ㅇ		'거라' 불규칙	명령형 어미 '어/아라'가 '거라'로 바뀌는 현상	가+아라 → 가거라	먹+어라 → 먹어라
ㅈ		'너라' 불규칙	명령형 어미 '어/아라'가 '너라'로 바뀌는 현상	오+아라 → 오너라	와라, 먹어라
ㅊ		'오' 불규칙	'달-/다-'의 명령형 어미가 '오'로 바뀌는 현상	다+아라 → 다오	주어라
ㅋ	어간 어미	'ㅎ' 불규칙	'ㅎ'으로 끝나는 어간에 '어/아'가 오면, 어간의 일부인 'ㅎ'이 없어지고 어미도 변하는 현상	하얗+아서 → 하얘서	좋+아서 → 좋아서

불청불탁

훈민정음 또는 동국정운의 초성 가운데 業ㅇ · 那ㄴ · 彌ㅁ · 欲ㅇ · 閭ㄹ · 穰△ 등을 말한다. 청탁(淸濁) 혹은 차탁(次濁)이라고도 한다. 훈민정음 초성해에서 기본자의 역할을 수행하기도 한다.

불청불탁 계열

불청불탁 계열은 현대국어에서 자음 중 울림소리에 속하는 자음과 발음이 비슷하게 나며, 울림도가 다른 자음에 비해서 높다는 특징이 있다. 불청불탁 계열에 속하는 자음으로는 'ㆁ, ㄴ, ㅁ, ㅇ, ㄹ, ㅿ'이 있는데, 'ㆁ, ㄴ, ㅁ, ㄹ'은 현대국어와 발음상 차이가 없으나, 'ㅇ, ㅿ'은 다른 불청불탁음과 소리가 다르다. 특히 'ㅇ'은 소리 없는 단순한 글자의 역할을 하기도 하지만 특정한 환경 아래서는 자음의 역할도 맡았다.

용례

그에, 바올, 겨시니잇가, 나쵀, 거느릴 씨라, 말ᄊᆞᆷ, 고마, 롱담, 나라
아히, 보아, 욕, 츙
몰애, 살이고, 놀이, 달아, 알어늘(자음의 역할을 하는 'ㅇ' 예)

붙여쓰기

현대국어 맞춤법에서는 어절 단위로 띄어 쓸 것을 규정하고 있으나 중세국어의 문헌은 일반적으로 띄어쓰기를 하지 않는 붙여쓰기의 원칙을 지키고 있다. 다른 문헌에서는 띄어쓰기의 표적이 나타나지 않으나, 용비어천가에서는 현대맞춤법의 띄어쓰기의 공간에 어느 정도 일치하는 일정한 부호가 사용되어 있는데, 후행절인 주절과 선행절인 종속절 사이에는 우권점[。]을 사용하였고, 앞뒤의 마디는 다시 중권점[·]으로 분리되어있다. 이는 중세국어 시기에도 띄어쓰기에 대한 인식은 지니고 있었음을 보여주는 것이다.

녯阿僧祇劫時節에훈菩薩이王ᄃᆞ외야겨샤나라홀아ᅀᆞ맛디시고道理빈
호라나아가샤
불휘기픈남ᄀᆞᆫㅂᄅᆞ매아니뮐씨ᅌ곶됴코ᅌ여름하ᄂᆞ니

비교(연결어미)

연결어미에는 보조적 연결어미, 대등적 연결어미, 종속적 연결어
미로 나뉘는데 여기에서 '비교'의 연결어미는 종속적 연결어미에
속해 있다. '-곤, -노니[-는 것보다]'가 여기에 속한다.

ᄂᆡ미 供養ᄋᆞᆯ 허러도 오히려 이 報ᄅᆞᆯ <u>얻곤</u> ᄒᆞ믈며 各別히 모딘 보ᄆᆞᆯ
내야 허루미ᄯᆞ녀

비교 방법(比較 方法)

비교 방법은 언어의 역사를 연구하는 기본 방법이라고 할 수 있
다. 일반적으로 비교방법은 여러 언어의 문헌 이전의 역사 즉 선
사를 밝히는 방법을 말한다. 이 방법은 동일 계통에 있는 언어들
의 비교에 의하여 그 공통조어를 재구하고 그 조어로부터 변화해
온 자취를 더듬는 것을 목적으로 하고 있다.

비교 연구(比較 硏究)

서로 비교하여 같고 다름이나 그 계통 등을 찾아내는 연구이다. 자
료가 부족한 고대국어를 연구할 때에 특히 많이 쓰인다. 비교 연구

를 통해 우리 국어를 내적·외적으로 풍부하게 연구할 수 있다.

비교의 부사격조사

부사격조사는 부사가 아닌 성분이 부사의 역할을 하도록 만들어
주는 조사를 말한다. 여기에서 비교의 부사격 조사란 한 대상과
다른 대상을 비교하는 역할을 하고 있는데 동등비교와 차등비교
두 가지의 의미로 나누어진다.

> 용례
> <동등> 길 넗 사롬과 マ티 너기시니
> 　　　　 부톄 教化ᄒ샤미 ᄃ리 즈믄 ᄀᄅ매 비취요미 ᄀᆮᄒ니라
> <차등> 光明이 히둘두고 더으니
> 　　　　 貪慾앳 브리 이 블라와 더으니라
> 　　　　 各別히 勞心ᄒ모론 더으니라

비교의 부사격조사를 따로 설정하지 않았고, 공동격조사 중에서
비교의 의미를 지니는 것을 비교격 조사라고 부르기도 한다.

> 용례
> 나디 바퇴셔 남과 ᄀ톨씨
> 머믈워슘과 당다이 ᄀᆮᄒ리로다

현대국어에서는 비교의 부사격 조사의 예로, '-보다'를 들고 있다.

> 용례
> 그것은 이것보다 크다

비속어(卑俗語)

비속어는 통속적으로 쓰는 저속한 말을 가리킨다. 광복 이후 은어 내지 비속어의 성격을 띤 말들이 범람한 것이 문제시되고 있다.

비유(연결어미)

연결어미에는 보조적 연결어미, 대등적 연결어미, 종속적 연결어미로 나뉘는데 여기에서 '비유'의 연결어미는 종속적 연결어미에 속해 있다.

예 -돗, -드시

용례
法이 … 너비 펴아 가미 술위띠 그우돗 홀씨
요주숨 누넷 가시 아사 브리드시 그 샤웅올 벙으리와드니

비자동적 교체

자동적 교체는 그러한 교체가 일어나지 않으면 그 언어의 음운체계가 깨어지는 결과가 초래되는 교체를 말하고 비자동적 교체는 그런 문제가 일어나지 않는 교체를 말한다. 비자동적 교체는 국어의 음운규칙에 의해 필연적이지 않은 교체로 국어의 일반적인 음운규칙을 적용할 수는 없고 형태론적으로 지어진 교체라고 볼 수 있다. 중세어에서는 체언과 용언에서 모두 그 양상이 다양하게 나타났다. 이 현상은 15세기에 들어서 점점 사라지기 시작하였고 근대에 와서는 단일화의 경향이 뚜렷해졌다. 현대어에서

는 비자동적 교체를 보여준 모든 명사 어간은 단일화 되었다. 체언과 용언의 비자동적 교체는 그 양상이 비슷한데 체언의 경우 크게 네 가지 양상이 있다.

가. 누본 <u>남기</u> 니러셔니이다 (용비어천가 84장)

그 <u>나못</u> 불휘롤 쌔 혀(석보상절 권6, 30장)

나. 峻阪앳 <u>놀올</u> 쏘샤 (용비어천가 65장)

<u>노릭</u> 쟝(獐) (훈몽자회 상, 18장)

다. 흔번 그 <u>몰롤</u> 得흐면 (금강경언해 권2, 17장)

極果이 <u>ᄆ른</u> 사모몰 가줄비시니 (법화경언해 권1, 6장)

라. 아ᄃ른 <u>앒올</u> 절흐느다 (두시언해 권8, 28장)

나라홀 <u>아ᅀ</u> 맛디시고 (월인석보 권1, 5장)

(가)는 '낡~나모'의 예이다. 모음(또는 매개모음)으로 시작하는 조사 앞에서는 '낡'으로 교체하고, 이외의 환경에서는 '나모'로 실현된다. 즉 '남기'(주격), '남굴'(대격), '남ᄀ로'(구격), '남기'(처격)와 같이 곡용한다. 이기문은 이때 '*나목'을 재구하여 설명한다. 휴지 및 자음과 조사 '-와' 앞에서는 '나모', 모음 앞에서는 '낡'이 된다는 것이다. 이런 유형으로는 '굼~구무(穴), 붊~불무(冶), 녂~녀느(他)' 등이 있다.

체언의 말음이 '릭/르'인 경우는 '놀ᄋ~노릭'(나)와 '몰르~ᄆ른' (다)의 두 유형의 교체가 보인다. 교체 환경은 (가)와 같아서 모음으로 시작하는 조사 앞에서는 '놀ᄋ, 몰르'이 되고, 이외의 환경에서는 '노릭, ᄆ른'로 실현된다. (나)의 유형으로는 '느릭(津), 시르 (甑), 쟈릭(袋), ᄌ릭(柄)' 등이 있고, (다)의 유형으로는 '흐릭(一日)'가 있다. (나)와 (다)의 단어들은 근대국어에 들어 (다)의 유형으로 교

171

체 방식이 통일되고, 형태는 음절말의 '른/르'가 '로'를 거쳐 '루'로 바뀌어 현대국어와 같은 모습으로 된다. 예를 들어 '노른'의 경우 근대국어에서는 '놀른'의 교체를 보이며, 형태는 '노로 > 노루'로 변하게 된다.

(라)는 '앗ㅇ~아ᅀ'의 예이다. 교체 환경은 위와 같으며, '아ᅀ(弟), 엿(狐)'과 같이 'ᅀ/ㅿ'로 끝나는 체언은 이런 교체를 보인다.

이들과 다른 양상의 것들은 의문 대명사 '므스/므슥'의 교체, 말음이 'i'인 체언들이 속격과 호격에서 그 말음이 탈락한 형태로 나타나는 경우 등이 있었다.

용례

가. 아드리 아비 쳔량 믈러가쥬미 곧홀씨 (석보상절 권13, 18장)
나. 아가 아가 긴 劫에 몯 볼까 ᄒ다니 (월인석보 권23, 87장)

위의 예는 '이'로 끝나는 체언의 교체 예이다. '아비, 아기'같이 말음이 '이'인 명사들은 속격조사 '-ᄋᆡ'나 호격조사 '-아' 앞에서 '이'가 탈락하여 '아빗'나 '아가'로 실현된다. 이런 교체는 현대국어에 남아 있지 않지만, 호격의 '아가'는 화석형(化石形)으로 남아 있다.

용언의 비자동적 교체도 이와 비슷한 양상으로 설명될 수 있다. (가)에 해당하는 예는 '시므-', (나)에 해당하는 예는 '다른-', '고른-', '두르-', (다)에 해당하는 예는 '모른-', '므르-', '흐르-'가 있었고 (라)에 해당하는 예는 'ᄇᅀ-', '그ᅀ-' 등이 있었다. (나)의 '르ㅇ'형은 16세기까지 적용되었고 17세기에 이르러서는 '르

ㄹ’ 활용형으로 변하였다.

이 밖의 용언의 교체로는 ‘니를-’이 때로 ‘니르-’로도 나타났던 것(니를에, 니르게 공존), ‘녀-’의 경우 ‘-거-’ 앞에서 ‘니-’로 교체되었던 것, ‘겨시-’가 어미 ‘-쇼셔’ 앞에서 ‘겨-’로 되었던 것, ‘앉-’, ‘엱-’이 간혹 ‘앗-’, ‘엿-’으로 쓰였던 것 등이 있다. 한편 ‘이시-’의 경우 모음 및 유성자음으로 시작된 어미 앞에서는 ‘잇-’으로 교체되었다.

비존경

존경의 자질이 나타나지 않는 것을 비존경이라고 한다. 존경의 기능이 나타나지 않음에도 불구하고, 존경의 자질이 있는 선어말어미 ‘-시-’가 붙어있는 예외의 경우가 중세국어에서 존재하기도 한다. 이때에는 형태만 존경법의 ‘-시-’와 같고 기능상으로는 존경법이 아니다.

용례

여희므론 아즐가 여희므론 질삼뵈 ᄇ리시고 … 괴시란ᄃ 우러곰 좃니노이다

ᄒ마 色과 空괘 업스면 어루 分別ᄒ미 업스려신니 비록 네 識이 이신ᄃᆯ 쟝ᄎ 므스게 쓰리오

비종결어미

중세국어의 어말어미는 종결어미와 비종결 어미로 나눌 수 있다. 비종결어미는 연결어미와 전성어미로 나뉘고, 연결어미는 대등

적 · 종속적 · 보조적인 것으로, 전성어미는 명사형과 관형사형으
로 나누어진다.

대등적 연결어미 : -고, -며, -며셔, -나, -건마론, -거니와, -거나
종속적 연결어미 : -니, -오디, -ㄹ쎄, -관디, -거든, -거늘, -고져,
 -다비
보조적 연결어미 : -어/아, -게(-긔), -디(들), -고
명사형 전성어미 : -옴, -기, -디
관형사형 전성어미 : -ㄴ, -논, -던, -ㄹ

비종결형

용언의 활용형 중 문장이 끝나지 않고, 종결되지 않은 상태로 활
용된 형태를 말한다. 다음은 직설법에 기댄 현재시제가 비종결형
에도 쓰이는 예이다. 비종결형에 현재시제 선어말어미 '-ᄂ-'가
쓰이기도 한다.

이제 쏘 내 아드롤 드려 가려 ᄒ시ᄂ니

비타동사

용언 중에 타동사가 아닌 모든 용언을 통칭하는 말이다. 여기에는
자동사, 형용사, 존재사, 서술격조사 등이 존재한다. 이 차이는
'-거-, -어/아-'의 확인법 선어말어미에서 확연히 드러나는데, 비
타동사 계열은 '-거-', 타동사 계열은 '-어/아-'가 쓰인다.

가거늘, 가거든, 가거니(비타동사 : 자동사)
머거늘, 머거든, 머거니(타동사)

비통사적 합성동사

합성용언이 생성될 때 국어의 일반적인 법칙을 따르려면, 용언이
결합할 때 보조적인 연결어미가 나타나야 한다. 그러나 그렇지 않
고 용언의 어간이 직접 결합하여 국어의 규칙을 위배하는 것 중
에서 합성동사에 속하는 것들은 다음과 같다.

나들다, 듣보다, 여위시들다, 오르느리다, 값돌다, 거두들다, 눌뮈
다, 뛰놀다, 딕먹다, 빌먹다, 잡쥐다

비통사적 합성법

국어에서 합성어가 만들어지는 방법은, 크게 두 가지가 있는데 하
나는 국어의 정상적인 문장 배열 순서로 이루어지는 통사적 합성
법과, 그를 따르지 않는 비통사적 합성법으로 나눌 수 있다. 비통
사적 합성법이 적용되는 합성어는 합성동사와 합성형용사 등이다.
이러한 합성용언이 생성될 때 국어의 일반적인 법칙을 따르려면,
용언이 결합할 때 보조적인 연결어미가 나타나야 하는데, 그렇지
않고 용언의 어간이 직접 결합한 비통사적 합성어도 상당히 생산
적이었다.

나들다, 듣보다, 여위시들다 (비통사적 합성동사)

감프르다, 됴쿻다, 븓질긔다, 어위크다 (비통사적 합성형용사)

현대국어에서도 일반적인 우리말의 통사적 구성 방법과 어긋나는 방법으로 형성된 합성어를 비통사적 합성어라고 하는데 비통사적 합성어는 다음과 같이 실현된다.

1. 용언과 체언이 연결될 때 관형사형 전성 어미가 생략되는 경우
2. 용언과 용언이 연결될 때 매개체인 연결어미가 생략되는 경우
3. 부사가 체언 앞에 오는 형식을 취할 때
4. 한자어에서 많이 나타나는데 우리말의 일반 어순과 다른 방식으로 나타날 때

비통사적 합성어

비통사적 합성법에 의해 만들어진 합성어를 말한다.

비특수(보조사)

다양한 보조사의 쓰임 중에, '비특수'의 의미를 더해주는 보조사.

예 (이)ㄴ들

'ㅅ' 규칙용언

어간과 어미가 결합할 때, 어간과 어미가 바뀌지 않고, 규칙대로
활용하는 용언을 규칙용언이라고 한다. 이 중 어간의 말음이 'ㅅ'
인 어간과 어미가 결합할 때를 'ㅅ' 규칙용언이라고 한다.

용례
벗고, 벗는, 벗디

'ㅅ' 불규칙용언

어간과 어미가 결합할 때, 어간과 어미가 불규칙적으로 활용하는
용언을 불규칙용언이라고 한다. 이 중 어간의 말음이 'ㅅ'인 어간
과 어미가 결합할 때 변화가 일어나는 것을 'ㅅ' 불규칙용언이라
고 한다. 구조언어학이나 생성음운론에 기울어진 사람들은 어간

의 기본형태를 '짓-'으로 잡아 그것이 자음 어미 앞에서 '짓-'으로 바뀐다고 설명하기도 하나, 일반적으로 'ㅅ' 불규칙활용으로 처리한다.

용례
지서, 지스니, 지소니

사건 한정

보조사 중에 '곳/옷'이 있는데, 앞에 있는 특정한 사건으로 주제를 한정해주는 역할을 말한다. 개체한정의 '뿐'과 구분한다.

사건시

시제에는 사건이 실제로 일어난 시간인 사건시와, 대화가 이루어지는 시점인 발화시가 있다. 이 사건시와 발화시의 관계에 따라서 절대시제와 상대시제가 나뉜다. 절대시제는 발화시와 관계없이 그 시제 그대로 유지되나, 상대시제는 발화시와 사건시의 시간에 따라 달라지게 된다. 상담적 세계(대화)에서는 사건시가 분명하게 나타나지만, 서사적 세계(이야기)에서는 사건시가 분명하게 나타나지 않는다. '어려보니'는 형용사인데 지시성이 희박한 구분에 쓰였으므로 시제를 정확하게 말할 수 없다. 대화와 같은 상담적 세계라도 보편적 사실에 관련되면 사건시를 규정하기 어렵다.

용례
부텨 맛나미 어려보며 法 드로미 <u>어려보니</u> 네 이제 사른미 모물 得

178

ᄒ고 부텨를 맛나 잇ᄂ니

사격(斜格)

인도·유럽어에서, 주격·호격 이외의 격을 통틀어 이르는 말이다.

사동(使動)

사동이란 사동주가 피사동주에게 동작이나 행동을 하게 하는 동사의 성질을 말한다. 중세어에서 사동 어간을 형성하는 접미사는 '-히-'와 '-ᄫ-', '-ᅙ-'와 '-ᄋ-'가 있었다. 그 중 '-히-'는 어간 말음이 'ㅂ ㄷ ㅈ'이면 '-히-', 'ㅁ ㅅ'이면 '-기-', 'ㅿ ㄹ'이면 '-이-', 그 밖의 자음이나 모음이면 '-ㅣ-'로 나타났다.

> **용례**
> 너피-(넙- 廣), 안치-(앉- 坐), 숨기-(숨- 隱), 웆이-(웇- 笑), 말이-(말- 勿), 머기-(먹- 食), 내-(나 出) 등

이중 'ㄱ, ㄹ' 말음을 가진 일부 어간은 16세기 후반에 '-히-'를 갖게 되었다. 근대어에는 사동 접미사로 '-히-'와 '-우-'가 있었다.

사동(보조동사)

보조용언은 크게 보조동사와 보조형용사로 나뉘는데, 보조동사의 역할을 하는 것 중에 '사동'의 의미를 나타내는 '(게/긔)하다'를 말한다.

사롬마다 수비 알에 호야 (월인석보 서, 12장)
부텨 フ투시긔 호리이다 (석보상절 권6, 4장)

사동법(→ 사동사)

현대국어와 같이 중세의 사동법은 사동사에 기대어 성립될 수도
있고 보조적 연결어미와 보조동사의 결합에 기댄 우설적 방식에
의해 성립될 수도 있다. 먼저, 사동사에 기댄 사동문은 동사 어근
에 접미사 '-이-, -히-, -기-, -오-/-우-, -호-/-후-, -ᄋ-/-으-'
가 붙어 형성되기도 하고, 형용사 어근에 접사가 붙어 이루어지기
도 한다. 보조적 연결어미 '-게'와 보조동사 '-하다'가 결합하여
'-게/긔 ᄒ다'에 기대어 나타나기도 하는데, '-게'는 '긔'로도 나
타나며 'ㄹ'과 하향이중모음의 부음 y 및 서술격조사 아래에서는
'-에, -의'로 교체되기도 한다.

한비롤 아니 그치샤 (용비어천가, 68장)
(道士) 브를 브티니 (월인석보 권2, 74장)
기피다, 녀토다, 더러빙다
化人ᄋ 世尊ㅅ 神力으로 두외의 호샨 사ᄅ미라 (석보상절 권6, 7장)

사동사

현대국어에서는 '시키다'와 같은 어휘사동, 사동 접미사를 통한
접미사 사동(단형 사동), '-게 하다'와 같은 장형 사동(통사적 사동)
으로 크게 나눈다.

순서	유형	사동법	용례
ㄱ	단형 사동	용언 어근 + 이, 히, 리, 기 우, 구, 추→ 사동사	속이다, 묻히다, 들리다, 맡기다, 지우다, 솟구다, 낮추다
		용언 어근 + {이} + {우} →사동문	세우다, 재우다
ㄴ	장형 사동	용언 어간 + 게 하다→ 사동문	속게 하다, 묻게 하다, 들게 하다, 맡게 하다, 지게 하다, 솟게 하다, 낮게 하다
		단형 사동 + 게 하다→ 사동문	속이게 하다, 묻히게 하다, 들리게 하다, 지우게 하다, 솟구게 하다, 낮추게 하다
			세우게 하다, 재우게 하다

사동사에 의한 사동문은 자동사, 형용사, 타동사 어간에 사동의 접미사 '이, 히, 리, 기, 우, 구, 추'가 붙어 만들어지고, '-게 하다'에 의한 사동문은 주동문의 서술어에 보조적 연결어미 '-게'를 붙이고 다시 보조동사인 '하다'를 덧붙여 사동문의 서술어로 사용하는 것을 일컫는다.

'시키다'가 사동의 의미로 쓰이기도 하는데 문법 요소가 아닌 어휘 요소에 의한 사동 표현이므로 문법적인 사동에서 제외하는 경우가 많다. '시키다'는 자동사에 결합하여 사동문을 만드는 동사이다.

중세국어의 사동사 또한 현대국어와 같이는 동사 또는 형용사 어근에 접미사 '-이-, -히-, -기-, -오-/-우-, -호-/-후-, -ᄋ-/-으-'가 붙어서 형성된다.

용례

한비를 아니 <u>그치샤</u> (용비어천가, 68장)

(道士) 브를 <u>브티니</u> (월인석보 권2, 74장)

沙婆佛身은 勝을 <u>숨기시고</u> (월인석보 권18, 72장)

太子ㅣ 道理 일우샤 (석보상절 권6, 5장)
(如來) 神通力을 <u>나토샤</u> (월인석보 서, 6장)
나랏 小民을 <u>사르시리잇가</u> (용비어천가, 52장)

사동사 파생법

중세국어의 사동사는 동사 어근에 접미사 '-이-', '-히-', '-기-', '-오-/-우-', '-호-/-후-', '-ᄋ-/-으-'가 붙어 형성된다. 또한 형용사 어근에 접사가 붙어 이루어지기도 한다. 어근에 접미사가 붙어 이루어지는 파생법을 사동사 파생법이라고 한다.

사동사의 의미 해석

사동사에 기대는 사동문은 주동사에 따라 '구속', '허용', '타동성의 첨가' 등을 의미하는 경우도 있고 주동문과 거리가 멀어 사동문으로 보기 어려운 경우도 있다.

〈구속〉
아히로 흰히 둥어리 <u>글키고</u>
鸚鵡ㅣ … 어싀룰 <u>머기거늘</u>

〈허용〉
(明帝)… 중 <u>살이시고</u>

〈자동사나 형용사를 타동사로 파생시키는 경우〉
…술위룰 <u>그우릴</u> 씨니
…神通力을 <u>나토샤</u>
…쏘 <u>기피시니</u>

182

사성(四聲)

중세국어는 성조 언어였다. 이것은 중세국어와 근대국어를 구별하는 가장 큰 특징의 하나다. 사성은 평성, 거성, 상성, 입성으로 성조는 방점으로 표기되었다. 훈민정음 창제자는 중국의 사성 체계를 이론적 배경으로 삼았으면서도 국어의 성조 체계를 비교적 정확히 파악하여 그것에 알맞은 방점법을 마련했다. 중세국어에 있어서 성조의 기능부담량은 결코 적지 않았다. 많은 단어가 성조에 의해 구별되었다. 그러나 이 성조체계는 방점 표기의 문란과 관련해 볼 때 16세기 이전 이미 소멸의 단계를 거친 것으로 볼수 있다.

[+사실성] [−사실성]

발화시를 중심으로 사태를 사실적, 객관적으로 파악하고 있는 경우 [+사실성]을 가진다. 직설법, 부정법, 회상법은 [+사실성]에 바탕을 두고 있으나, 추측법에서는 [−사실성]이 바탕이 된다. 추측법을 달리 서상법(敍想法)이라고도 한다.

사이시옷

용비어천가와 훈민정음언해에서는 선행어의 말음이 불청불탁인 경우 그것과 같은 위치의 전청자를 사잇소리로 표기하는 규칙이 있었다(주로 한자어). 'ㅅ'은 이 두 책에 가장 많이 쓰였는데 사이시옷이라는 말도 이리하여 형성되었다. 중세어의 속격이었던 '-ㅅ'

은 근대에 와서 문자 그대로 사이시옷이 되었다. 이것은 거의 합
성 명사 사이에만 나타나 그 표지가 되었다.

'사이시옷' 표기

현대 맞춤법에서 '사이시옷'이라 불리므로 15세기의 맞춤법에 보
이는 'ㅅ'도 흔히 이렇게 부르고 있으나 15세기에는 'ㅅ'이외의
글자들도 사용되었다. 그래서 '사잇소리' 또는 '삽입자음'이란 말
이 쓰이기도 한다. 그러나 엄격하게 말하면, 이것은 15세기 국어
에서 속격조사였으므로 이런 명칭들은 잘못된 것이다.

이 조사의 표기는 특히 『용비어천가』와 『훈민정음언해』에서 다양
하게 나타나는데 그 표기에는 일정한 규칙이 있었다. 즉, 앞 단어
의 말음이 불청불탁자인 경우에 그것과 같은 계열의 전청자를 사
용하였다.

	선행어 말음	속격조사(사잇소리)	용례
아음	ㆁ	ㄱ	穰썅ㄱ 字쫑
설음	ㄴ	ㄷ	君군ㄷ 字쫑
순음	ㅁ	ㅂ	侵침ㅂ 字쫑
후음	ㅇ	ㆆ	慈쫑ㆆ 字쫑

이 규칙에 예외가 되는 것이 'ㅅ'과 'ㅿ'이었다. 『석보상절』과 그
이후의 문헌에서 간혹 'ㄱ, ㄷ, ㅂ, ㆆ' 등이 보이고 때로는 'ㅈ'도
보이지만, 전반적으로 가장 많이 쓰인 'ㅅ' 하나로 통일되었다.
'사이시옷'이란 이름도 그래서 형성된 것이었다. 이처럼 'ㅅ'이 선
택된 이유는 자세하지 않으나, 향찰 표기에서 이 속격 어미가 '叱'

로 표기된 데서 유래한 것이 아닌가 한다. 이러한 'ㅅ'의 용법이 '된시옷'으로까지 확대되었던 것으로 믿어진다.

이 'ㅅ'은 종성으로 표기되는 것이 원칙이었다. 이미 종성이 있는 경우에는 그것과 병서된다. '둀때'(酉時) 등 참고. 그러나 선행어가 한자로 표기된 경우에는 부득이 따로 쓰였다. 이것은 해례 합자해에 "文與諺雜用則 有因字音而補以中終聲者 如孔子ㅣ魯ㅅ사룸之類"라는 규정에 의한 것이다.

사잇소리의 표기

명사가 결합하여 합성명사나 명사구를 이룰 때 현대 맞춤법에서는 받침이 없을 때만 사이시옷을 받쳐 쓰나 중세국어의 문헌에는 받침이 있을 때도 사용되었고 놓이는 자리도 다른 점이 있었다.

▎사용방법

분포위치	예문
모음 뒤	빗곶, 즘겟가재
유성자음 뒤	아바닚 뒤, ᄀᆞ룺 ᄀᆞᅀᅢ, ᄆᆞᅀᆞᆷ ᄀᆞ장
앞말과 뒷말사이	魯ㅅ 사룸, 東海ㅅ ᄀᆞᅀᅵ, 狄人ㅅ 서리
뒷말 초성에 표기	엄쏘리, 혀쏘리, 입시울쏘리, ᄆᆞᅀᆞᆷ ᄀᆞ장, 부텨쯰

▎분포 양상

분포위치	예문
'ㆁ'받침 뒤	洪(ᅘᅩᇰ)ㄱ 字, 平生ㄱ 뜯
'ㄴ'받침 뒤	君(군)ㄷ 字, 몃 間ㄷ 지븨
'ㅁ'받침 뒤	侵(침)ㅂ 字, 사룺(룲) 쁘디
'ㅱ'받침 뒤	漂(ᅙᅭᇢ)ㅸ 字

분포위치	예문
'ㅇ'받침 뒤	快(쾡)ㆆ 字, 하놇(놀ㆆ) 뜨들
'유성음' 사이	나랗(나라△) 일훔, 後△ 닐, 님긊(금△) 말

상관적 장면

'화자'와 '청자'를 상정할 수 있는 담화 상황을 의미한다. 화자와 청자를 상정할 수 없고, 책의 '지문'에 주로 나타나는 단독적 장면과 대비를 이룬다.

상담세계

'상관적 장면'을 대치하는 용어. 바인리히(H. Weinrich)에 근거하여 '상담적 세계'라는 용어로 대치하였다.

상대적 시제

'절대시제'와 대비하여 사용된다. 절대시제가 발화시를 기준으로 결정되는 시제라면 상대적 시제는 관형사형이나 연결형 등의 비종결형 문장에서 안은문장이나 주절의 사건시를 기준으로 결정된다.

상보적 분포

배타적 분포를 보이는 이형태들을 모두 합쳐야 하나의 형태소가 된다는 점에서, 이형태들은 형태소를 구성하기 위해 상호 보완적인 구실을 한다고 할 수 있으므로 '배타적 분포'를 '상보적 분포'라고도 한다.

상성(上聲)

상성은 처음은 낮고 나중은 높은 소리를 뜻한다. 이는 저조와 고조가 함께 있는 것으로 평성과 거성의 복합이었다. 중세어에서 상성은 방점을 두 개 찍어 표시하였다.

상징부사

사물의 소리와 모양을 흉내 낸 의성부사와 의태부사를 통틀어 이르는 말이다.

상태(보조형용사)

중세국어에서 보조형용사는 희망, 부정, 추측, 상태를 나타낸다. 이 중에서 상태는 '-어 잇다, -어 겨시다'의 형태로 실현된다.

상향이중모음

부음(비성절음 y)이 주음 앞에 놓여 형성되는 음을 말한다. 'ㅛ, ㅑ, ㅠ, ㅕ'는 'y'가 결합된 'yo, ya, yu, yə'로 발음된다.

상형(象形)

훈민정음의 제자 원리 중 하나로 모양을 본뜨는 원리를 말한다. 실록과 상소에는 존재하지 않지만 훈민정음 서문에 "상형"이라는 말이 추가되었다. 이는 독자적인 제자 원리를 밝히고자 했음으로 추측할 수 있다.

새김

한자를 빌려 우리말을 표기할 때 표음적 기능을 취하는 경우와 표의적 기능을 취하는 경우가 있는데 새김은 표의적 기능을 취하는 경우에 사용된다. 가령 신라에서는 '水'자를 그 음과 관계없이 '믈'이라는 단어를 나타내기 위해 사용하였다. 이 '믈'을 '水'의 새김(釋이 또는 訓)이라고 한다. 이렇게 사용된 한자를 석독자라고도 한다. 음만을 이용하여 자국어 표기를 만족스럽게 할 수 있었다면 구태여 새김을 이용하지는 않았을 것이다. 새김의 원리는 우리 조상들의 독창이라고 할 수 있는데 한자의 새김의 형성 및 고정화는 상당한 시일을 필요로 했던 것으로 추측된다. 따라서 이것은 음을 이용하는 원리보다 연대적으로 뒤졌을 것이다.

서간자료

'서간'은 용건을 적어 보내거나 소식을 서로 알리는 글을 총칭하는 개념이다. 종류는 표기문자에 의해서 순 한문 또는 이두문을 섞어서 쓰는 '한문서간'과 순한글 또는 한자를 섞어서 쓴 '언간'으로 구분된다. 용도에 의해 생활수단인 '실용서간'과 문학수단인

'문예서간'으로도 구분된다. 이들 서간은 민족의 생활상을 문자로 표현한 것이므로, 언어와 문학면에서 중요한 자료가 되고 있다. 서간이 쓰인 시대의 존비법, 문체법 등의 각종 문법적 정보가 생생하게 담겨 있어 문법적으로 중요한 연구의 대상이 되고 있다.

서법

화자의 사태에 대한 앎과 시간이 문법 범주화 한 것을 말한다. 중세국어의 서법은 시제와 관련을 맺고 있는 것과 화자의 앎이나 느낌을 표시하는 것으로 나눌 수 있다. 화자는 사태를 현실적으로 파악할 수도 있고 비현실적으로 파악할 수도 있으며 경우에 따라서는 동작을 현실화 시키고자 하는 의지가 수반되기도 한다. 이러한 의미 특성을 심리적 태도라고 하는데 그것이 일정한 활용 형태에 의하여 표시될 때 이를 서법이라고 부른다. 현대국어는 시제와 서법, 그리고 동작상이 독자적 형태로 표시되지만, 중세국어에서는 시제를 표시하는 형태가 따로 없고 서법형태소에 기대어 시제가 표시되었다. 즉, 중세국어는 서법 형태소가 화자의 심리적 태도와 함께 시제를 나타내는 기능도 수행하였다. 모든 어미는 화자의 의도와 심리적 태도를 일정 부분 내포한다는 점에서 서법적 의미를 가진다고 할 수 있다. 시간 관련 선어말어미에 의해 '직설법(-ᄂᆞ-), 회상법(-더-), 추측법(-리-), 추측회상법(-리러-)'과 함께, 일정한 시제가 없으면서도 특정의 시제를 표현하는 부정법을 기본서법으로 설명한다. 앎과 관련하여 주관적 앎을 나타내는 '확인법(-거/어-)'과 객관적 앎을 표현하는 '원칙법(-니-)', 그리고 느낌을 표현하는 '감동법(-돗/옷/ㅅ-)'이 이에 해당한다.

서사세계

지문에 제시된 상황. 지문이란 서적이나 문헌 안에서 등장인물들의 대화 부분을 제외한 나머지 문장을 지칭한다. 화자에 의해 중개되지 않은 채 인물들 간의 직접적인 발화의 형태로 제시되는 대화와 달리, 지문은 화자에 의해 중개되거나 지시되는 특징을 지니며, 인물들의 동작이나 표정, 말투, 성격, 심리, 사건 등의 정황이나 배경, 분위기들에 대한 묘사·설명·논평·해설하는 역할을 수행한다. 상담적 세계와 달리 특정 시제와 상황을 함의하지 않는다.

서사적 상황

서사 세계의 상황. 담화상황, 즉 상관적 상황과 달리 특정 시제와 지시성을 함의하지 않는다. 즉, 특정 시제와 동작상과 관련지어지지 않는다.

서사적 세계

서사세계와 연관을 가지는 담화상황을 상정할 수 있는 세계를 의미한다.

서상법(敍想法)

화자의 사태에 대한 추측 내지 추정과 관련되는 양태성이 일정한 문법적 절차를 밟아 표시되는 서법의 하나. 화자가 명제의 내용을 비현실적 내지 주관적으로 인식하는 것을 의미한다. 기본서법 중 '추측법'이 '서상법'에 해당된다. 추측법은 발화시 이후에 있을 일을 추측하는 기능을 주로 한다. 따라서 '직설법, 부정법, 회상법' 등이 [+사실성]을 바탕으로 하고 있는데 비해, 추측법은 [−사실성]을 바탕으로 한다.

서수사

사물의 순서를 표시하는 품사. 중세국어의 서수사는 현대국어와 달리 양수사에 '차히'가 붙어 성립된다. 그 밖에 '채, 차, 자히, 재, 자'가 붙기도 한다. 중세국어의 서수사 형성요소는 '의존명사'에 기원을 둔다. 그런데 중세 후기로 넘어 오며 접미사로 바뀌는 경향을 보인다.

서수사 형성 요소의 통시적 변화 양상은 다음과 같다.

연대	양상(예문)
15C	ᄒᆞ나차히, 둘차히, 세차히, 네차히, 다ᄉᆞᆺ차히…
근대국어	ᄒᆞ낫재, 둘재, 셋재, 넫재, 다ᄉᆞᆺ재 …
현대국어	첫째, 둘째, 셋째 …

서술격(敍述格)

국어의 체언은 특이한 용법으로서 서술의 기능을 가지는 경우가 있어 이를 서술격으로 표시한다. 서술격 조사는 '-이/ㅣ/∅'(∅는 이형태가 zero임을 말한다)인데, 영어의 계사(繫辭, copula)와 동일한 기능을 표시하므로 흔히 '지정(指定)의 접미사'(단어의 자격을 주어서 '지정사'라고 하기도 한다)라 불린다. 서술격은 활용어미의 도움으로 그 기능이 완전히 나타나게 되므로 서술격이 쓰인 체언은 활용하게 된다. 이를 체언의 활용이라고 하기도 한다. 서술격조사의 활용양상은 '동사'보다 '형용사'의 활용에 가깝다.

서술격조사

체언, 즉 '명사, 대명사, 수사'와 결합하여 '서술어'의 문장 성분으로 기능을 수행하게 만드는 조사. 체언을 문장 성분으로 기능하게 한다는 점에서는 다른 격조사와 같으나 '활용'을 한다는 점에서 특별하다. 서술격 조사는 환경에 따라 '이라, ㅣ라, Ø라' 형태로 실현된다.

서술부

문장 구성요소의 하나. 문장에 있어 본체부를 이루는 서술어와 서술어에 딸린 부속부를 합하여 일컫는 말. 문장에서 주어와 서술어는 필수적이며 중요한 문장 근간 성분으로 본체부라 하고 이를 수식하는 관형어와 부사어는 문장 지엽 성분이므로 부속부라 한다. 문장의 구성성분에서 주어가 나타나는 위치까지를 주어부라고 한다면 이를 제외한 서술어 관련요소를 서술부라고 한다. 문장은 크게 주어부와 서술부로 구분된다. 서술부는 서술어 형성부이다.

서술어

문장 구성의 기본 골격이 되는 요소로서, 주어의 동작·상태·성질 따위를 서술하는 말. 서술어는 자신이 나타내는 의미를 완성시키기 위해서 다른 언어요소를 필요로 하는데 이들을 서술어의 논항(論項, argument)이라고 한다. 예를 들어, '죽이다'라는 서술어가 나타내는 사건이 완전히 명시적으로 표현되기 위해서는 죽이는 존재와 죽임을 당하는 존재를 가리키는 언어표현이 필요하므로 이들 언어표현은 서술어 '죽이다'의 논항이 되는 것이다. 이와 같이 서술어는 자신이 필요로 하는 논항들을 하나하나 취함으로써 문장이 이루어진다. 서술어는 '무엇이 어찌한다'의 '어찌한다'에 해당하는 동사 서술어, '무엇이 어떠하다'의 '어떠하다'에 해당하는 형용사 서술어, '무엇이 무엇이다'의 '무엇이다'에 해당하는 계사(繫辭) 서술어로 분류할 수 있고, 필요로 하는 논항의 수, 즉 자릿수에 따라 한 자리 서술어, 두 자리 서술어, 세 자리 서술어 등으로 나눌 수도 있다. 한편 논항을 '필수적 성분'이나 '자릿값'이라 일컫기도 한다.

서실법(敍實法)

서법은 명제 또는 사태에 대한 화자의 심리적 태도가 일정한 형태 변화에 의해서 나타난다. 서법의 정의에 '화자의 청자에 대한 태도'를 포함하기도 하지만, 최근에는 이를 문체법 또는 문장 종결법이라고 하여 서법에서 분리시켜 다룬다. 서법에는 화자가 명제(문장)의 내용을 현실적·객관적으로 판단하는 양태를 '서실법(敍

實法, fact-mood)'으로 규정할 수 있다. 비현실적·주관적으로 판단하는 '서상법(敍想法, thought-mood)', 동작을 현실화시키고자 하는 '서의법(敍義法, will-mood)' 등과 의미적 연관성을 이루고 있다. '서실법'과 '서상법'은 무의지적 서법으로 포괄할 수 있고, '서의법'은 의지적 서법이라고 할 수 있다. 의지적 서법은 문체법에 포함되어 설명되고 있다. '서실법'에 해당하는 서법 개념은 직설법과 회상법, 부정법이다.

> **용례**
> 네 이제 쏘 묻ᄂ다. (월인석보 권23, 97장) <직설법>
> (世尊)… 舍利佛을 須達이 조차 가라 하시다 <부정법>
> (須達)…그뒷 ᄯᄅᆞᆯ 맛고져 ᄒᆞ더이다 <회상법>

석(釋)

→ 새김

석독(釋讀)

새김을 이용한 표기가 석독표기이다. 오늘날 우리는 한자를 모두 음독하지만 우리 문자가 없던 시절에는 석독을 많이 이용했다. '買忽一云水成'에서 '매홀'은 음독이고 '수성'은 석독임을 알 수 있다. 중세어 자료 중 향약구급방의 표기법은 고대의 한자 차용 표기법의 전통을 이은 것으로 음독과 석독, 그리고 혼합 표기가 사용되었다.

석독구결

새김으로 읽는 구결을 석독이라고 한다. 구결은 한문을 우리말로 새겨 읽을 때 한문의 단어 또는 구절 사이에 들어가는 우리말로서 토(吐)라고도 한다. 한문에 구결을 다는 일을 '구결을 달다, 토를 달다, 현토(懸吐)하다, 현결(懸訣)하다'라고 한다. 예컨대 '國之語音이 異乎中國ㅎ야 與文字로 不相流通홀씨'(훈민정음)에 쓰인 '이, ㅎ야, 로, 홀씨' 등이다. 이들은 대부분 조사이거나 'ㅎ다', '이다'의 활용형이다. 구결의 표기방법은 위의 예와 같이 한글로 하는 방법과 한자를 차용하는 방법이 있었다. 구결은 인쇄된 한문의 행간에 써넣기 때문에 차용된 한자는 보통 획수를 최소한으로 줄인 약자로 표시되었다. 이러한 약자는 이두표기 등에도 나타나지만 구결 표기에서 광범위하게 사용되므로 구결문자라고 하는 일도 있다. 구결은 주로 문법적인 관계를 표시하는 형태들로서 문법사 연구의 자료가 되고, 한자를 차용한 표기로서는 문자사연구의 자료가 되므로 국어사 연구의 중요한 대상이다. 중세어의 '입곁'은 한문의 허사인 '之·焉·也'를 가리키며 줄여서 '곁'이라고도 한다. 따라서 '입곁'은 '입'과 '곁'으로 분석된다. 이들의 어원을 '입'이 입(口), 또는 이에서 파생되었을 '잎-'(현대어 읊-의 중세어 어형), '곁'이 사물의 부차적인 성질을 뜻하는 중세어 단어 '곁'과 관련되었으리라고 추정되고 있기도 하다. 토는 구절이나 문장이 끊어지는 곳을 뜻하는 구두(句讀)의 '두'에서 유래된 것이라는 추정이 있다. 이두(吏讀)·이토(吏吐)라고도 한 점과 또 토가 들어가는 곳이 구두인 점으로 보아 이 추정은 개연성이 큰 것으로 생각된다.

1974년 『구역인왕경(舊譯仁王經)』 상권의 낙장이 발견되면서, 구결에 대한 새로운 개념이 제기되었다. 하한이 14세기라고 믿어지는 이 자료에는 15세기 이후의 문헌에서 보이는 구결 표기와 비슷하게 인쇄된 한문의 행간에 약자로 표기된 묵서(墨書)가 나타난다. 그 묵서는 ① 행의 왼쪽에도 나타나고, ② 한자의 거의 모든 글자에 표기되며, ③ 한자가 아닌 점(點) 표기도 나타나는데, 구결이 행의 오른쪽에 한자로만 표기된 것과 다르다. 더욱이 구결이 표기된 원전은 음독을 하는 데 대하여 이 묵서는 원전을 새겨 읽는 것을 말한다.

이리하여 전통적인 구결을 퇴화 또는 간소화된 구결이라 하고, 이 자료의 묵서를 원래의 구결이라고 하는 주장이 나오게 되었다. 그러나 한문을 새겨 읽는 것을 '석(釋)'이라고 불러 온 전통이 있으므로 『구역인왕경』은 훈독의 자료이며, 그 묵서의 기재는 훈독의 표기로서 전통적인 구결이라는 명칭과 혼동되어서는 안 된다는 주장도 있다. 여기에서 전자의 견해는 이 자료의 기재를 훈독구결(訓讀口訣) 또는 석독구결(釋讀口訣), 전통적인 구결을 음독구결(音讀口訣) 또는 순독구결(順讀口訣)이라고 구별하게 되었다. 그러므로 오늘날 구결은 전통적인 뜻으로 해석하는 협의의 개념과 한문의 훈독을 지시하는 표기까지 확대하여 파악하는 광의의 개념을 갖게 되었다. 한문은 한자를 국어의 독음으로만 읽는 음독과 석(훈)으로 읽는 석독의 두 가지 독법을 가졌다. 석독구결(또는 訓讀口訣)은 오늘날에는 사용되지 않는 방식의 구결인데, 한문을 해석하며 읽을 수 있는 구결 방식이다. 이 구결에 따라 원문을 읽으면 한문이 우리말로 번역되는 것과 같은 결과를 얻게 된다. 물론 이 구결 요소들을 전부 제거하고 나면 한문 원문이 그대로 남아 있게 되는 점에서는 음독구결과 같다. 다음은 석독구결의 예로 원문의 오른편의 글자는 위에, 왼편의 글자는 아래에 둔 것이다. 읽는 순서는 위의 글자를 읽어 가다가 점에 이르면 거슬러 가서 밑의 구결이 있는 부분을 이어서 읽는다. 그렇게 읽으면 아래의 순서로 해석된다.

용례
復⎡⎤有⎡⎤五道⎡一切衆生⎤ (구역인왕경)
復爲隱 五道叱 一切衆生是 有叱在於

석독명

석독명이란 한자의 새김으로 읽는 표기를 말한다.

선어말어미

문법형태소의 총칭. 종래에 보조어간(補助語幹)이라 불린 형태들이 여기에 속하는데, 어말어미에 대립된다. 용언의 어간과 어말어미(語末語尾) 사이에 나타난다. 용언이 활용을 할 때, 용언의 어간에서 가장 먼 거리에 나타나는 문법형태소를 어말어미라고 하는 데 대하여 선어말어미는 그 출현위치로 보아 그보다는 선행하는 위치에 나타나는 문법형태소를 말한다. 용언 어간에 결합하여 문법적 의미를 더해주는 기능을 수행하며 문장 전체의 문법적 성격에 영향을 미친다. 선어말어미는 의도법, 경어법, 시상 등을 표시하였다. 의도법의 선어말어미는 근대에 와서는 그 자취를 찾아볼 수 없게 되었다. 중세에서 근대로 가면서 경어법과 시상의 어미 역시 변화를 겪었다. 전체적인 문법 체계의 흐름에 따라 간소화된 것을 알 수 있다.

선택(보조사)

보조사로서 선택의 의미를 가지는 '(이)나/(이)어나'를 말한다.

선택의문

서로 대조적이거나 반대가 되는 두 가지의 의문형을 제시하여 청자에게 둘 중에 하나를 선택하도록 요구하는 의문법. 선택의문도 가부의 답변을 요구하는 것이므로 판정의문의 범주에 포함할 수 있다.

> **용례**
> 이 大施主의 得혼 功德이 <u>하녀 져그녀</u> (월인석보 권17, 48장)

선행절

접속문에서 선행하는 절을 의미한다. 접속문은 문장유형의 하나로, 둘 또는 그 이상의 구(이은말)나 절(마디)이 접속성분이 되어 수평적인 선후 관계로 대등하게 이어져 있는 문장을 말한다. 접속관계에 있는 성분들은 형식상으로 동일한 것이어야 하는데, 접속성분들이 구로 되어있는 접속구성을 구접속(句接續), 절로 되어 있는 접속구성을 문접속(文接續)이라고 한다. 그리고 구조적 유형상 '구접속'으로 이루어진 접속문은 단문으로, '문접속'으로 이루어진 접속문은 복문으로 간주된다. 두 개 이상의 구와 문이 결합한 문장은 그 성분들의 구분 필요성 때문에 앞에 오는 것을 선행성분, 뒤에 오는 것을 후행성분이라고 부르며, '문접속'의 경우에는 특히 접속성분을 접속절이라고 통칭하면서 선행성분을 선행절, 후행성분을 후행절이라고 지칭한다.

용례
子논 아드리오 孫온 孫子ㅣ니 (월인석보 권1, 7장)

설명(연결어미)

설명, 이유, 원인의 의미를 보이는 어미가 결합하여 이어진 문장. 이어진문장은 연결어미를 매개로하여 이어지는데, 어미는 이러한 문법적 기능을 수행할 뿐 아니라 특정한 의미를 가지기도 한다. '-니', '-ㄹ쎄', '-어', '-ㄴ대', '-ㄴ즉', '-거늘', '-관디[-기에]', '-기 때문에' 등이 있다.

설명법(說明法)

설명법은 정동사 어미로 나타낸다. 설명법의 어미는 '-다'였다. 이는 선어말어미 '-오-', '-과-', '-더-', '-리-', '-니-' 및 계사 뒤에서 '-라'로 교체되었다. 이기문은 이 중 '-리-, -니-'는 동명사 어미에 계사가 붙은 것이라고 설명한다. 근대어에서는 설명법 어미로 '-롸'가 출현하였다.

용례
ᄒᆞ오ᅀᅡ 내 尊호라 (월인석보 권2, 34장)
부러 권ᄒᆞ라 오롸 (삼역총해 권1, 3장)

그리고 근대어에 와서 '-더이다', '-ᄂᆞ이다', '-노이다', '-노소이다', '-도소이다' 등에서 '-다'가 탈락한 형태가 일반화되는 경향이 강해져서 '-데', '-니', '-뇌', '-노쇠', '-도쇠'(로쇠) 등이 나타났음도 주목할 만하다. 이러한 축약형으로 보다 'ㅣ'가 종결어미로 사용되었음을 알 수 있다.

설명의문문

청자에게 정보를 제공해 줄 것을 요청하는 의문문. 의문사를 동반하는 특징이 있다. 의문사에 강조를 줌으로써 정보를 요구한다. 중세국어는 의문형 어미에 의해 형태적으로 구분되는 특징이 있었다. 중세국어는 판정의문문은 '가/아' 계통의 어미를 선택하고, 설명의문문은 '고/오' 계통의 어미를 선택한다. 설명 의문문은 다음과 같이 쓰인다.

분포	양상(예문)
체언+의문보조사	엳논 약이 므스 것고 cf. 이 ᄯᆞ리 너희 죵가 이 엇던 光明고 cf. 이 두 사ᄅᆞ미 眞實로 네 항것가
'ᄒᆞ라체' 1·3인칭 직접의문	究羅帝 이제 어듸 잇ᄂᆞ뇨 cf. 앗가ᄫᆞᆫ ᄠᆞ디 잇ᄂᆞ니여 아바닚 病이 기프시니 엇뎨 ᄒᆞ료 cf. ᄒᆞ마 주글 내어니 子孫ᄋᆞᆯ 의논ᄒᆞ리여
간접의문문	이 이론 엇던 因緣으로 이런 相이 現ᄒᆞ고 엇던 인연으로 得ᄒᆞ고 疑心ᄒᆞ시니라

설음

초성오음(初聲五音)의 하나. 『훈민정음』에서는 'ㄷ·ㄸ·ㅌ·ㄴ'이 이에 속하며, '斗·覃·呑·那'의 초성에 각각 해당된다. 기본자로 제시한 'ㄴ'은 '象舌附上 齶之形'이라 하였는데, 이에 따르면 설음은 윗잇몸에 혀를 붙여내는 소리이다. 중국음운학의 용어를 수용한 것이다. 설음 'ㄷ·ㄸ·ㅌ·ㄴ'을 조음방법에 따라 각각 전청(全淸)·전탁(全濁)·차청(次淸)·불청불탁(不淸不濁)으로 분류하고 있는데, 『훈민정음』의 용자례(用字例)에는 초성으로서 '뒤(茅)·담(墻)·고티·두텁'과 '노로(獐)·납(猿)'과 같이 'ㄷ·ㅌ·ㄴ'의 예만 제시되었고, 'ㄸ'의 예시는 없다. 'ㄸ'은 한자음 표기에 주로 쓰였다. 종성의 설음으로는 전청의 'ㄷ'과 불청불탁의 'ㄴ'만이 쓰였는데, 이는 『훈민정음』의 "然ㄱㄷㄴㅂㅁㅅㄹ八字可足用也"라는 규정에 따른 것이다. 실제로 용자례에는 '갇(笠)·싣(楓)'과 '신(屨)·반되(螢)'와 같은 종성 'ㄷ·ㄴ'의 예시만 있고 'ㅌ'의 예시는 없다. 어간말의 'ㅌ'은 휴지나 자음 앞에서 '밭→받(도)'과 같이 실현되었기 때문이다. 중세국어에서는 현대국어에서와는 달리 음절말 위치에서 설음 'ㄷ'은 치음 'ㅅ'과 철저히 구별되었다. 15세기에는 '건너→건녀(渡)'라든가 '닫니-→단니-(行)'와 같이 설음 'ㄷ'은 비음 앞에서 'ㄴ'으로 역행동화하기도 하였으나, 처음의 'ㅅ'은 이런 동화를 입지는 않았다. 'ㄹ'은 『훈민정음』에서 반설음(半舌音)으로 따로 분류되었다.

설화자

이야기하는 사람

성분부사(→ 부사)

문장 내의 일정한 성분을 수식한다. 각각의 부사가 수식하는 성분

바로 앞에 위치하기 때문에 문장 안에서의 위치 이동이 쉽지 않다. 세부적으로 성상부사, 지시부사, 부정부사로 분류된다.

성분의 생략

담화상황이나 문장에서 주어나 목적어 등의 문장성분이 생략되는 현상. 이 현상은 앞선 대화나 문맥에서 이미 언급된 대상이 주어나 목적어일 경우, 그리고 상황으로 보아 그 주어나 목적어가 명백할 경우 일어나는 현상이다. 예를 들어 "철수가 므스글 머그녀?"와 같은 질문에 "바블 먹ᄂ다"라고 대답하였거나 "므스기 바블 먹ᄂ녀?"와 같은 질문에 "철수가 먹ᄂ다"라고 대답하였다고 할 경우, 각기 주어나 목적어가 생략되었음을 알 수 있다. 이와 같은 주요 문장 성분의 생략현상은 국어의 한 중요한 특징으로 지적된다.

성분의 자리바꿈

문장성분의 위치가 바뀌는 것을 말한다. 능동문과 피동문의 변화는 성분의 자리바꿈이 나타난다. '七寶ㅣ 이러 ᄡᅡ홀 둪다'라는 능동문장은 피동문장으로 쓰일 경우 '七寶로 ᄣᅡ히 두피다'와 같이 성분의 자리바꿈은 나타나지 않지만 '王이 威嚴이 업서 ᄂ미 소내 쥐ᅇᅧ 이시며'는 'ᄂ미 王ᄋᆞᆯ 소ᄂᆞ로 쥐다'란 능동문이 바탕이 되어 있는데 목적어 '王ᄋᆞᆯ'은 주어 '王이'로 바뀌고 동작주는 '소ᄂᆞ로'와 함께 부사어 'ᄂ미 소내'로 바뀐다. 피동사에 기댄 피동문이 접사의 첨가라는 형태론적 절차라면 성분의 자리바꿈이란 통사론적 절차를 거쳐 형성되는 것이다.

성상부사

성분부사의 일종이다. 성분부사 중에서도 주로 용언의 의미를 실질적으로 수식하는 기능을 수행한다. 통사적으로 용언 이외의 품사를 수식하는 기능도 성상부사가 주로 담당하고 있다. 성상부사는 성질과 상태를 나타내는 부사이다.

기능	양상(예문)
주기능 (용언수식)	그르 [알면] 外道ㅣ오(월인석보 권1, 51장) 法聲은 ᄆᆞᆺ [노ᄑᆞᆫ] 소리라(훈민정음언해, 13장)
부수기능 (다른 성분 수식)	使者ㅣ 더욱 [급히] 자바(월인석보 권13, 16장) [부사 수식] ᄆᆞᆺ [後ㅅ 마]리라(석보상절 권23, 13장) [명사구 수식]

성상형용사

형용사는 사물의 성질이나 상태를 표시하는 품사이다. 형용사는 분류 기준에 따라 다양하게 나눌 수 있다. 활용의 일관성에 따라 규칙형용사와 불규칙형용사로 나눌 수 있고, 문장에서의 의미적 성격에 따라 지시형용사와 성상형용사로 나눌 수 있는데, 성상형용사는 사물의 성질이나 상태를 나타내는 형용사이다. 감각, 대상에 대한 평가, 비교, 심리상태를 나타내는 '븕다, ᄒᆡ다, 길다, 높다, 모딜다, 아ᄅᆞᆷ답다, 조ᄒᆞ다, ᄀᆞᆮᄒᆞ다, 다ᄅᆞ다, 골ᄑᆞ다, 알ᄑᆞ다, 슬프다, 둏다' 등이 성상형용사에 속한다. 성상형용사는 다시 화자의 심리 상태를 서술하는 주관성 형용사와 대상의 속성을 서술하는 객관성 형용사로 분류할 수 있다.

성조

'거성·상성·평성·입성' 등의 성조가 존재했으며, 이를 글자의 왼쪽에 점을 찍어 표시했다. 성조가 이렇게 왼쪽의 점으로 표시되기 때문에 이러한 표시 방법을 '방점법(傍點法)'이라 한다. 『훈민정음』 언해본의 "거성은 가장 높은 소리이고, 상성은 처음이 낮고 나중이 높은 소리이다. 평성은 가장 낮은 소리이고, 입성은 빨리 끝나는 소리이다."의 주석 내용을 참고로 할 때, 평성은 저조(低調), 거성은 고조(高調), 상성은 저조와 고조, 즉 평성과 거성이 병치된 것임을 알 수 있다. 국어에서는 입성자가 경우에 따라 평성·상성·거성이 될 수 있으나, 한자음의 경우에는 거성과 유사한 소리임을 설명하고 있다.

세 자리 서술어

서술어는 사건구조에 따라 다양한 논항을 요구한다. 요구 성분이 '주어' 하나이면 '한 자리 서술어', '주어'이외에 '목적어'(완전타동사)나, '필수적 부사어'(불완전자동사) 혹은 '보어'(불완전자동사)를 요구하는 경우 '두 자리 서술어', '목적어'와 '필수적부사어'를 요구하는 경우(불완전타동사) '세 자리 서술어'라고 한다.

세 자리 서술어
(생략된 주어)+이 四海를(목적어) 년글(목적어, 의미상 부사어 '남에게') 주리여(용비어천가, 20장)
(생략된 주어)+이 므스 거스로(부사어) 도룔(목적어) 사마료(월인석보 권9, 22장)

소망평서문

중세국어의 평서법은 특이한 형태를 띤 것이 발견된다. '보아지이
다'는 타동사 '보-'에 '-아지이다(<-아지라)'가 결합한 것이다. 여
기의 '-거/어지라'는 화자의 소망이나 바람을 나타내는 특수한 평
서형어미이다.

용례

노하시든 보아지이다 (월인석보 권22)

소주어

중세국어에도 주어가 겹쳐지는 '중주어구문'이 있다. 이런 문장에
서 앞선 주어를 '대주어', 뒤에 오는 주어를 '소주어'라고 한다.

소주어의 활용양상(예문)
이 東山ᄋᆞᆫ [남기(남기+∅) 됴ᄒᆞᆯ]ᄊᆡ (석보상절 권6, 24장)
太子ㅣ [性(性+∅) 고ᄫᆞ샤] (월인석보 권 21, 211장)
우리 ᄒᆞᆺ것 [둘히(둘ㅎ+ㅣ) 내 비들 모ᄅᆞ시리니] (월인석보 권8, 95장)
일훔난 됴ᄒᆞᆫ 오시 [비디(빋+이) [千萬이(千萬+이) ᄊᆞ며]] (석보상절 권13, 22장)

속격조사(=관형격조사)

속격은 현대국어의 '-의'에 해당한다. 일반적으로 격(格)은 서술어
와 체언과의 관계를 명시하는 것이지만, 속격은 체언을 묶어 더
큰 명사구를 만드는 역할을 하는, 체언과 체언의 관계만을 보인다
는 점에서 여타 격과 구별된다.

중세국어의 속격조사로는 '-익/의, -ㅅ'이 있는데, 이들은 선행 체언의 의미 특성에 따라 교체된다. 살아 움직일 수 있는 유정물 (有情物)을 가리키는 평칭(平稱)의 체언에는 '-익/의'가 쓰이고, 무정 체언(無情體言)이나 유정물의 존칭체언(尊稱體言) 뒤에는 '-ㅅ'이 사용된다.

용례

가. <u>사루미</u> 뜨들 거시디 아니ᄒᆞ노니 (월인석보 권1, 12장)
나. <u>孔雀익</u> 모기 ᄀᆞᄐᆞ시며 (월인석보 권2, 58장)
다. <u>나랏</u> 말ᄊᆞ미 中國에 달아 (훈민정음언해 1)
라. 化人ᄋ <u>世尊ㅅ</u> 神力으로 ᄃᆞ외 ᄒᆞ샨 사ᄅᆞ미라 (석보상절 권6, 7장)
마. 世間애 <u>부텻</u> 道理 비호ᅀᆞᄫᅳ리 (석보상절 서, 2장)
바. <u>本來ㅅ</u> 몸 도로 ᄃᆞ외ᄂᆞᆫ 苦와 (석보상절 권13, 8장)

'-익/의'는 속격과 처격에 쓰였는데 유정물에 쓰이면 속격, 무정 물에 쓰이면 처격이 되어 구별되었다. 명사절이나 관형사절에서 의미상 주어로 쓰일 때, 주어 자리에 속격 조사가 쓰이는 경우도 있었다(주어적 속격). 속격이었던 'ㅅ'은 근대에 와서는 그대로 사이시옷이 되었다.

속음(俗音)

한자(漢字)의 원음에서 변하여 대중이 통용하는 음(音). 곧 시속(時俗) 에 널리 쓰이는 한자의 음. 속음은 세속에서 널리 사용되는 습관 음이므로, 속음으로 된 발음 형태를 표준어로 삼게 되며, 따라서 맞춤법에서도 이에 따라 적는 것을 원칙으로 삼는다. 표의문자인 한자는 하나하나가 어휘 형태소의 성격을 띠고 있다는 점에서, 본음 형태와 속음 형태는 동일 형태소의 이형태로 볼 수 있다. 중세 국어의 속음은 주로 불교 용어에서 많이 사용된다,

보리(菩提), 도량(道場), 보시(布施)

현대국어에서도 한글맞춤법 제52항 '한자어에서 본음으로도 나고 속음으로도 나는 것은 각각 그 소리에 따라 적는다'고 명시하고 있다.

본음으로 나는 것	속음으로 나는 것
승낙(承諾)<낙>	수락(受諾), 쾌락(快諾), 허락(許諾)<락>
만난(萬難)<난>	곤란(困難), 논란(論難)<란>
안녕(安寧)<녕>	의령(宜寧), 회령(會寧)<령>
분노(忿怒)<노>	대로(大怒), 희로애락(喜怒哀樂)<로>
토론(討論)<론>	의논(議論)<논>
오륙십(五六十)<육, 륙>	오뉴월(五六月)<뉴>, 유월(六月)<유>
목재(木材)<목>	모과(木瓜)<모>

수관류(품사의 통용)

품사의 통용현상 중 수사와 수관형사의 품사적 기능을 공유하는 성분을 '수관류'라고 한다. 현대 학교 문법에서 규정하는 아홉 품사는 각 부류에 속하는 단어들의 문법적 성질이 일정하다고 가정하고 분류한 것이다. 그러나 단어 가운데는 하나 이상의 문법적 성질을 함께 지니고 있는 것이 있다. 이를 기능 중심으로 기술하고자 하는 것이 품사의 통용이다.

숤바올 닐굽과 (용비어천가, 89장) <수사>
닐굽 고줄 인흐야(월인천강지곡, 기 9) <관형사>

수관형사

체언을 수식하는 관형사 중에서 수량이나 순서의 의미를 가지는
성분을 이른다. 수사와 형태가 다르게 나타나는 경우가 있으나 대
개 형태를 같이한다.

▌ 수사와 형태가 다른 경우

혼, 두, 세/석/서, 네/넉/너, 열둘/열두, 스믈/스므

▌ 수사와 형태가 같은 경우

다숫/닷, 여슷/엿, 닐굽, 여듧, 아홉, 열 열혼, … 온, 즈믄

※ 三, 四의 경우는 세 가지의 이형태로 분화되어 있는데 뒤따르
는 명사에 따라 선택된다.

수관형사의 형태	뒤따르는 명사
서, 너	'말, 홉, 되' 등의 의존명사
석, 넉	'자, 돌' 등의 명사
세, 네	일반적인 형태

수사(數詞)

사물의 수량이나 순서를 표시하는 품사. 양수사와 서수사로 분류

할 수 있다. 고유어 계통과 한자어 계통으로 분류할 수 있다. 고유어계 수사는 '千(즈믄)'까지만 있고 그 이상은 한자어계 수사가 대용되고 있다. 현대국어는 '99'까지 고유어가 존재하고 그 이상은 한자어로 대용된다는 점에서 차이가 있다.

중세어의 기수사는 '호낳, 둟, 셓, 넿' 등과 같이 ㅎ말음 체언으로 이루어진 것과 '다숫, 여슷, 닐굽, 여듧' 등과 같이 그것 자체의 형태인 것이 있었다. 부가어로 쓰일 때는 '호, 두, 서, 석, 너, 넉, 대, 닷, 예, 엿' 등으로 형태가 변하였다. 서수사는 기본 수사에 접미사 '자히, 차히, 재'를 연결하여 나타내었다. 현대와 다르게 '첫째'가 아닌 '호낫재'가 사용되었다. 일수(日數)를 나타낸 것은 그 조어가 독특한데, '호롤, 이틀, 사올, 나올, 열홀' 등에서 '올'을, '다쐐, 여쐐, 닐웨, 여드래, 아흐래' 등에서 '에/애'를 분리할 수 있다. '올'이 日에 대응하지 않았는가가 추측된다.

근대어의 수사는 중세어의 그것을 계승하면서도 약간의 변개가 있었다. 17~18세기에는 대체로 곡용에 있어서 중세어와 마찬가지로 ㅎ 말음이 나타났다. 중세어의 '온', '즈믄'은 완전히 사라지고 '빅', '천'만이 사용되었다. 서수사에 있어서 '첫재'가 출현했음이 특이하며 '자히, 차히, 재' 등은 '재'로 통일되었다.

수사의문문(반어의문문)

문장의 종결법 중 말하는 사람이 듣는 사람에게 물어 그 대답을 요구하는 '의문문'의 한 양상이다. 의문문의 유형에 따라 청자가 하는 대답은 다양한 유형으로 나누어진다. 구체적인 설명을 요구하는 의문문을 설명의문문이라 하고 단순히 긍정이나 부정의 대답을 요구하는 의문문은 판정의문문이라 한다. 수사의문문은 반어의문문이라고도 하는데, 굳이 대답을 요구하는 것은 아니면서 서술이나 명령의 효과를 나타내는 의문문이다. 추측의문문은 수사의문의 뜻을 함의하는 경우가 많다.

[용례]

ᄒᆞ마 주글 내어니 子孫ᄋᆞᆯ 議論ᄒᆞ리여 (월인석보 권1, 7장)

엇뎨 겨르리 업스<u>리오</u> (월인석보 서, 17장)

사로미 이러커늘ᅀᅡ 아ᄃᆞᆯ올 여희리<u>잇가</u> (월인천강지곡, 143장)

수의적 이형태

'이형태' 중에서 특정한 원칙 없이 수의적으로 선택되는 경우를 이른다. 중세국어와 현대국어에서 공통적으로 '조사'에서 그 예가 보인다. 'ㄴ'은 대조와 소극적 배제의 보조사 '는/는'의 수의적 이형태로 쓰이고, 목적격조사 'ㄹ'은 '롤/를'의 수의적 이형태로 쓰인다. 앞 선 모음과 자음에 따라 '는/는'과 '온/은', 혹은 '롤/를'과 '올/을'이 규칙적으로 교체되지만 모음 뒤에서는 '는/는'과 'ㄴ'이, '롤/를'과 'ㄹ'이 수의적으로 교체된다.

[용례]

ᄌᆞᅀᆞ는, 거우루는, 사ᄅᆞᄆᆞᆫ, 수른, 오ᄂᆞᆫ, 이젠

ᄌᆞᅀᆞ롤, 거우루를, 사ᄅᆞ몰, 수를, 智慧르, 머릴

순경음(脣輕音)

자음의 한 종류. 훈민정음 제정 당시 쓰인 문자로 순음(脣音) 아래

'ㅇ'을 연서한 것(ㅸ, ㅱ, ㅹ, ㆄ 등)을 말한다. 원래 이 용어는 중국 운서(韻書)에서 비롯된 것으로 순음을 경(輕)·중(重)으로 나누었다. 순경음은 오늘의 음성학으로는 양순마찰음이라고 부른다. 이 순경음을 훈민정음의 제정 때부터 크게 다루게 된 것은 'ㅸ'이 15세기에 한 음소로 사용되었기 때문이다. 분포는 모음간, 'ㄹ' 또는 'ㅿ'과 모음 사이였다. 전기 중세어 자료의 표기는 'ㅸ'의 존재를 분명히 보여 주지 않는다. 그러나 이는 'ㅸ'이 존재하지 않은 것이 아니라 한자에 의한 표기가 불완전하여 나타나지 않은 것이라고 보아야 한다.

15세기에는 '/ㅿ/'과 '/ㅸ/'은 거의 비슷하게 사용되었지만 '/ㅿ/'은 23자모(字母 : 초성)체계에 들고 '/ㅸ/'은 그 체계에 들지 못하고 규정 맨 끝에 가서 부록과 같이 간단한 설명으로 다루고 있다. 그 이유는 세종이 일찍부터 운서의 대가로서 우리의 현실 한자음이 중국체계에서 보면 어떤 원칙이 없이 변화하였으니 이를 중국의 원음에 가깝게 개신하여야 한다고 믿어서 『동국정운』을 엮었다. 따라서 『동국정운』은 새 한자음의 기준과 실제 사용법칙을 세운 운서라고 볼 수 있다. 여기서 『동국정운』의 23자모체계에 맞추다 보니 『훈민정음』의 규정에서는 순경음이 들어설 자리가 없게 되었다. 여기서 /ㅸ/이 부록과도 같이 규정되어 맨 끝에 간략한 설명으로 처리된 것으로 추정된다. 『훈민정음』에서 순경음에 대한 설명은 다음과 같이 나타난다.

- 제자해(制字解) : 'ㅇ'을 순음 아래 연서하면 순경음이 되는 것은 가벼운 소리로서 입술이 잠깐 닿으면서 목구멍소리가 많기 때문이다(ㅇ連書脣音之下 則爲脣輕音 以輕音脣乍合而喉聲多也).
- 용자례(用字例) : 'ㅸ' 如'사ᄫᅵ' 爲蝦(새우) '드ᄫᅵ'爲瓠(뒤웅박) 등을

211

예로 들었다.

· 언해본 : '◦룰 입시울쏘리 아래 니서 쓰면 입시울 가비야ᄫᆫ 소리
ᄃᆞ외ᄂᆞ니라(◦連書脣音之下 則爲脣輕音)'

'ᄫ'의 소실은 15세기 중엽 즈음이라고 본다. 일반적으로 세조 때
의 문헌에는 극히 산발적으로 존재했다. 'ᄫ'은 일반적으로 w로
변하였다. 다만 'ᄫᆡ'는 wi 또는 i로 변하였다.

순독구결

구결은 '토(吐)'라고도 한다. 1974년 『구역인왕경(舊譯仁王經)』 상권
의 낙장이 발견되면서, 구결에 대한 새로운 개념이 제기되었다.
하한이 14세기라고 믿어지는 이 자료에는 15세기 이후의 문헌에
서 보이는 구결 표기와 비슷하게 인쇄된 한문의 행간에 약자로
표기된 묵서(墨書)가 나타난다. 그 묵서는 ① 행의 왼쪽에도 나타
나고, ② 한자의 거의 모든 글자에 표기되며, ③ 한자가 아닌 점
(點) 표기도 나타나는데, 구결이 행의 오른쪽에 한자로만 표기된
것과 다르다. 더욱이 구결이 표기된 원전은 음독을 하는 데 대하
여 이 묵서는 원전을 새겨 읽는 것을 말한다.

이리하여 전통적인 구결을 퇴화 또는 간소화된 구결이라 하고, 이
자료의 묵서를 원래의 구결이라고 하는 주장이 나오게 되었다. 그
러나 한문을 새겨 읽는 것을 '석(釋)'이라고 불러 온 전통이 있으
므로 『구역인왕경』은 훈독의 자료이며, 그 묵서의 기재는 훈독의
표기로서 전통적인 구결이라는 명칭과 혼동되어서는 안 된다는
주장도 있다. 여기에서 전자의 견해는 이 자료의 기재를 훈독구결

(訓讀口訣) 또는 석독구결(釋讀口訣), 전통적인 구결을 음독구결(音讀口訣) 또는 순독구결(順讀口訣)이라고 구별하게 되었다. 예컨대 "國之語音이 異乎中國야 與文字로 不相流通홀씨"(훈민정음)에 쓰인 구결 표기 방식을 말한다. 그러므로 오늘날 구결은 전통적인 뜻으로 해석하는 협의의 개념과 한문의 훈독을 지시하는 표기까지 확대하여 파악하는 광의의 개념을 갖게 되었다.

순적 조화(脣的 調和)

모음조화 현상의 하나로 원순과 비원순의 양계열의 대립에 기초를 둔 조화를 순적 조화라고 한다. 이는 원순모음 뒤에는 반드시 원순모음만이 오는 것을 일컫는다.

순중음(脣重音) (=양순음)

두 입술 사이나 아랫입술과 윗니 끝 사이에서 나는 닿소리를 말한다. 순경음에 대립되는 개념으로 쓰인다.

순행동화

한 단어나 같은 '기식군'(발음단위, 한 번에 발음할 수 있는 범위) 안에 있는 한 음이 다른 음에 영향을 미치어 완전히 같거나 비슷한 음으로 변화되는 현상. 여기서 영향을 가하는 쪽을 동화주라 하고 그 영향을 입어 변하는 쪽을 피동화음이라고 부른다. 이러한 동화 현상은 그 양상에 따라 다양한 범주로 분류할 수 있다. 그 중에서 동화주와 피동화음의 선후 위치에 따라 '순행동화(順行同化)·역행동화(逆行同化)·상호동화(相互同化)'로 구분할 수 있다. 그 중 순행동화는 실내(室內)에서의 'ㄹ'과 'ㄴ' 사이에서 동화가 이루어져 '실래'라고 발음되는 것과 같은 경우 동화주 'ㄹ'이 피동화음 'ㄴ'보다 앞에 있는 것을 볼 수 있는데 이러한 부류를 순행동화라 한다. 신라(新羅)의 경우에는 'ㄴ'과 'ㄹ' 사이에서 동화가 이루어져 '실라'로 발음되는데 동화주 'ㄹ'이 피동화음 'ㄴ'보다 뒤에 있는데 이러한 경우를 역행동화라고 한다. 상호동화는 독립(獨立)이 '동닙'으로 발음되면서 동화주와 피동화음이 상호 작용을 하면서 함께 변하는 모습을 보이는 것을 말한다.

시간 표시어

문장 성분 중에서 특정 시간과 관계를 맺는 것을 이른다. 시간명사, 시간부사어 등이 이에 해당된다. 시제의 의미를 가진 연결어미, 조사 등과 결합하여 문법적 호응관계를 형성한다. 다음의 예를 보면 명사 '前生'이 시간표시어로 쓰임을 알 수 있다. 이 경우 부사격조사가 지시하는 '처소시간'의 의미를 가지게 된다.

용례
因緣은 젼치니 <u>前生</u>앳 이릐 젼추롤 因緣이라 ᄒ고 (월인석보 권1, 11장)

시간명사

명사 중에서 특정한 시제와 관련을 맺는 명사를 말한다. 특정 시점을 중심으로 다른 시간을 가리키는 '지시성'을 가진 것이 특징이다.

그 鬼神돌히 <u>月食홀</u> 저긔 八萬四千塔을 호쁴 셰니 (석보상절 권24, 25장)

예문에서의 '月食'은 관형사형 어미 '-ㄹ'과, 의존명사 '-적'과 어울려 특정한 '시간' 혹은 '때'를 지시한다. 그런데 이 경우는 지문에서 제시된 경우이므로 특정시제와 관련을 맺는 것으로 파악할 수 있다. 제시된 문장이 담화상황인지 지문인지는 시제를 상정하는 데 중요한 판단 요소이다.

시간부사어

부사어 중에서 특정 시제를 지시하는 기능을 수행하는 부사어를 말한다. 문장 내 시간부사어의 위치를 보면 부사어에 앞서는 경우가 있으며, 시간부사어와 처소부사어가 겹칠 때는 시간부사어가 처소부사어에 앞선다.

이틋나래 舍利佛이 보고 (석보상절 권6, 27장)
뎌엣던 볼홀 구필 쓰시예 迦毗羅國에 가아 (석보상절 권6, 2장)

시상(時相)

시상은 시제와 상을 아우르는 말이다. 중세어의 시상법은 시제보다는 상을 나타냈던 것으로 여겨진다. 시상의 선어말어미에는 현재의 '-ᄂᆞ-', 과거의 '-거-', '-아/어-' 및 '-더-', 미래의 '-리-' 등이 있었다.

'-ᄂᆞ-'는 현재 계속되고 있는 동작, '-거-', '-아/어-'는 과거에 완결된 동작, '-더-'는 과거에 완결되지 않은 동작의 회상, '-리-'는 미래에 일어날 동작의 추측을 의미하였다. 연이은 시제는 붙어 사용될 수 없었는데 '과거-미래'의 경우는 가능했다. '-리러-'는 미래의 미완 동작을, '-리어-'는 미래의 완료 동작을 추측할 때 사용되었다.

중세어의 시상 체계는 근대어에 와서 심각한 동요를 보이기 시작하였다. 그리하여 서서히 현대어에서 볼 수 있는 것과 같은 체계가 준비되었다. 먼저 확립된 것은 과거의 '-앗/엇-'이었다. 이는 만주어의 과거형을 번역하는 데 사용된 것이 삼역총해에 보인다. 현대어의 '-겠-'은 '게ᄒᆞ'와 관련하여 근대에 발달된 것임에 틀림없으나 분명히 드러나지 않는다. 현재 시상의 선어말어미 '-ᄂᆞ-'와 설명문의 어미 '-다'의 결합인 '-ᄂᆞ다'는 근대어에 와서 모음으로 끝난 어간 뒤에서는 '-ㄴ다'로, 자음으로 끝난 어간 뒤에서는 '-는다'로 변하였다.

시상법(時相法)

시제, 서법, 동작상에 관한 내용을 아우르는 문법범주를 말한다. 주로 선어말어미에 의해서 실현되고, 화자의 의도가 내포되어 있다는 공통점을 가진다. 중세국어는 서법형태소가 시제의 기능을 수행하고 독자적인 '시제'와 관련된 문법 요소가 존재하지 않는 점이 특징이다. 시상(時相)의 선어말어미에는 현재의 '-ᄂᆞ-', 과거의 '-거-', '-아/어-' 및 '-더-', 미래의 '-리-' 등이 있었다.

> **용례**
> 沙彌 사모려 ᄒᆞᄂᆞ다 홀쎠 (석보상절 권6, 2장)
> 놀애롤 블로디 安國善이ᄂᆞᆫ 아비롤 보라 가니 어미도 몯 보아 시르미 더욱 깁거다 ᄒᆞ야ᄂᆞᆯ (월인석보 권8, 101장)
> 尊ᄒᆞ신 王이 업스시니 나라히 威神을 일허다 ᄒᆞ고 (동 권10, 9장)
> 龍과 鬼神과 위ᄒᆞ야 說法ᄒᆞ더시다 (석보상절 권6, 1장)
> 당다이 이 피롤 사롬 ᄃᆞ외에 ᄒᆞ시리라 (월인석보 권1, 8장)

이들 어미는 시제(時制)라기보다는 동작상(動作相)을 나타낸다. '-ᄂᆞ-'는 현재 계속되고 있는 동작, '-거-', '-아/어-'는 과거에 완결된 동작, '-더-'는 과거에 완결되지 않은 동작의 회상, '-리-'는 미래에 일어날 동작의 추측 등을 의미하였다. 형태상 특기할 것은, '오-'(來) 뒤에는 '-거-'도 사용되었지만 특이한 이형(異形) '-나-'가 주로 사용되었으며(예 : 오나ᄃᆞᆫ, 오나ᄂᆞᆯ), '-더-'는 계사 뒤에서는 '-러-'가 되었다(예 : 十八德이러니). 그리고 '-거-'는 y, 'ㄹ' 및 계사 뒤에서는 '-어-'가 되었다(예 : ᄃᆞ외어늘, 알어늘, ᄆᆞᅀᆞ미어늘). '-리-'는 기원적으로 동명사의 어미 '-ㄹ'과 계사 '이-'의 결합이어서 이 뒤에서 '-더-', '-거-'는 '-러-', '-어'가 되었다. '-리러-'는 미래의 미완 동작을, '-리어-'는 미래의 완료 동작을 추측할 때 사용되었다.

> **용례**
> 功德이 이러 당다이 부톄 ᄃᆞ외리러라 (석보상절 권19, 34장)
> 正覺 나래 마조 보리어다 (월인석보 권8, 87장)

시작(보조사)

조사는 체언에 문법적 기능을 더하여 문장성분으로 기능하게 하는 역할을 주로 담당한다. 그런데 보조사와 접속조사는 그 외의 의미기능을 수행한다. 특히 보조사는 체언에 자신의 고유한 의미를 더해주는 기능을 한다. '시작'의 보조사는 체언에 결합하여 그 체언이 어떠한 행위나 사태의 '시작'임을 더해주는 보조사이다.

> **용례**
> 아래브터 ㅁ숨애 아ᄉ봇더 (월인석보 상 39)

시점 옮기기

간접인용구문에 나타나는 선어말어미 '-오-'를 시점 옮기기와 관련하여 해석하는 의견이 있다.

> **용례**
> 제 올호라 ᄒ고 ᄂ물 외다 ᄒ야 (석보상절 권9, 14장)

이 예문은 현대어로 옮기면 '제가 옳다고 하고 남을 그르다고 하여'와 같이 된다는 점을 중심으로 보면 간접인용구문이라고 할 수 있으나 상담적 세계(상관적 장면, 담화상황을 의미)에 나타나는 '-오-'활용형이 서사적 세계에 나타났다는 것은 간접인용구문에 직접인용문의 요소가 스며든 것이라고 해석할 수 있다. 이는 ['그 사람은 {"나는 옳다"}라고 하고, {"남은 그르다"}라고 하여]와 같이 된다. 이는 현대소설론에서 제기되고 있는 자유간접화법과 관련된다. 자유간접화법은 '올호라(옳+-오-+다)'의 '-오-'와 같이

218

상담적 세계, 곧 직접 인용구문에 나타나는 문법적 요소가 스며든 구성을 가리킨다. 즉 '올호라'의 '-오-'는 본래 화자와 관련을 맺는 특수한 선어말어미인데, '자유간접화법'을 통해 인칭법의 '-오-'가 전이되어 활용된 것으로 볼 수 있다. '시점옮기기'는 이와 다른 관점을 제기한 것으로 볼 수 있다.

시제

시제는 화자가 발화시를 기준축으로 삼아 앞뒤의 시간을 제한하는 문법범주이다. 시제는 지시성을 지닌다. 지시성이란 발화시를 기준으로 삼아 상대적인 때를 지시하는 성격을 의미한다. 중세국어는 고유의 시제 담당 문법성분을 가지고 있지 않고 서법형태소가 시제를 표시한다. 중세국어는 서법형태소가 포괄적인 의미를 가지고 쓰였음을 알 수 있다.

| 중세국어와 현대국어의 시제 체계

구분		양상
중세국어	과거(부정법)	아히 ᄒᆞ마 바ᄇᆞᆯ 머그녀(먹- <동사어간> + ∅)
	현재(직설법)	아히 이제 바ᄇᆞᆯ 먹ᄂᆞ다(먹- <동사어간> + ᄂᆞ)
	미래(추측법)	아히 ᄒᆞ마 바ᄇᆞᆯ 머그려(먹- <동사어간> + (으)려<리+어>)
현대국어	과거시제	아이가 벌써 밥을 먹었느냐
	현재시제	아이가 지금 밥을 먹는다
	미래시제	아이가 곧 밥을 먹겠느냐

시제 호응부사

부사는 특정 어미나 문장 형식과 호응관계를 보이기도 한다. 그 중에서 특정한 시제와 관련을 맺는 부사어를 '시제 호응부사'라고 한다. 다음의 예문에서 부사 '이미'는 과거시제 선어말어미 '-았-/ -었-'과 호응하여 과거의 의미를 강화한다.

용례
<u>이미</u> 그는 서울을 떠났다.

시행(보조동사)

보조동사는 '보조적 연결어미'를 매개로 본용언에 다양한 문법적 의미를 더하는 문장 성분이다. 이 중에서 동사에 결합하여 '반복' 내지 '시행'의 의미를 더하는 보조동사를 '시행의 보조동사'라고 한다. 이는 '반복성 진행'의 동작상으로서의 의미를 가지고 있다고 볼 수 있다. '아/어 보다'가 이를 담당한다.

용례
木蓮이 耶輸ㅅ 宮의 <u>가 보니</u> (석보상절 권6, 2장)

실질형태소

형태소는 의미와 자립성을 바탕으로 분류할 수 있다. '의미'를 기준으로 실질적인 의미를 가진 형태소를 '실질형태소' 혹은 '어휘형태소'라고 한다. 이와 달리 문법적인 의미를 가진 형태소를 '문법형태소' 혹은 '형식형태소'로 설명한다. 또한 '자립성'을 기준으

로 홀로 쓰일 수 있는 성분을 '자립형태소', 다른 성분에 기대어
서만 성립할 수 있는 성분을 '의존형태소'로 구분할 수 있다.

15세기 맞춤법의 원리(→ 8종성법)

15세기 맞춤법의 1차적 원리는 한마디로 '음소적(音素的)'이라고
할 수 있다. 즉, 각 음소를 충실히 표기하는 것을 원칙으로 하였
다. 그리하여 모든 형태음소론적 교체가 표기상에 반영되었다. 가
령 '값'(價)의 곡용형은 '갑시, 갑도'로, '깊-'(深)의 활용형은 '기프
니, 깁고' 등으로 표기되었다. 그러나 15세기 맞춤법에서는 다음
과 같은 자음 동화는 반영하지 않았다. 가령 '믿는'(信)은 '민는'으
로 표기하지 않았다. 이것은 당시에 이런 동화(同化)가 없었기 때
문이 아니었다. 15세기 문헌에서의 '걷너-, 건너-', '돋니-, 돈니-'
의 공존은 이런 동화가 당시에 존재했음을 증명한다.

『훈민정음』 해례본 종성해가 "ㄱㅇㄷㄴㅂㅁㅅㄹ 八字可足用也"라
하여 8종성만을 쓸 것을 규정한 것도 음소적 원리에 입각한 것이
다. 이것을 설명하여 "如빗곶爲梨花 엿의갗爲狐皮 而ㅅ字可以通用
故只用ㅅ字"라고 한 것은 주목할 만하다. 이 설명에 나오는 '빗곶'
이나 '엿의갗'은 당시의 학자들이 현대 맞춤법에서 채택한 형태음
소적 원리를 이해하고 있었음을 시사하고 있으며, 그러면서도 이
들을 '빗곳'이나 '엿의갓'으로 쓰도록 규정한 것은 그들이 실용의
편의를 위해 음소적 원리를 택했음을 말해 주는 것이다. 실제로
15·16세기의 문헌들을 조사해 보면 이 8종성의 통칙은『용비어
천가』(곶, 깊고, 높고, 좇거늘, 닢, 빛 등)와『월인천강지곡』(곶, 낟, 붚,
낯, 앒, 높고, 맞나 등)에 예외가 있을 뿐, 모든 문헌에서 지켜졌음을

본다.

15세기 맞춤법의 2차적 원리는 '음절적(音節的)'이라고 할 수 있다. 즉 이 정서법에서는 각 음절이 충실히 표시되었던 것이다. 가령 '사룸'(人)의 곡용형은 '사루미, 사루물'로, '먹-'(食)의 활용형은 '먹고, 머그니'로 표기되었다. 현대맞춤법이 '사람이', '먹으니'라고 쓰도록 규정하고 있는 것과 차이가 있다. 15세기 맞춤법이 보여 주는 다음과 같은 혼동은 첫 음이 'ㄱ ㄷ ㅂ ㅅ' 등일 때(즉, 초성 합용병서가 가능한 경우)에 한해서 내려 쓰는 수가 있다[예 : 닷가, 다까(修) ; 어엿브-, 어여쁘-(憫) 등]. 'ㅇ'은 '바올'과 같이 초성으로 쓰이는 것이 훈민정음 창제 당년의 원칙이었으나 곧 '방올'이 더 일반화되었다.

쌍받침

현대국어에서는 받침글자가 첫소리로 쓰이는 14자(ㄱ, ㄴ, ㄷ, ㄹ, ㅁ, ㅂ, ㅅ, ㅇ, ㅈ, ㅊ, ㅋ, ㅌ, ㅍ, ㅎ) 이외에 'ㄲ, ㅆ'과 같은 쌍받침과 'ㄳ, ㄵ, ㄶ, ㄺ, ㄻ, ㄼ, ㄽ, ㄾ, ㄿ, ㅀ, ㅄ' 등의 겹받침 11개를 더하여 27자가 사용되고 있으나 중세어에서는 원칙적으로 'ㄱ, ㅇ, ㄷ, ㄴ, ㅂ, ㅁ, ㅅ, ㄹ'만 허용하였다. 이때 동일한 글자가 반복되어 나타나는 'ㄲ, ㅆ'을 쌍받침이라고 부른다.

쌍형어

같은 어형(語形)에서 분리되어 둘 이상의 다른 형태로 변화된 한 묶음의 낱말을 말한다. 이중어(二重語) 또는 쌍생어(雙生語)라고도 한다. 동일어가 세 개 내지는 네 개의 다른 형태로 된 경우도 드물게 있는데, 이 경우를 삼중어(三重語), 사중어(四重語)라고 하는 경우도 있지만, 보통은 이들을 합쳐서 쌍형어라고 부른다. 쌍형어는 동일어원에서 발생한 것이지만 의미가 반드시 같은 것이 아니라 오히려 다른 경우가 더 많다. 이들은 의미 또는 용법이 서로 다르다. 이처럼 쌍형어는 대개 제각기 다른 의미를 가지고 공존하는 현상을 보여준다. '살(歲)'과 '설(元旦歲)', '맛(味)'과 '멋(格式美)', '밝다(明)'와 '붉다(赤)', '낡다(朽)'와 '늙다(老)', '남다(餘)'와 '넘다(過)' 등은 동일어형에서 나왔으나 제각기 다른 의미를 가지고 있는 쌍형어의 예들이다. 한편 '가리다(擇)', '고르다(選)', '가르다(別)' 등은 모두 동일어형에서 나온 것으로 삼중어에 해당하는 예라고 할 수 있다. 이러한 예들에서 자음요소의 교체보다는 모음요소의 교체에 의하여 의미분화 내지는 다른 형태 생성을 해나감을 볼 수 있다. 바꾸어 말하면 국어의 쌍형어의 대부분은 모음교체(母音交替)에 의하여 생성된다는 것이다.

쌍형어의 생성은 인간의 문명이 발달함에 따라 새로이 전해야 할 개념이 늘어남으로써 형성된다. 특히 하나의 어휘가 가졌던 개념 내용이 새로이 분화, 발전될 경우 쌍형어의 생성이 촉진된다고 볼 수 있다. 이 경우 쌍형어의 생성방법이 어떠했던가에 대한 의문이 제기될 수 있다. 즉, 원래의 동일 어형이 미분화된 모호한 음을 가진 상태, 그리고 그 의미 역시 미분화된 상태였다가 어느 시기에 음이 분화되면서 이 분화된 두 개의 음이 제각기 분화된 의미를 담당하게 됨에 따라 쌍형어가 생성된 것인지, 그렇지 않으면 한 어형이 여러 다의적(多義的)인 의미를 가진 상태에서 어느 시기에 특정의 의미를 담당하게 되는 다른 어형을 생성시킨 결과로 공존하게 된 것인지 하는 두 추측이 성립될 수 있다. 같은 어형에서 출발하여 성립된 쌍형어 가운데에는 그것들의 의미가 같은 경우도 있다.

중세국어에서의 '이시다'와 '시다(有)', '니르다'와 '니를다(至)', '구짖다'와 '구짇다(叱)', '털'과 터럭(毛)', '브ᅀᅥᆨ'과 '브ᅀᅥᆸ(廚)' 등이 그 예인데, 이들은 접미사의 연결이나 방언의 유입 또는 한쪽의 음운 변화에 의하여 쌍형어의 공존이 이루어진 것이다. 국어학계에서는 이처럼 같은 어형에서 발전된 두 형태가 같은 의미를 가질 경우만을, 즉 같은 어형에서 변화한 동의어만을 쌍형어라 불러왔다. 이러한 매우 제한적인 정의에 따르면 앞서 지적하였던, 동일어형에서 발전되었으나 그 의미가 다른 것들은 쌍형어의 정의에서 제외되고 만다. 그러나 쌍형어의 일반언어학적인 정의를 충실히 따른다면, 의미의 동의성 여부보다는 두 개 이상의 형태가 동일어형에서 출발한 것인지의 문제가 더 중요한 것이므로, 동일어형에서 출발한 것이라면 의미가 같든 다르든 쌍형어에 포함시켜 다루는 것이 바람직하다.

'아니'부정문

부정문의 한 양상. 중세국어는 '아니'부정문과 '몯'부정문이 나타
나고 '아니'부정문의 보충형으로 '말다'부정문이 나타나는 양상을
보인다. '아니'부정문은 체언부정문과 용언부정문으로 나타난다.

▎용언 '아니' 부정문

　耶輸ㅣ 손지 들디 아니ᄒ시고 (석보상절 권6, 7장)
　그듸는 아니 듣ᄌᄫᅢ더시닛가 (석보상절 권6, 17장)

▎체언 '아니' 부정문

　이는 우리 허므리라 世尊ㅅ다시 아니시다ᄉ이다 (법화경언해 권2, 5장)

'♀/으'의 탈락

'♀/으'로 끝난 명사가 모음으로 시작하는 조사 앞에서 탈락하는 것

구분	양상
ㄹ / 르	① 둘ㅇ로, 둘이라(둘ㅇ) cf. ㄱ르 면(麵) ② 홀론, 홀리어나(홀르) cf. ㅎ룻(ㅎ르ㅅ) 內예
ㅿ / ㅿ	① 앗은, 앗이, 앗익, 앗올(앗ㅇ) cf. 부텻 아ㅿ, 아ㅿ 弟 ② 영의, 영은, 영이니(영ㅇ) cf. 여ㅿ와 狐
ㅄ	① ㅄ, ㅄ라, ㅄ(ㅄ+이, 이라, 의) cf. 뿔(ㅄ+ㄹ), ㅄ로
ㄷ, ㅅ	① 시(ㅅ+이), 시라(ㅅ+이라) cf. 업슬 슨(ㅅ+ㄴ) ② 디(ㄷ+이), 디라(ㄷ+이라) cf. 뷘 둘(ㄷ+ㄹ)

아음

중국 음운학으로부터 받아들여 『훈민정음』이후로 쓰여 온 초성
(初聲) 오음(五音) 분류의 하나이다. 현대음운론의 연구개음(軟口蓋音,
velar)에 해당되는 자음이다. 아음에는 'ㄱ, ㅋ, ㄲ, ㆁ'이 있다.

┃『훈민정음』

▶ ㄱᄂ 엄쏘리니 君ㄷ字 처엄 펴아나ᄂᆞᆫ 소리 ᄀᆞᄐᆞ니(ㄱ 牙音如君字
初發聲) 골ᄫᅡ쓰면 虯ㅸ字 처엄 펴아나ᄂᆞᆫ 소리 ᄀᆞᄐᆞ니라(並書如虯
字初發聲)

▶ ㅋᄂ 엄쏘리니 快ㆆ字 처엄 펴아나ᄂᆞᆫ 소리 ᄀᆞᄐᆞ니라(ㅋ牙音如快
字初發聲)

▶ ㆁᄂ 엄쏘리니 業字 처엄 펴아나ᄂᆞᆫ 소리 ᄀᆞᄐᆞ니라(ㆁ牙音如業字
初發聲)

『훈민정음』 제자해

- ▶ 'ㄱ' : 혀뿌리가 목구멍을 막는 모양을 본떴다(象舌根閉喉之形).
- ▶ 'ㅇ' : 혀뿌리가 목구멍을 닫아서 소리의 기운이 코로 나온다(舌根閉喉聲氣出鼻).
  - ㄴ 아음이 '혀뿌리가 목구멍을 닫는(舌根閉喉)' 연구개음에 해당됨을 언급하였다.
- ▶ 'ㅋ' : 'ㄱ'에 비하여 소리가 좀 세게 나서 'ㄱ'에 획을 더한 것.
  - 'ㄱ'은 나무 바탕의 생김(ㄱ木之成質)이고
  - 'ㅋ'은 나무의 무성한 자람(ㅋ木之盛長)이며,
  - 'ㄲ'은 나무의 늙고 단단함(ㄲ木之老壯)이라고 나무에 비유.

'ㄱ'은 전청(全淸), 'ㅋ'은 차청(次淸), 'ㄲ'은 전탁(全濁)에 속하고 'ㅇ'은 불청불탁(不淸不濁)에 속하는 것으로 분류하였는데, 각각 평음·격음·경음 및 유성음에 해당된다.

『훈민정음』 용자례(用字例)

아음은 모두 음절의 첫소리, 즉 초성으로 쓰일 수 있어서 'ㄱ'은 '감(枾), 굴(蘆)', 'ㅋ'은 '우케(未舂稻), 콩(大豆)', 'ㅇ'은 '러울(獺), 서에(流澌)'와 같이 쓰인다고 설명한다. 다만 'ㄲ'은 주로 한자음의 표기로 쓰였다. 음절의 끝소리, 즉 종성으로는 'ㄱ'은 '닥(楮), 독(甕)', 'ㅇ'은 '굼벙(蠐螬), 올창(蝌蚪)'과 같이 쓰이고 'ㄲ, ㅋ'은 종성으로 쓰이지 않았다. 이는 'ㄱㅇㄷㄴㅂㅁㅅㄹ八字可足用也'라는 종성규정에 따른 것이었다. 'ㄱ'은 또한 '흙(土), 낛(釣), 돐빼(酉時)'와 같이 합용병서로 쓰이기도 하였는데, 초성에서도 'ㅺ, ㅴ'와 같은 합용병서가 쓰이기도 하였다. 아음 가운데서 'ㄱ'은 15세기 중엽에 초성·종성 이외에 불청불탁음인 'ㅇ' 다음의 사잇소리(間音)로도 쓰인 일이 있다.

아주높임

중세국어에서도 높임법을 상정할 수 있다. 우리말에서 높임법은 서술어의 '종결법'을 통해 실현되는데, 다른 성분과 호응을 이루어 의미가 강화된다. 중세국어의 높임법 체계는 '반말', 'ᄒᆞ라체(낮춤)', 'ᄒᆞ야쎠체(약간 높임)', 'ᄒᆞ쇼셔체(아주높임)'로 구분할 수 있다.

문체법	아주높임(ᄒᆞ쇼셔)의 예문
평서법	이 못 ᄀᆞᆺ앳 큰 珊瑚 나모 아래 <u>무두이다</u> (묻+우(인칭법)+이('ᄒᆞ쇼셔체' 평서)+다)(석보상절 권11, 32장)
의문법	엇던 因緣으로 … 아디 어려ᄫᆞᆫ 法을 브즈러니 讚嘆ᄒᆞ시ᄂᆞ<u>니잇고</u> (니…이…ㅅ고)(석보상절 권11, 32장)
명령법	王이 부톄를 請ᄒᆞᅀᆞᄫᆞ<u>쇼셔</u>(청ᄒᆞ+ᅀᆞᆸ+(ᄋᆞ)쇼셔)(석보상절 권6, 38장)
청유법	가<u>사이다</u>(가+사이다) 時節이어이다(석보상절 권3, 26장)

악장

고려와 조선시대 궁중에서 나라의 공식적 행사에 쓰이는 노랫가사의 총칭. 궁중음악으로 불려진 노랫가사를 모두 포괄하지만, 흔히 악장이라면 조선시대 초기(15세기)의 특정한 시가들에 붙여진 역사적 장르 명칭으로 사용한다. 즉, 조선의 건국과 더불어 동양적 통치 관례에 따라 필수적으로 따르는 예악정비(禮樂整備)의 일환으로 나라의 공식적 행사인 제향(祭享)이나 연향(宴享) 혹은 각종 연회(宴會)에 쓰기 위하여 새로 지은 노랫가사들을 특별히 따로 묶어 시가 장르의 하나로 다룬다. 그러나 악장을 장르로 설정하려면 통일된 형식과 성격을 보아야 하는데, 작품에 따라 속요·경기체가·시경(詩經)·초사체(楚辭體) 등 다양한 형태를 취하고 있어 장르로서의 통일성을 보이지 못하므로 각 작품이 지닌 형식이나 성격에 따라 본래의 장르로 되돌려야 한다는 견해가 대두되었다. 이 경우 문제는 우리 문학사에서 중요한 비중을 차지하는 『용비어천가(龍飛御天歌)』나 『월인천강지곡(月印千江之曲)』 같은 독특한 형식을 보이는 작품은 어느 장르에도 귀속시킬 수 없는 난점이 있으며, 「감군은(感君恩)」 같은 작품도 형식에 따라 고려 속요에 편입할 경우 속요로서의 성격보다는 조선 초기 시가로서의 특수성을 훨씬 강하게 가지고 있음을 무시하게 된다. 그래서 악장의 통일성을 형식보다 내용에서 찾아 창업주나 왕업을 찬양하고 기리는 송도적 성격(頌禱的性格)을 공통적으로 지니고 있음에 착안하여 송도가(頌禱歌)·송축가(頌祝歌)·송시(頌詩)·송도시(頌禱詩)·아송문학(雅頌文學)이라는 명칭을 사용하자는 제안도 있다. 그러나 송도적 성격은 15세기 악장의 특수성이 아니라 멀리 신라 유리왕 때의 「도솔가(兜率歌)」 이래로 흔히 발견되는 일반성이라는 점에서 적절하지 못하다. 또 악장을 '~시', '~문학'으로 부르자는 제안도 그 존재양태가 시나 문학으로서가 아니라 노래로서 향유되어 왔다는 특수성을 무시한 명칭이므로 타당하지 못하다. 한편, 악장이라는 명칭을 궁중의 제향이나 연향에 쓰인 아악곡이나 속악곡으로 불린 한문으로 된 노래에 한정해서 쓰고 그 밖의 각종 연회에서 당악과 향악으로 부른 노래를 가사(歌詞)라는 명칭으로 따로 설정하자는 제안도 있으나, 악장을 다시 분리해야 할 만큼 각각의 독자성을 인정하기는 어려우므로 역시 적절하다 할 수 없다. 현재로서는 악장이라는 말이 널리 통용될 뿐 아니라, 궁중의 음악으로 쓰인 노래라는 특수성이 반영된 명칭이어서 가장 적절하다.

안긴문장

안은문장 안에 '절(節)'의 형태로 안겨 있는 문장을 말한다. '절'이란 주어와 서술어의 관계가 이루어져 일반 문장과 같은 구성을 보이나, 홀로 쓰이지 않고 상위문의 문장 성분으로 쓰이는 문장을 의미한다. 전성어미와 결합하는 경우가 많고, 조사(인용부사격 조사) 혹은 특별한 표지 없이 결합하는 경우(서술절을 안은문장)도 있다. 중세국어의 경우 특별한 표지 없이 상위문에 여러 문장이 임의로 안기는 경향이 있다.

안은문장

문장 안에 성분절(안긴문장)을 가진 겹문장의 하나.

알타이어족

알타이(Altai)란 아시아 대륙에 있는 한 산맥의 이름인데, 이 산맥의 이름을 따서 그 산맥의 동쪽과 서쪽에 흩어져 있는 여러 언어들을 포괄하는 어족의 이름으로 삼은 것이다. 이것은 단순한 지리적 명칭 이상의 뜻이 있는 것은 아니다. 물론 아득한 옛날에 이 언어들의 공통조어가 이 산맥 근처에서 말해졌음을 암시하지도 않는다. 알타이어족은 우랄·알타이어족에서 우랄어족과 알타이어족이 양분되었다. 알타이어족은 토이기제어, 몽고제어, 퉁구스제어를 포괄한다. 19세기와 20세기의 교체기에 국어의 계통에 관한 여러 가설이 제기되었는데, 그중에는 우랄·알타이어족, 일본어, 중국어, 아이누어, 드라비다제어 등에 국어를 결부시키려는 시도가 있었다. 그 중 유력한 것은 우랄·알타이 계통설과 일본어와의 동계설이었다. 우랄·알타이어족이 우랄어족과 알타이어족으로 양분된 뒤에는 알타이 계통설로 발전하였다.

알타이 제어

알타이어족으로 분류되는 여러 언어들을 알타이 제어라 부르는데, 이들 알타이 제어는 크게 터키 어군(Turkic), 몽골 어군(Mongolian), 퉁구스 어군(Tungusic)의 세 어군으로 나뉜다.

알타이 제어의 공통특질론

20세기의 우랄·알타이어족의 가설은 주로 이들 언어 사이에 공통적으로 존재하는 몇 개의 현저한 구조적 특징에 입각한 것이었다. 국어의 우랄·알타이 계통설은 이들 구조적 특징이 국어에서도 확인됨으로써 제기된 것이었다. 그 공통 특징으로는 모음조화(母音調和)와 문법적 교착성(膠着性), 그리고 어두의 자음 제약(두음법칙)과 부동사의 존재를 들 수 있고, 모음교체 및 자음교체, 관계대명사 및 접속사가 나타나지 않는 점도 공통특질론에 포함한다.

알타이 조어

국어의 계통은 알타이 계통설이 발전하였다. 그러나 국어와 알타이제어 사이에 중요한 구조적 특징들이 일치함은 사실이지만 차이 역시 존재한다. 이러한 차이들은 공통조어에서 분열된 뒤, 서로 다른 발달 과정의 결과로 설명될 수 있다. 알타이제어와 국어의 비교를 통해 자료가 부족한 고대 국어의 문자 체계를 추측해 볼 수 있다. 퉁구스, 몽고, 토이기 세 어군은 하나의 공통조어인 알타이조어에서 분리해 나왔다. 이 알타이조어와 국어의 조상이 어떤 관계에 있었는지는 지금의 단계로서는 결정하기 어렵다.

앎

서법은 사태와 일에 대한 화자의 앎과 심리적 태도를 의미한다. 따라서 모든 서법형태소에는 화자의 '앎'에 대한 인식이 어느 정도는 내포되어 있다고 볼 수 있다. 중세국어의 서법은 시제와 관련을 맺고 있는 것과 화자의 앎이나 느낌을 표시하는 것으로 나눌 수 있다. 직설법 선어말어미 'ᄂᆞ'에는 화자가 사태를 '직접적'이고 '현재'라고 인식하고 있음을 알 수 있다. 감동법 선어말어미 '옷'에는 화자가 사태를 '인상적'으로 인식하며 '감탄'하고 있음을 알 수 있다. 그러므로 서법형태소가 화자가 어떠한 앎을 바탕으로 발화하고 있는지 파악해야 하는 것이 중요하다.

> 용례
> 이 사ᄅᆞ미 보ᄇᆡ를 더리도록 아니 앗기놋다(앗기+ᄂᆞ+옷+다)

약속평서문

중세국어의 평서법은 다소 특이한 기능과 형태를 띤 것이 발견된다. 일부에서는 '약속법'을 설정하여 다른 문체법을 설정하는 입장도 있다. 모종의 사태에 대해 청자가 화자에 대해 '약속'하는 의미를 가진다. 즉, 상대방에게 자기의 의사를 베풀어 그 실현을 기꺼이 약속하는 것을 의미한다. '-오마'는 현대국어의 약속평서형 '-마'의 직접적 소급형인데 '-옴-, -오듸, -옷-, -오려'와 같이 '오'를 필수적으로 요구한다.

용례
내 너드려 ᄀᆞᄅᆞ쵸마(치+오+마) (번역박통사 상, 10장)

약어(略語)

약어는 단어의 일부가 줄어든 말로 준말이라고도 한다.

약자 구결

한자의 완전한 형태를 구결로 사용한 것이 아니라, 약자의 형태로 구결을 표시한 것이다. 약자구결은 한자의 변(邊), 몸, 갓머리, 받침을 따거나 적절하게 줄인 것이다.

양모음(陽母音)

양모음은 양성모음과 같은 말로 'ㆍ, ㅗ, ㅏ'가 있다. 모음조화에 따라 음모음과 대립한다. 현대어에서는 ㆍ의 소멸로 'ㅏ, ㅗ'가 양모음에 해당한다.

양방적 기능

상대높임의 양상을 분석하여 이르는 말이다. 중세국어의 상대높임에서 대화 참여자가 상대방의 위치와 지위를 고려하여 높임의 등급을 선택하는 것이다. 다음의 대화체를 보면 두 대화 참여자가 'ᄒᆞ라체'로 응수한다는 것은 두 사람의 지위가 비슷함을 의미한다.

> 용례
> 내 ᄒᆞ마 命終호라 (월인석보 권9 36장)
> 네 命終ᄒᆞ다

이러한 양방적인 기능은 'ᄒᆞ야써체'에서도 파악된다.

> 용례
> 부텨와 즁과를 請ᄒᆞᅀᆞᆸ오려 ᄒᆞ뇡다 (석보상절 권6, 16장)
> 엇뎨 부톄라 ᄒᆞᄂᆞ닛가

양보(연결어미)

서로 상반되거나 양보함을 보이는 어미의 형태를 말한다. '-나, -건마ᄅᆞᆫ, -어도, -고도, -거니와, 디뷔(지), 건뎡(지마는, ᄅᆞ지언정)' 등이 여기에 속한다.

양수사

사물의 '수량'을 지시하는 수사이다. 수사는 고유어 계통과 한자어 계통의 수사로 분류할 수 있다. 양수사 역시 이에 준하여 분류할 수 있다. 현대국어와 달리 고유어 수사인 '온'과 '즈믄'이 실재했고, 'ㅎ'종성체언이 일부 수사 뒤에 결합하였다.

고유어 계통의 양수사

ᄒᆞ나ㅎ, 둘ㅎ, 세ㅎ, 네ㅎ, 다ᄉᆞᆺ, 여슷, 닐굽, 여듧, 아홉, 열ㅎ, 스믈
ㅎ…, 온, 즈믄, … 몇, 여러ㅎ

한자어 계통의 양수사

一, 二, 三, 四, …, 百, 千, 萬, 億

양태부사

문장부사의 한 종류로 화자의 태도를 표시하는 부사를 말한다. 양
태부사는 성분부사와 달리 위치 이동이 비교적 자유롭다. 또한 문
장 전체를 수식하기 때문에 문장 전체와 관련을 맺는다.

양태부사의 양상

모로매, 모딕, 반드기 (확신, 단정의 태도를 나타낸다)
아마도, 하다가, 미혹 (불확실한 추정을 나타낸다)

모로매 모딘 ᄠᅳ들 그치고 (석보상절 권6, 2장)
모딕 서르 업디 몯ᄒᆞ야 (석보상절 권9, 18장)

양태성의 성분호응

양태부사는 의미적으로 화자의 태도를 표시하고, 통사적으로 문
장 전체를 수식한다는 특성 때문에 특정의 어미나 문장 형식과
호응관계를 보이기도 한다. 아래의 예들은 현대국어의 양상이지만,

중세국어의 양태부사도 이와 유사한 형태를 가지고 결합한다.

성분	호응양상
연결어미와 호응	⑩ 비록 내일 지구가 망하더라도, 나는 오늘 사과나무를 심겠다. ㄴ '만일…-면', '설령…-라도', '아무리…-어도' 등은 양태부사가 '겹문장'의 형태를 요구하며 그 중에서도 특정 어미와 어울리는 것을 알 수 있다.
양태적 태도 강화	⑩ <u>모름지기(모로매)</u> 사람은 착해야 한다. ㄴ '과연…-구나', '무릇…-어야 한다', '아마…-을 것이다' 등은 부사가 특정 어미와 호응하여 양태적 태도를 강화하는 거를 알 수 있다.
시제적 의미 강화	⑩ <u>이미</u> 그는 서울을 떠났다. ㄴ '지금…-는', '아까…-었다' 등은 시제 선어말어미와 결합하여 시간의 의미를 강화하여 뚜렷하게 해준다.
부정의 의미 호응	⑩ 나는 절대로 타협하지 않겠다. ㄴ '결코…-지 않다', '조금도…-지 않다', '도저히…-없다' 등은 부정의 부사와 용언과 호응하여 부정의 의미를 나타낸다.
존경 표현과 호응	⑩ 할아버지께서는 몸소 우리에게 모범을 보이셨다. ㄴ '친히…-시-', '손수…-시-' 등은 존경표현, 즉 높임법과 호응 관계를 보인다.

양태성

발화 내용과 현실의 관계에 대하여 화자의 주관적 태도를 나타내는 범주이다. 예를 들면, '눈이 온다'는 단정적인 양태성이며, '눈이 오겠다'는 가능성을 확인하는 양태성이다.

어근

파생이나 합성에서 의미상 중심이 되는 부분을 말한다. 어근은 단어의 형성에서 중요한 역할을 수행한다. '단일어'는 단일어근 홀로 단어를 구성하며, '파생어'는 어근에 접두사나 접미사가 결합하여 형성된다. '합성어'는 '어근'과 '어근'이 결합하여 단어가 형성된다. '어근'과 '어간'의 구분이 중요한데, '어근'은 단어를 형성하는 요소이고, '어간'은 '어미'와 결합하여 용언을 형성하는 '활용'의 단위이다. 따라서 두 개념은 기능이 작용하는 층위가 다르다고 할 수 있다.

> ㉖ '안다'의 '안-'은 어간이자 어근으로 볼 수 있다. 그런데 파생으로 형성된 '안기다'의 경우 '안-'은 어근 '-기-'는 접미사, '안기-'는 용언 어간이다. 이를 통해서 각 단위의 층위를 알 수 있다.

단어의 갈래	형성 양상
단일어	뿔(단일 어근), 불무(단일어근), 검다(검+다, 어미는 단어형성요소가 아니므로 단일어근)
합성어	뿔낫(뿔+낫), 불뭇골(불무+ㅅ+골), 검붉다[검+붉]+-다)
파생어	니뿔(니-+뿔, 접두사+어근), 불무질(불무+-질, 어근+접미사)

어기(語基) (어기론)

단어형성(單語形成)의 가장 기본이 되는 요소 중의 하나이다. 실질적으로 어간(語幹)을 형성하는 근본이 된다. 단어는 일반적으로 어근(語根)을 기본으로 하여 그 앞이나 뒤에 접두사나 접미사가 붙어 어간이 되고 다시 거기에 어미(語尾)가 붙는다. 그런데 어근은 대체로 역사적인 분석이나 반성에 의하여 얻어진 개념에 지나지 않기 때문에, 실제의 언어 현실에서는 단어형성의 기간적(基幹的) 부분이 의식되므로 이것이 기초가 되어 새로운 단어가 구성되거나 또는 파생되는 것이 일반적이다. 이 때 단어형성의 기간적 부분이나 요소를 '어기'라 한다. 이 어기에 대한 개념규정은 학자에 따라 다르다. 그래서 어떤 경우는 어간보다 더 기본적인 부분인 어근과 같은 뜻으로 사용되는 예가 있다. 그러나 단어형성의 측면에서 어근이 역사적인 면에서 동계 언어와의 비교연구에 의하여 설정될 수 있다는 점에서, 차라리 실제적인 단어의 기본인 어간과 같은 의미로 사용하는 경우가 많다. 국어의 경우 일반적으로 어기라는 술어보다는 어간이라는 술어가 많이 쓰이고 있으며, 어근과 어간을 함께 묶어 가리킬 때에 '어기'라는 술어를 사용하기도 한다. 그리고 파생어에서 접사를 제외한 요소가 자립성을 가지는 것은 어기(base), 자립하지 못하는 것은 어근(root)으로 구분하기도 한다.

어두자음군

국어는 어두에 자음군이나 유음이 오는 것을 피한다. 중세 단계에 어두 자음군이 있었으나 이것은 일시적인 것이었다. 이는 어두에 한 자음밖에 몰랐던 국어로서 존속이 어려웠기 때문에 후일 어두 자음군이 전반적으로 된소리로 발달한 주된 요인이 된 것으로 추측된다. 그러나 어두 자음군은 중세어의 말기까지 대체로 그대로 존속된 것으로 믿어진다. 'ㅂ'계와 'ㅄ'계의 표기가 16세기 말의 문헌에 이르기까지 혼란을 보이지 않는 것이다. 다만 'ㅄ'만은 이미 15세기 중엽부터 'ㅅ'으로도 나타나는데 이것은 된소리로 변화하는 과정을 보여 준 것이다. 후기 중세국어에서는 초성 합용병서 중에서 'ㅂ'계(ㅂㄷ ㅄ ㅄ ㅂㅌ)와 'ㅄ'계(ㅄ ㅄ)는 진정한 자음군을 나타낸 것으로 믿어진다.

ⓔ ㅳ : 뜯(意), ㄸ+(垢), 뜨-(浮, 開)

ㅄ : ㅄ(種), 뿔(米), 쓰-(苦, 用)

ㅴ : 딱(隻), ㅴ-(織, 醎), 뜬디-(眷)

ㅲ : 뜨-(皴)

ㅶ : 삐(時), 뻬-(貫), 쀠-(貸)

ㅷ : 빼(時), ㅷ리-(裂), ㅷ르-(刺)

먼저 'ㅂ'계 합용병서가 pt, ps 등을 나타냈음을 다음과 같은 사실
이 강력히 시사하고 있다. 첫째, 15세기 문헌의 '뿔'에 대응하는
단어가 『계림유사』에 '菩薩'(*ㅂ술)로 표기되었다. '뿔'을 '*ㅂ술'
로부터의 발달로 볼 때, 'ㅄ'이 표기 그대로 발음되었다고 하는
것이 가장 자연스럽다. 둘째, 현대국어의 일부 합성어에서 공시적
(共時的) 관점에서는 설명하기 어려운 'ㅂ'이 발견된다. 즉 현대국
어의 '입쌀, 좁쌀', '입짝, 접짝', '웹씨, 볍씨', '부릅뜨-', '휩쓸-'
등의 'ㅂ'은 역사적으로 중세국어의 '뿔', '딱', '뜨-', '쓸-' 등의
'ㅂ'이 화석화(化石化)된 것이라고 볼 때에 합리적으로 설명된다.
'ㅄ'계 합용병서의 'ㅂ'에 대해서도 그것이 발음되었던 흔적이 역
력하다. 첫째, 현대국어의 '입때, 접때'의 'ㅂ'은 중세국어의 '빼'
의 'ㅂ'이 화석화된 것이다. 둘째, 15세기 문헌의 '혼삐'(一時)가 16
세기 문헌에서는 '홈끠'로 나타난다(현대국어의 '함께'). 여기서 '혼'
의 'ㄴ'이 'ㅁ'이 된 것은 '삐'의 'ㅂ'의 영향이라고 하지 않고는
설명할 수 없다.
한편, 'ㅴ, ㅷ'의 'ㅅ, ㅼ'은 된소리를 나타낸 것으로 생각된다. 위
의 '혼삐 > 홈끠'의 변화에서 'ㅂ'이 'ㄴ'을 순음화시키고 사라진
뒤 'ㅺ'이 남았는데 이 'ㅺ'은 'ㄱ'의 된소리라고밖에 볼 수 없다.
이렇게 볼 때, 'ㅴ, ㅷ'은 'ㅂ'과 된소리의 결합이었을 개연성이

매우 큰 것으로 생각된다.

어두 합용병서가 된소리를 표기하게 된 후, 17세기 어두 합용병서의 혼란이 시작되었고 이 혼동은 18세기에 들어서 극심해졌다. 동일한 된소리에 서로 다른 두 가지 표기가 자의적으로 선택되었던 것이다. 이는 각자병서의 부활과 맞물리면서 19세기 된시옷으로 통일되는 과정을 겪게 된다. 현대국어에서는 어두에 자음군이 허용되지 않는다. 어말에서도 마찬가지이다.

어말어미

활용에 있어서 최종 위치에 오는 문법의 요소를 말한다. 보통 '어미'라 불리어지며 선어말어미와 대립되는 용어이다. 선어말어미와 함께 나타날 때 대조적으로 구별하기 위한 것이다. 선어말어미가 여럿이 동시에 연결될 수 있지만 어말어미는 한 단어에 겹쳐 나타나는 일은 없다. 어말어미는 기능에 따라 '용언', '보조용언', '전성어미'를 형성하는 세 가지 어미로 나뉜다. 용언, 즉 종결어미는 경어·시상 등을 나타내는 선어말어미와 함께 쓰이며 '보조용언', 즉 연결어미는 공손법 어미를 제외한 다른 선어말어미가 앞에 오기도 하며, 전성형, 즉 '전성어미'는 용언에 체언과 관형사와 같은 자격을 주어 해당 기능을 가능하게 한다. 이기문은 어말 어미를 동명사 어미, 부동사 어미, 정동사 어미로 나눈다.

어미

용언은 홀로 쓰이는 것이 아니라 고정부인 '어간'과 이에 결합하여 다양한 문법적 의미를 가지는 '어미'가 결합하여 품사와 문장 성분으로 기능한다. 즉, 어미는 어간에 결합하여 여러 가지 문법적인 의미를 더해주는 요소이다. 또한 어간에 다양한 어미가 결합하여 문법적인 기능을 수행하는 양상을 '활용'이라고 한다. 어미는 결합 위치와 기능, 의미에 따라 다양한 하위 요소로 나뉜다.

어절

어절은 대체로 띄어쓰기 단위와 일치하는데, 문장에서 앞뒤로는 휴지를 두어 발음할 수 있으나 그 중간에는 휴지를 둘 수 없는 한 덩어리의 발화체로 정의된다. 가령 "이 꽃이 참 예쁘다"라는 문장은 휴지를 기준으로 하면 '이, 꽃이, 참, 예쁘다'의 네 발화체로 이루어져 있는데 이들 각각이 어절이 된다. 앞의 네 개의 어절 가운데 '이, 참, 예쁘다' 등은 단어와 일치한다. 그러나 '꽃이'와 같은 '체언-조사' 결합체의 경우는 사정이 다르다. 곧, 조사를 단어로 인정하는 분석적 단어관에 의하면 '꽃이'는 두 단어가 모여 한 어절이 된 것이다. 물론 조사를 단어로 인정하지 않고 체언의 어미로 보는 종합적 단어관에 서면 '꽃이'는 한 단어이므로 이 경우는 어절과 단어가 구별되지 않는다. 그렇기 때문에 종합적 단어관을 갖는 문법가들은 어절을 따로 설정하는 대신 최소 자립 형식의 단어가 곧 문장 구성의 단위가 된다고 본다.

어휘적 파생법

파생어는 어근에 파생접사가 결합하여 형성된다. 그 중에서 어근에 접미사 고유의 의미를 더하는 단어 형성 방식을 '어휘적 파생'이라 하고, 통사적 성격을 바꾸어 새로운 품사를 만들어 내는 단어 형성 방식을 '통사적 파생'이라고 한다.

▌어휘적 파생법의 양상

단어의 갈래	형성 양상
동사, 형용사	니르받다, 벋기왇다, 열티다, 드위혀다, 니르혀다 / 눗갑다, 므겁다, 두텁다
명사, 대명사, 수사	ㅂ람가비, 머리맡, 글발, 말씀, 스라기, 세차히, 불무질, 너희, 아히들ㅎ, 여듧곰
부사	몯내, 본디로, 나날로, 고대, 만일에

언한문(諺漢文)

언문과 한문의 혼용.

언해(諺解)

언해는 한문 서적의 번역으로 훈민정음 창제 이후 성행하였는데 이것은 이두 번역의 전례를 따른 것이었다. 전기 중세어의 자료들 중 대부분은 중앙의 간행물인데 이들 문헌은 거의가 언해였다. 이들은 한문의 번역문이 가지는 독특한 문체를 보여준다. 언해를 함에 앞서 한문에 구결을 달아 그 독법을 확정함이 상례였으므로 이 번역문은 구결에 구애될 수밖에 없었다. 그러므로 당시의 생생한 국어의 현실을 보기는 어려운 면이 있다고 볼 수 있다.

언해자료

한글을 언(諺) 또는 언문(諺文)이라 부르던 조선시대에 한문이나 백화문(白話文)으로 된 원전을 한글로 번역하는 일, 또는 번역한 작품을 말한다. 한문의 원전에 한글로 달아놓은 구결 곧 토를 언토(諺吐) 또는 언두(諺讀)라 부르는 일과 대립되는 용어로서, 언역(諺譯) 또는 언석(諺釋)이라고도 한다. 위의 정의에 따라서 언해는 다음의 두 요건을 갖춘 번역이라 할 수 있다. 첫째, 한문이나 백화문의 원전을 대상으로 하는 번역이다. 조선시대 사역원에서 사용되던 몽고어·만주어 또는 일본어의 학습서를 한글로 번역하는 일이나 번역한 책은 언해가 아니다. 그러나 백화문인 중국어의 학습서, 예컨대 『노걸대(老乞大)』를 번역한 경우에 『번역노걸대』 또는 『노걸대언해』라 한 것은 언해서에 해당한다. 둘째, 한글로 행해진 번역이다. 한글에 한자가 혼용된 번역도 언해가 되나, 이두로 번역된 『대명률직해(大明律直解)』·『양잠경험촬요(養蠶經驗撮要)』 등은 언해라 할 수 없다. 이두에는 새김과 음이 차용된 한자만 쓰이고 한글은 나타나지 않기 때문이다. 이 밖에 언해는 한글로 된 번역과 함께 원문이 대조되어 놓이는 사실이 지적된다. 『석보상절』이 그 서문에서 『석가보(釋迦譜)』의 번역이라고 하였지만, 원문이 대조되지 않았으므로 언해라 하기 어렵다. 대조된 원문에는 한글로 구결을 다는 것이 보통이다. 언해의 전형적인 예인 간경도감 간행의 불경언해와 교정청 편찬의 경서언해에는 구결이 달린 원문과 번역이 짝지어 놓인다. 이러한 원문의 구결은 번역의 절차와도 관련된다. 『능엄경언해』와 『금강경언해』의 발문에 의하면, 원전에 구결을 먼저 달고 그 구결에 따라서 번역이 행해졌다고 한다. 구결은 원문의 문맥을 분명히 하기 때문에, 구결만 확정되면 번역은 쉽게 이루어질 수 있는 일이다. 원문의 구결은 번역과 함께 원전 이해의 길잡이로 제시된 것으로 이해된다.

언해는 한글창제 이후에 시작되어 개화기까지 계속되었다. 가장 빠른 예는 『월인석보』의 권두에 실려 전하는 1447년(세종 29)의 '석보상절서(釋譜詳節序)'와 같은 시기의 것으로 보이는 『훈민정음언해』이다. 그러나 본격적인 언해가 크게 행해진 시기는 세조 때이다. 간경도감에서 『능엄경언해』·『법화경언해』 등 10여권의 불경이 언해되었던 것이다. 거의 비슷한 시기에 『구급방언해』가 간행되고, 성종 때에 들면 『삼강행실도언해』·『내훈』·『두시언해』 등이 간행되어 언해는 의학·교화·시가 등 다방면의 문헌으로 확대되어 행해졌다.

중앙에서만 간행되던 언해서가 16세기에 들면서는 지방에서도 간행되기 시작하였다. 이러한 언해의 확대는 한글을 보급하여 많은 사람들에게 문자생활을 가능하게 하고, 나아가서는 번역을 통해서 새로운 정보를 제공할 뿐 아니라 한문 원전을 쉽게 이해하도록 하여 문화의 향상과 학문의 발달에 기여하였다. 이를 뒷받침하는 사실은 영조·정조 때, 곧 18세기 후반에 가장 많은 언해서가 간행된 점이다. 교화서와 역학서(譯學書)의 대대적인 번역, 30여 종의 윤음언해(綸音諺解)가 이 시기에 이루어졌다. 또, 앞서 간행된 언해서도 이 시기에 상당수가 중간되었다. 이는 그 때가 이른바 문예부흥기임을 말하는 사실이지만, 뒤집어보면 한글이 널리 보급되어 한글문헌의 독자층이 그만큼 두터워진 것을 말한다. 언해는 이러한 역사적인 의의를 가지고 있었던 것이나, 오늘날에는 역사적 연구자료를 제공하는 데에 그 가치가 있다. 예컨대, 선조 때 교정청에서 편찬된 경서언해는 간경도감 간행의 불경언해보다 약 100년이나 뒤지는데, 이는 우리나라 유학의 발달과 관련된 것으로 이해된다. 교정청의 경서언해와 이이(李珥)의 사서언해, 그리고 15, 16세기의 경서와 『소학』의 구결과 번역 사이에 나타나는 차이는 유학사의 자료가 되는 것이다. 한편, 언해서는 개화기 이전 한글문헌의 주종으로서 다양한 국어의 모습을 보여주고 있어서 국어사연구에 귀중한 자료가 된다. 15세기 이후의 국어사연구는 이들 자료를 떠나서는 생각할 수 없다.

여격(與格)

체언으로 하여금 무엇을 받는 자리에 서게 하는 기능 혹은 동작의 상대를 나타내는 기능을 하는 격이다. 중세어의 특수조사 '게, 그에, 거긔, 손디' 등은 여격을 나타내었다. 이들은 속격의 '-이/의'와 결합하여 평칭 여격을, '-ㅅ'과 결합하여 존칭의 여격을 나타내었다. '게'는 단독으로 '그곳에'라는 뜻으로 쓰이기도 했다. '그에'는 지시대명사 '그'와 '게'의 결합으로 볼 수 있는데 부사로도 사용되었다. '거긔'는 대명사 '이, 그'와 연결되면 '어긔'가 되었다. 한편 '게, 거긔'는 동명사 뒤에 사용되어 처격을 나타내었다. 이 밖에 여격을 나타낸 특수조사에는 '드려'가 있다. 근대에 와서는 특수조사 또한 간소화되었다. 여격의 특수조사는 평칭의 '의게', 존칭의 '께'로 통일되었다. '께'와 후치사 '셔'의 결합인 '께셔'가 근대어에서 존칭의 주격을 표시했음은 특기할 만하다. 현대어의 '께서'는 그 계통을 끄는 것으로 생각된다.

여격조사

중세국어의 여격조사는 속격조사에 '그에/게/긔, 거긔, 손디' 등이 결합하여 이루어진다. 따라서 존칭 체언 뒤에는 'ㅅ'이 선행하는 형태가, 평칭 체언 뒤에는 '이/의'가 선행하는 형태가 사용된다. 이 밖에 'ᄃᆞ리-'의 부사형이 문법화한 'ᄃᆞ려'도 있는데, 이 조사는 '니ᄅᆞ-'(曰)나 '묻-(問)과 같은 화법동사와 함께 쓰인다는 제약이 있다.

여운(보조사)

'여운'의 의미를 가진 보조사를 이른다. '곰/옴'이 그 예이다. '보조사'로 보는 입장, '접사'로 보는 입장, '첨사'로 보는 입장이 있다.

▍'-곰'의 용법

① '체언'에 붙어 '-씩'의 의미를 더한다. 수사 및 수량사구에 결합하는 양상을 보인다.

> 용례
> 王이 호 太子를 호 夫人곰 맛디샤(석보상절 권11, 33장)
> ᄀᆞ장 먼 사ᄅᆞ믄 호 ᄒᆡ예 호 번곰 두 번곰 와도 므던하니라(여씨향약, 37장)

② '용언'이나 부사에 붙어 성조를 부드럽게 하고 '여운'의 의미를 더한다.

용례

아라녀리 그츤 이런 이본 길헤 눌 보리라 우러곰 온다 (월인석보
권8, 86장)

여희므론 질삼뵈 ㅂ리시고 괴시란ㄷㅣ 우러곰 좃니노이다 (서경별곡)

역시(보조사)

체언에 결합하여 '역시'의 의미를 더한다. 보조사 '도'가 그 예이다.

용례

乃終ㄱ 소리도 훈가지라 (훈민정음언해, 21장)

아비를 보라 가니 어미도 몯 보아 (월인석보 권8, 101장)

연격(沿格)

연격은 방향의 부사격 조사이다. 알타이 조어의 연격 조사는
'*-li'로 재구된다. 중세국어에 '이리, 그리, 뎌리'의 '-리'가 있다.

연결어미(→ 부동사 어미)

이어진 문장과 합성서술어를 형성하는 성분이다. 대등적으로 이
어진 문장을 형성하는 '대등적 연결어미', 종속적으로 이어진 문
장을 형성하는 '종속적 연결어미', 본용언과 보조용언이 결합한
합성서술어를 형성하는 '보조적 연결어미'로 나눌 수 있다.

연결어미	종류
대등적 연결어미	-고, -며, -며셔, -나, -건마른, -거니와, -거나~-거나
종속적 연결어미	-니, 오디, -ㄹ쎈, -관디, -거든, -거늘, -고져, -디비
	-고도, -아도, -고사, -어만, -디옷…
	ㄴ 중세국어의 연결어미에는 각종 보조사가 붙어 기능을 구체화하기도 했다. 이는 현대국어에도 보편화된 현상이다.
보조적 연결어미	-어/-아, -게(-긔), -디(둘), 고

연결형

용언에 연결어미가 결합하거나 체언에 서술격조사가 결합하여 이어진 문장 혹은 합성서술어를 형성한 형태를 말한다.

연결형의 형성양상
狐ᄂᆞᆫ **엿이니**(엿+이+니), 그 性이 疑心하니라(능엄경언해 권2, 3장)
六師ㅣ 이리 **니르ᄂᆞ니**(니르+ᄂᆞ+니), 그듸 … 무러 보라(석보상절 권6, 26~27장)
내 상녜 이리 **니르다니**(니르+더+오+니), 舍利佛아 아라라(월인석보 권1, 13장)
아뫼나 **와**(와+아) 가지리 잇거든 주노라(석보상절 권11, 29장)
ᄯᅡ히 훤ᄒᆞ고 됴ᄒᆞᆫ 고지 **하거늘**(하+거늘) 그에서 사니(월인석보 권21, 99장)

연서(連書)

연서는 두 문자를 위아래로 결합하는 방법이다. 이 방법으로 만들어진 것에는 '믕, 븡, 픙, 뼝' 등이 있었는데 '븡'만이 순수 국어 단어의 표기에 사용되었고 그 밖의 것은 주로 중국음 표기에 사용되었다. 해례 제자해에서는 이것을 순경음으로 설명하고 있다.

연철

받침이 있는 체언이나 용언의 어간에 모음으로 시작하는 조사나 어미가 통합할 때 '고지, 업슨'과 같이 음절적 표기 방식을 취하는 표기법을 말한다.

영모(影母)

한자음 표기에서 'ㆆ'의 용법을 설명할 때 쓰이는 용어이다. 이영보래는 『동국정운(東國正韻)』 서문의 '叉於質勿諸韻 以影補來 因俗歸正'에서 나온 말이다. '영모(影母, ㆆ)로써 래모(來母, ㄹ)를 돕는다'는 뜻이다. 『동국정운』의 한자음 표기의 한 특징을 이룬다. 설내입성(舌內入聲)의 한자 운미(韻尾)는 중고 중국어(中古中國語)에서는 [t]로 발음되었는데, 우리나라 한자음에서는 'ㄹ'로 변하여 있었으므로, 이것을 'ㄹㆆ'으로 표기하도록 규정한 것이다. 이 표기는 우리나라의 현실발음과 중국의 본래 발음과의 절충을 꾀한 것으로 『동국정운』 표기법의 원칙을 잘 보여 준다. 『훈민정음』 해례에는 '변爲彆'이라 하여 'ㄷ'으로 표기한 예에 비추어 보면, 이 원칙은 그 뒤에 『동국정운』에서 채택된 것으로 생각된다. ㉖ 佛(뿛)・日(싏)・八(밠) 등.

영변화(零變化)

어떤 단어가 형태상의 변화 없이 다른 품사로 사용되는 것이 영변화이다. 중세어에서는 체언이나 용언 어간들이 그대로 용언이나 부사로 파생되는 경우가 있는데 이러한 현상을 영변화로 보기도 한다.

영파생

단어에 아무런 형태가 없는 영(零)접미사를 연결하여 새로운 단어를 만든 방법을 영파생이라고 한다.

[명사+ø] → 동사
ᄀᆞ몰다(←ᄀᆞ몰), 깃다(←깃), 되다(←되), 너출다(←너출)
[동사+ø] → 부사
고초(←고초다), ᄀᆞ초(←ᄀᆞ초다), 모도(←모도다)
[형용사+ø] → 부사
바ᄅᆞ(←바ᄅᆞ다), 비브르(←비브르다), ᄀᆞᆮ(←ᄀᆞᆮ다), 하(←하다)

예사 중자음

'ㅂ'계 합용병서를 지칭하는 개념이다. 중세국어의 병서법은 'ㅂ'계 합용병서, 'ㅅ'계 합용병서, 'ㅄ'계 합용병서로 나눌 수 있다.

중세국어의 병서 양상

합용병서의 양상		예문
각자병서		ㄲ, ㄸ, ㅃ, ㅉ, ㅆ, ㆅ, ㆀ, ㅥ
합용병서	'ㅂ'계	ㅲ, ㅄ, ㅶ, ㅷ(예사중자음)
	'ㅅ'계	ㅺ, ㅻ, ㅼ, ㅽ
	'ㅄ'계	ㅴ, ㅵ

중세국어에서 'ㅅ'계 합용병서를 '된소리'로 보는 관점을 따른다면, 'ㅅ'계 합용병서의 'ㅅ'은 '된소리표지'를 의미하며, 따라서 'ㅅ'계 합용병서는 된소리로 보아야 한다. 또한 'ㅄ'계 합용병서는 'ㅂ'과 된소리가 합쳐진 중자음으로 볼 수 있다. 반면, 'ㅂ'계 합용병서는 각각의 자음이 음가를 가진 '예사중자음'으로 볼 수 있다. 'ㅂ'계 합용병서를 예사 중자음으로 볼 수 있는 근거로는 '좁쌀', '입때', '휩쓸다' 등은 어원적으로 '조+ᄡᆞᆯ', '이+ᄢᅢ', '휘+ᄡᅳᆯ다'의 결합에서 온 것이다. 중세국어 'ᄡᆞᆯ', 'ᄢᅢ', 'ᄡᅳᆯ다' 등이 현대국어로 오면서 '쌀', '때', '쓸다'로 바뀌었지만, 합성어에서 옛말의 흔적이 남아 전해지는 것이다. 'ㅂ'계 합용병서에서 기원한 이 단어들에서 'ㅂ'의 흔적이 남아있는 것은 'ㅂ'이 예사소리의 음가가 있었지만 중자음을 형성한 '예사중자음'이라는 근거로 볼 수 있다.

예사높임

중세국어의 상대높임법 체계 중의 하나. 'ᄒᆞ아쎠'체를 이른다. 청자를 보통으로 낮추거나 보통으로 높이는 기능을 수행한다.

문체법	예사높임(ᄒᆞ아쎠)의 예문
평서법	내 그런 ᄠᅳ들 몰라 ᄒᆞ댕다(ᄒᆞ+더(회상법)+오(인칭법)+ㅇ다)(석보상절 권24, 32장)
의문법	그뒷 아바니미 잇ᄂᆞ닛가(니…ㅅ가)(석보상절 권6, 14장) ㄴ 고영근의 '표준 중세국어 문법론'에서는 한 형태소가 분리되는 '중세국어의 특질'을 나타내는 예문으로 'ᄒᆞ아쎠'체의 의문형 어미를 들고 있다.
명령법	내 보아져 ᄒᆞᄂᆞ다 술바쎠(숣+아쎠)(석보상절 권6, 14장)

예절법

우리말에는 '사람'과 관련된 문법 범주가 용언의 활용에 체계적으로 나타난다. 이 문법 범주는 화자와 청자가 필수적으로 관계된다. 즉 '담화상황' 내에서 화자와 청자가 친소, 존비 관계에 대한 인식을 바탕으로 문법적으로 실현하는 것이 '예절법'이라고 할 수 있다. 학교 문법은 문장의 주어를 높이는 '주체높임법', 목적어와 부사를 높이는 '객체높임법', 청자를 높이는 '상대높임법'으로 실현된다. 이는 문장의 주어를 높이는 '존경법', 화자를 낮추는 '겸손법', 청자를 높이고 낮추는 '존비법'으로 설명하기도 한다.

예절법의 실현 양상			
이희승, 고영근의 구분		학교문법	
결어법	문체법	문장종결법	
	존비법(청자)	상대높임법(청자)	높임법
공대법	존경법(주어)	주체높임법(주어)	
	겸손법(화자)	객체높임법(목적어, 부사어)	

예정상

중세국어의 동작상 중 하나이다. 동작상은 본용언에 보조적 연결어미와 보조용언의 결합에 의해 표시되며, 일부 연결어미에서도 그러한 기능을 수행한다. 학교문법에서는 '완료상'과 '진행상'만을 설정하고 있지만, '피동'과 '사동'을 예정상에 준하여 다룰 수 있다. 특정 통사구성이 한 개의 역할만을 수행한다기보다 다양한 문법적 의미와 기능을 일정 부분 공유한다.

통사적 환경	예정상의 실현양상
보조적 연결어미에 의한 형성	모딘 잠개 나ᅀᅡ드디 몯게 드외니(월인천강지곡, 69장) (피동) ㄴ 모진 무기가 덤벼들지 못하도록 예정되어 있다는 의미 推薦은 … 됴ᄒᆞᆫ ᄯᅡ해 가 나시게 홀 씨라(석보상절 서, 3장) (사동) ㄴ 좋은 땅에 가서 태어날 일이 예정되어 있다는 의미
종속적 연결어미에 의한 형성	善男子 善女人이 뎌 부텻 世界에 나고저 발원ᄒᆞ야ᅀᅥ ᄒᆞ리라(석보상절 권9, 11장) ㄴ 부처 세계에 나는 일은 아직 실현되지 않았음을 의미 도리 비호라 나ᅀᅡ 가샤(원인석보 권1, 5장) ㄴ 현대국어의 '(으)러'의 직접적 소급형, 아직 실현되지 않은 예정의 의미를 가진다.

'-오-/-우-' 계통의 접사

중세국어에서는 다양한 사동사 파생법을 보인다.

동사 어근에 접미사 '-이-', '-히-', '-기-', '-오-/-우-', '-호-/-후-', '-ᄋᆞ-/-으-' 등이 그 예이다. '-오-/-우-' 계통의 접사는 이들 예 중 하나이다. 자동사 어근에 '-오-/-우-'가 결합하여 사동사가 파생된다.

자동사	'-오-/-우-' 결합 사동사
東征에 功이 몯 이나(일+나)(용비어천가, 41장)	太子ㅣ 道理를 일우샤(일+우+샤+아)(석보상절 권6, 5장)
話頭ㅣ 자연히 나드면 (몽산법어언해, 8장)	(如來) 神通力을 나토샤(낟+호+샤+아)(월인석보 서, 6장)
오라거ᅀᅡ 씨야(월인석보 권21, 22장)	ᄇᆞᄅᆞ미 수를 ᄢᅵ오ᄂᆞ니(ᄢᅵ+오+ᄂᆞ+니)(두시언해 권15, 26장)

중세국어에서는 동일한 용언 어근에 다른 사동접사가 결합하여 사동사가 파생되는 예가 보이는데, 이 경우 얼마간의 의미차이가

있다. 일반적으로 '-ㅇ-/-으-'에 의해서 형성된 사동사가 더 적극성을 띠는 경향을 보인다.

① 나랏 小民이 살다(주동문)
　ㄴ 나랏 小民을 사ᄅ시리잇가(살+ᄋ+시+리+이…ㅅ가)(용비어천가, 52장)
　　(사ᄅ다 : 생명을 죽음으로부터 건져내다)
　ㄴ 성 밧긔 닐굽 뎔 일어 즁 살이시고(살+-이-+시+고)(월인석보 권2, 77장)
　　(살이다 : 거주시키다)
② 내히 이러 바ᄅ래 가ᄂ니(용비어천가, 2장)(주동)
　ㄴ (舍利供養ᄒᆞᅀᆞᆸ던 사ᄅ미)甓이며 디새며 ᄒᆞᆯᄀᆞ로 탑을 이르ᅀᆞᆸ거나(일+으+ᅀᆞᆸ+거+나)(석보상절 권13, 15장)
　　(일으다/이르다 : 건물을 세우다)
　ㄴ 太子ㅣ 道理를 일우샤(일+우+샤+아)(석보상절 권6, 5장)
　　(일우다 : 일반적 성취)

'-옴' 명사절

중세국어의 명사형 어미는 '-옴'과 '-기', '-디'에 의해서 실현되었다. 이를 통해 용언이 명사의 '기능'을 가지고 문장 성분으로 활용될 수 있게 되었다. 달리 말하면 동명사로서의 기능을 가진 것이다.

[용례]
[부톄 授記ᄒᆞ샤미(授記+하+시+옴+이)] 글 쑤미 ᄀᆞᆮ고 (월인석보 권8 96장)
내 成佛ᄒᆞ야 [나랏 有情이 正覺을 일우오ᄆᆞᆯ(일+-우-+-옴+ᄋᆞᆯ)] 一定티 몯하면 (월인석보 권8, 61장)

중세국어의 명사형 어미는 '-옴/-움'으로, 현대와 달리 명사파생접
사와 형태적으로 구분이 가능했다. 그러나 특수 선어말어미 '-오-/
-우-'가 근대국어로 오면서 소멸되어 명사형 어미의 형태도 변화
를 입었다.

중세국어	근대국어(17C)
• 명사파생접사 : '옴/음' • 명사형어미 : '옴/움'	• 명사파생접사 : '옴/음' 중세와 변함이 없다. • 명사형어미 : 제1류의 '오/우' 소멸로 명사 파생 접사와 형태가 같아졌다. '옴 /움' > '옴/음' ex) '우룸 > 우름, 우숨 > 우음' (훈몽자회 중간본)

현대국어에서는 '(으)ㅁ' 명사절과 '-기'명사절은 서술어의 종류
에 따라 어느 정도 구별되는 경향이 있지만 중세국어에서는 '-기'
명사절의 예가 극히 적어, '-옴-/-움-'명사절과의 의미와 기능의
차이를 알기 어렵다.

완료상

완료상은 동작이 끝나서 그 결과가 남아 있는 모습으로 파악하는
동작의 양상을 가리킨다.

동작상의 실현양상	예문
'-어/-아 잇다/겨시다'	迦葉比丘ㅣ **왯ᄂᆞ니여**(오+아 잇+ᄂᆞ+니여) (석보상절 권 23, 39장) 짜해 **무텻던**(묻+-히-+어 잇+던) 보빅ㅣ 절로 나며 (월 인석보 권2, 45장) 大愛道ㅣ 드르시고 ᄒᆞᆫ 말도 몯ᄒᆞ야 잇더시니(몯ᄒᆞ+아 잇 +더+시+니) (석보상절 권6, 7장)

동작상의 실현양상	예문
양태성이 결부된 보조용언	발로 값산올 드듸니 즈믄 무더 다 **글희여 디거늘**(글희+어 디+거늘) (월인석보 권23, 79장) 지옥올 **븟아 ㅂ려**(븟+아 ㅂ리+어) (월인석보 권21, 181장) 제 모맷 고기롤 **바혀 내는**(바히+어 내+는) 듯시 너겨 ㅎ며 (석보상절 권9, 12)
종속적 연결어미에 의해 실현	**수메셔** 드르시고(용비어천가, 108장) (현대국어 '-어서'의 소급형) 한비 사ㅇ리로듸 **뷔어아** 즈ㅁ니이다(용비어천가, 67장) ('~어야', '~에야' 의 소급형) **셜법ㅎ신다마다** 다 능히 놀애로 브르ᅀᆞᆸᄂᆞ니라(월인석보 권1, 15장)('~자마자'의 소급형)

외사(外史)

언어사에 있어서는 그 외사와 내사를 구별하는 것이 중요하다. 외사는 그 언어 사용자들의 거주지 또는 이주에 대해서, 다른 언어 사용자들과의 접촉이라든가 사회적 문화적 환경의 변동이라든가 하는 어느 형태로든 영향을 미친 모든 사실에 대해서 논하는 것이다.

용언부정문

'부정서술어'에 의한 부정문을 의미한다. 부정부사 또는 본용언과 보조용언의 결합에 의해서 형성된다.

▌'아니' 부정문

통사적 환경	예문
긴 부정문	耶輪ㅣ 순지 듣디 아니ᄒ시고(석보상절 권6, 7장)(어간+디 아니 +ᄒ다)
짧은 부정문	世尊이 아니 오실쌔(월인석보 권21, 188장)(아니(부정부사) 오시 +ㄹ쌔)

▌'몯' 부정문

통사적 환경	예문
긴 부정문	부텨 맛나디 못ᄒ며 법 듣디 몯ᄒ며(월인석보 권17, 91장)(어간 +디 못+ᄒ다)
짧은 부정문	부텨를 몯 맛나며 법을 몯 드르며(석보상절 권19, 34장)(몯 맛나 +며, 몯 듣+(으)며)

▌'말다' 부정문

'아니' 부정문의 보충형의 형태로, 명령문과 청유문에서 존재하는 문형이다. 동사 어간에 '긴 부정문'만 존재한다. 현대국어와 달리 보조적 연결어미가 '-디', '-어', '-게'를 취한다는 점이 특징이다.

예문
이 ᄠ들 닛디 마ᄅ쇼셔(-디 말다)(용비어천가, 110장)
서리와 이슬로 ᄒ여 사ᄅ미 오ᄉ 저지게 마롤 디니라(-게 말다)(두시언해 권 15, 44장)
너희 두리여 말며 믈러 도라가디 말라(-어 말다)(월인석보 권14, 77장)

우권점 '[。]'

현대국어의 맞춤법에서는 어절 단위로 띄어 쓰는 것을 규정하고 있다. 그러나 중세어의 문헌은 일반적으로 붙여쓰기의 원칙을 지키고 있다. 그러나 『용비어천가』에서는 현대 맞춤법의 띄어쓰기 공간에 어느 정도 일치하는 부호가 사용되었는데, 이를 위해 쓰인 것이 '우권점'[。]과 '중권점'[◦]이다. 종속적 연결어미 '-ㄹ씨'에 기대어 두 문장이 종속적으로 이어진 문장에서 후행절인 주절과 선행절인 종속절 사이, 즉 절과 절 사이에는 '우권점'[。]을 사용하였고, 마디는 '중권점'[◦]으로 구분되어 있다. 즉, 중세국어의 문헌에서 의미단위를 구분하는 용도로 쓰인 것으로 보이는 것이 '우권점'이다.

[용례]

불휘기픈남ᄀᆞᆫ◦ᄇᆞᄅᆞ매아니뮐씨◦곶됴코◦여름하ᄂᆞ니 (용비어천가 제2장)

▌띄어쓰기와 붙여쓰기

우리는 글을 쓸 때, 종종 띄어쓰기를 어떻게 해야 할지 망설인다. 띄어쓰기의 어려움에 당황할 때마다 모두 다 붙여 쓸 수는 없는 것일까라는 의문도 갖게 된다. 한문의 경우는 모두 붙여쓰기를 한다. 한문으로 된 문장은 띄어쓰기를 하지 않고 붙여쓴다. 『훈민정음 해례본』은 한문으로 쓰인 것임에도 불구하고 조금 특이한 모습을 보여준다. '국지어음(國之語音)', '이호중국(異乎中國)' 다음에 오른쪽 동그라미점(中圈點)이 보이는데, 구절마다 경계를 표시한 것이다. 띄어쓰기에 상대되는 개념은 붙여쓰기이다. 실제로는 훈민정음이 만들어졌을 때부터 줄곧 우리는 붙여쓰기를 해 왔다.

우리말은 중국어와는 다른데도, 중국어처럼 붙여쓰기를 했을 뿐 아니라 훈민정음의 자모를 만들 때도 한자의 네모꼴과 유사한 모습을 갖추려 했다. 그런데 붙여쓰기는 쓰기에는 쉬울지 몰라도 읽기에는 너무나 불편하다.

이와 같은 불편을 최소화하기 위해서 띄어쓰기가 생겨났다. 『용비어천가』에서도 띄어쓰기에 대한 의식을 엿볼 수 있다. '해동(海東)육용(六龍)이 ᄂᆞᄅᆞ샤, 고성(古聖)이' 다음에 '중간 동그라미점(中圈點)'이 보이고, '일마다 천복(天福)이시니' 다음에 오른쪽 동그라미점(右圈點)이 바로 이러한 기능을 하고 있다.

우랄 · 알타이 어족

유라시아 대륙에 걸친 많은 언어를 포괄한다. 이들에 대한 가설은 20세기에 이르러 비판을 받아 우랄어족과 알타이어족으로 양분되기에 이른다. 우랄어족은 핀·우글제어와 사모예뜨어를, 알타이어족은 토이기제어, 몽고제어, 퉁구스제어를 포괄한다.

우랄어족

우랄어족은 터키에서 중앙아시아와 몽골을 거쳐 한국과 일본에 이르는 지역에 분포하는 어족으로 우랄·알타이어족과 동의어로 취급한다.

우설적 방식

본용언과 보조용언이 보조적 연결어미를 매개로 이어져 합성서술어를 형성하는 과정을 '우설적 방법'이라 한다.

움라우트(Umlaut)

움라우트는 선행음절의 모음이 후행음절의 전설모음에 의하여 전설모음으로 동화되는 음운현상인데 국어의 움라우트 현상은 'i'모음 역행동화뿐이다.

국어의 움라우트 현상은 근대국어시기 단모음화가 일어난 증거가 된다. 근대어 시기, ·의 소실 이후 단모음화가 실현되었는데 움라우트 현상은 그 증거로 볼 수 있는 것이다. 즉 움라우트는 뒷음절의 'i'모음과의 동화로 앞 음절의 a가 ε로, ə가 e로 변화한 현상인데 이는 ε와 e가 확립된 뒤에 일어날 수 있었던 것이다. 이 현상은 19세기와 19세기의 교체기에 일어난 것으로 추정되는데 따라서 이중모음 'ㅐ', 'ㅔ'의 단모음화는 18세기 말엽에 일어난 것으로 결론할 수 있다.

원순모음화

근대국어 시기에 일어난 주목할 만한 모음 변화의 하나에 순음 'ㅁ, ㅂ, ㅍ, ㅃ' 아래의 모음 'ㅡ'의 원순화(圓脣化)가 있다. 이 변화로 중세어 이래 있었던 '므, 브, 프, 쁘'와 '무, 부, 푸, 뿌'의 대립이 국어에서 없어지게 되었다[예 : 중세어 믈(水)/물(群) 등]. 이 변화는 문헌상으로는 17세기 말의 『역어유해』에서 확인된다[예 : 불(火), 무즈미ᄒ다(余水) 등]. 이런 예는 18세기 문헌에서 일반화되었다. 『동문유해』에는 매우 많은 예가 보인다[예 : 쌀(角), 풀(草), ᄂ물(茱 < ᄂ믈 < ᄂ물), 붉다(紅) 등]. 이로 보아 이 원순모음화는 17세기 말엽에 이루어진 것으로 추정된다.

원인(연결어미)

종속적 연결어미의 한 양상이다. 종속적으로 이어진 문장은 선행절과 후행절이 의미적으로 긴밀한 관계를 보인다. 그 중 '원인의 연결어미'는 선행절이 후행절에 대하여 '원인'의 의미를 가지는 연결어미를 말한다.

용례
불휘 기픈 남ᄀᆞᆫ ᄇᆞᄅᆞ매 아니 뮐씨(원인) 곶 됴코 여름 하ᄂᆞ니(결과) (용비어천가, 2장)
ㄴ 뿌리가 깊은 나무는 바람에 흔들리지 않으므로(원인, 선행절) 꽃이 아름답고 열매가 많다. (결과, 후행절)

원칙법

규범에 속하는 사실을 청자에게 타일러 주는 부차서법의 하나이다. 인식양태와 함께 의무양태도 파악된다. 중세국어의 원칙법은 현대국어와 용법이 비슷하다. 확인법은 화자의 주관적 상념과 판단에 근거한 '주관적인 앎'의 의미가 강한 반면, 원칙법은 화자는 물론 청자 혹은 보편적인 시각에서도 수용될 수 있는 '객관적인 앎'에 바탕을 둔 사태판단이라고 할 수 있다.

중세국어에서 원칙법은 선어말어미 '-니-'에 의해서 표현된다. 그런데 '-니-'는 통합상의 제약이 많아, 선어말어미로 분석하기 어려운 점이 있다. '-니-' 뒤에는 의문법과 설명법의 어말어미만이 통합될 수 있는데, 의문법의 '-뇨, -녀' 등의 '니'는 원칙법으로서의 의미가 거의 나타나지 않고 계열 관계나 통합 관계도 만족시키기 못하기 때문에 독립된 선어말어미로 분석하기 어렵다.

설명법이 통합된 예는 원칙법의 의미가 잔존하고 일부 통합관계를 충족시키는 경우가 있으나, 통합체 '-니라'를 분석하지 않고 별도의 설명법 어미로 처리하는 것이 편리할 때도 많다. 이 같은 현상은 중세국어가 '-니-'가 소멸되어 가는 단계였기 때문으로 보인다. 즉, 이전 시기에서는 독립된 선어말어미로서 기능하던 '-니-'가 점점 기능을 잃어가고, 통합관계도 제약됨에 따라 어미 통합체의 일부분으로 흡수되어 갔던 것으로 보인다. 현대국어에 의고적인 표현으로 '-니라' 정도만이 남아 있는 것도 이런 과정의 결과로 이해된다.

용례

가. 사ᄅᆞ미 살면 주그미 이실ᄊᆡ 모로매 <u>늙ᄂᆞ니라</u> (석보상절 권11, 36장)

나. 舍利弗아 너희 부텻 마ᄅᆞᆯ 고디 드르라 거츠디 <u>아니ᄒᆞ니라</u> (석보상절 권13, 47장)

다. 부톄 방편력으로 三乘教ᄅᆞᆯ 뵈요ᄆᆞᆫ 衆生이 … 혀 나게 <u>ᄒᆞ다니라</u> (법화경언해 권1, 158장)

라. 孔門을 당다이 ᄇᆞ료미 <u>몯ᄒᆞ리니라</u> (두시언해 권6, 21장)

마. 녯 위안해 고지 절로 펫고 봄나래 새 도로 <u>놀어니라</u> (두시언해 권8, 34장)

원칙법은 직설법 '-ᄂᆞ-'와 회상법 '-더-' 뒤의 용례가 많으며, 간혹 부정법이나, 추측법, 확인법 뒤에 쓰이기도 한다. 경어법의 선어말어미는 자유롭게 통합될 수 있었으나, 선어말어미 '-오-'가 통합된 예는 보이지 않는다. 또 어말어미로는 설명법의 종결어미만이 통합될 수 있다. (가)는 직설법, (나)는 부정법, (다)는 회상법, (라)는 추측법, (마)는 확인법과 통합된 예이다. 시제는 같이 쓰인 기본 서법의 형태소에 의해 표현되고, '-니-'는 사태를 규범적인 것으로 파악하거나 하여 상대의 주의를 환기시키거나 일깨우고자 하는 화자의 태도를 나타낸다. (가)의 '모로매'나 (라)의 '당다이'가 이런 태도를 반영하는 것이다.

원칭

지시사의 경우에 지시 대상의 거리에 따라 근칭, 중칭, 원칭의 구분이 주어지는데, 지시형용사의 근칭, 중칭, 원칭은 각각 '이러ᄒ다/이렇다, 그러ᄒ다/그렇다, 뎌러ᄒ다'로 실현된다. '아ᄆ라ᄒ다/아ᄆ랗다'로 표현하는 부정칭도 있다. 지시부사는 근칭, 중칭, 원칭이 '이리/그리/뎌리'로 실현되고, 미지칭 '어드리'와 부정칭 '아ᄆ리'로 쓰인다. '아ᄆ리'는 경우에 따라 미지칭으로 해석되기도 한다.

유기음(有氣音)

유기음은 거센소리, 격음을 말한다. 국어에는 고대에도 유기음(ㅍㅌㅋㅊ)이 있었던 것으로 추정되는데, 이들은 알타이제어의 무성음에 규칙적으로 대응되지는 않는다. 이 사실은 국어에서 원시적인 무성음과 유성음의 합류가 일어나고 그 뒤 유기음 계열이 발달한 것으로 봄으로써만 설명될 수 있다.

반면 후기 중세어에 있어서의 평음과 유기음의 양계열의 존재는 쉽게 확인된다. 그러나 어두에 있어서 유기음의 출현은 적어 평음과의 불균형은 여전했다. 어두에 유기음을 가진 단어는 중세국어

에 있어서도 그 수가 매우 제한되어 있었으며 현대국어에 있어서
도 그 수가 어두 평음을 가진 단어의 그것과 비교하면 적다. 이러
한 사실은 국어의 유기음이 매우 제한된 조건에서 발달한 것임을
강력히 암시하고 있다.

유기음화(有氣音化)

중세국어에서는 ㅎ말음을 가졌던 체언이 유기음으로 되는 경우가
있고 어중에서 ㅎ과 평음이 축약되어 유기음화하는 경우가 있었
다. 근대어 시기 유기음화의 예로는 탓(닷), 풀무(불무) 등이 발견된
다. 이는 이미 중세어부터 시작된 변화였다.

유성마찰음

15세기 중엽(훈민정음 창제 당년)에는 유성마찰음으로 'ㅸ', 'ㅿ',
'ㆁ'이 있었던 것으로 추정된다. 이들은 매우 제한된 분포를 가지
고 있었는데, 모두 유성적 환경에만 나타나는 특징을 가진다. 이
들이 조만간 소실되고 만 것은 이러한 편재로 구조적 압력을 받
았기 때문이었다.

┃ ㅸ

'ㅸ'에 대해서는 해례 제자해에 "脣乍合而喉聲多也"라고 설명되어
있다. 이 설명이나 그 밖의 여러 증거로 보아 이 음소는 양순 유
성마찰음 [β]로 실현되었던 것으로 믿어진다. 그 분포는 모음 간,
'ㄹ' 또는 'ㅿ'과 모음 사이였다[예 : '사비'(蝦), '글발'(詞), '웅보리'(瞬),

'웃ᄫᅵ' 등].

'ᄫ'은 일반적으로 w로 변하였다. 다만 'ᄫᅵ'는 wi 또는 i로 변하였다. 'ᄫᅵ'가 이렇게 두 가지로 변화한 이유는 아직 확실치 않다.

ᄫᅡ > 와(wa) : 글ᄫᅡᆯ > 글왈(文)
ᄫᅥ > 워(wə) : 더ᄫᅥ > 더워(暑)
ᄫᆞ > wʌ > 오 : 스ᄀᆞᄫᆞᆯ > 스ᄀᆞ올(鄕)
ᄫᅩ > wɨ > 우 : 어려ᄫᆞᆫ > 어려운(難)
ᄫᅵ > 이, 위(wi) : 갓가ᄫᅵ > 갓가이(近) ; 치ᄫᅵ > 치위(冷)

ㅿ

'ㅿ'은 『훈민정음』해례에서 불청불탁의 반치음(半齒音)이라고 규정하였다. 즉 중국 자모의 일모(日母)에 대당되는 것이었다. 이런 사실은 'ㅿ'이 [z]로 실현되었음을 추정케 한다. 그 분포는 모음 간, 'ㄴ' 또는 'ㅁ'과 모음 사이, 모음과 'ㅸ' 또는 'ㅇ' 사이에 국한되어 있었다[예 : ᄆᆞ술(村), 한숨(歎), 몸쇼(躬), 웃보리'(啊), ᄀᆞ애(剪) 등]. 간혹 어두에 표기된 일도 있었는데, 주로 의성어와 중국어 차용어에 나타난다[예 : '셜셜'(水流貌), '셤셤'(陽談貌), 'ᄸᅩᆼ'(欌) 등].

기원적으로 보면 'ㅿ'에는 두 종류가 있는데 하나는 계림유사의 이전부터 내려오는 것이고 하나는 13세기 이후 's > z'의 변화로 나타난 것들이다 두 번째의 변화는 특수한 환경에서만 일어났다.(y, ㄹ, ㄴ, ㅁ과 모음사이) 15·16세기에는 'ㅅ'형과 'ㅿ'형이 공존했는데 나중에 방언형과 중앙어의 대립으로 생존권을 다투는 과정에서 승리한 결과에 따라 한 형태만이 살아남을 수 있었다. 'ㅅ'형은 'ㅅ'으로, 'ㅿ'형은 'ㅇ'으로 남는다.

ㅿ의 소실은 15세기 후반에서 16세기 전반에 걸친 것으로 추정된

다. 먼저 i앞에서 시작되었고(ㅿㅟ>ㅅ이) 그 뒤 한자음에서도 i 또는 y앞에서의 소실 예들이 등장한다(=ㅿㅣ이, 日ㅿㅣㄹ 일). 16세기 후반의 문헌들은 ㅿ이 단순히 의고적 표기법에 의한 것임을 느끼게 한다. 따라서 ㅿ는 늦잡아도 16세기 전반까지 존속했다고 결론할 수 있을 것이다.

┃ ㅇ

'ㅇ'은 문자 그대로 '영(零)'이라는 것이 종래의 통념이었다. 그러나 15세기의 문헌을 면밀히 검토해 보면 'ㅇ'에 두 종류가 있었음을 깨닫게 된다.

첫째는, 어두음이 모음임을 표시하거나, 어중에서 두 모음 사이에 사용되어 서로 다른 음절에 속함을 표시하는 소극적인 기능을 가진 것이다[예 : 아옥(葵), 어엿비(憫)].

둘째는, 보다 적극적인 기능을 지닌 것이다. 가령 '알-'(知)의 활용형 '알어늘, 알오'는 '*알거늘, *알고' 등에서의 변화인데, 15세기 맞춤법의 규칙에 비추어 보아 'ㄹ'로 하여금 종성의 위치에 머물러 있도록 막고 있는 힘은 'ㅇ'이 하나의 자음인 데서 생기는 것이라고 해석할 수밖에 없다. 이때의 'ㅇ'은 유성 후두마찰음으로 추정할 수 있다. 자음 음소로서의 'ㅇ'은 15세기 국어에서 매우 제한된 분포를 가지고 있었다. y, 'ㄹ' 또는 'ㅿ'과 모음 사이에만 나타난다[예 : 비애(梨浦), 몰애오개(沙峴), 멀위(葡), ㅈ애(剪), 겸위(蚯蚓) 등]. 한편 역사적으로 보면, 이 'ㅇ'은 y, 'ㄹ', 'ㅿ'과 모음 사이에서의 '*ㄱ'이 약화된 결과였다.

'ㅇ'의 소실은 먼저 'ㅿㅇ'에서 일어났다. 15세기의 'ㅈ애', '겸위' 등이 16세기 문헌에 'ㄱㅅ애', '거쉬' 등으로 나타나는데, 이들은

266

'ㅇ'의 소실로 'ㅿ'이 제2음절의 첫소리가 되었음을 보여준다. 한 편 'ㄹㅇ'은 '몰애'(砂), '놀애'(歌) 등 명사에서는 16세기 말까지 변 함이 없었으나 용언 활용에서는 'ㄹㄹ'로 변한 예들이 보인다. 즉 16세기 말의 『소학언해』에 '올라'(登), '올려든'(上), '닐럼즉디'(謂), '달름'(異) 등의 예가 나타남은 주목할 만하다. 이들은 15세기에서 는 '올아', '달옴' 등으로 나타났던 것이다. 이러한 소실 과정에 따라 17세기의 자음 체계에서는 유성 마찰음이 제외되었다.

유성 양순 마찰음

유성 마찰음 'ㅸ, ㅿ, ㅇ' 중에서 양순음에 속하는 'ㅸ'을 말한다. 'ㅸ'에 대해서는 해례 제자해에 "脣乍合而喉聲多也"라고 설명되어 있다. 이 설명이나 그 밖의 여러 증거로 보아 이 음소는 양순 유 성마찰음 [β]로 실현되었던 것으로 믿어진다. 그 분포는 모음 간, 'ㄹ' 또는 'ㅿ'과 모음 사이였다[예 : '사비'(蝦), '글발'(詞), '웃ᄇᆞ리'(哂), '웃ᄇᆡ' 등].

'ㅸ'은 일반적으로 w로 변하였다. 다만 'ㅸㅣ'는 wi 또는 i로 변하였 다. 'ㅸㅣ'가 이렇게 두 가지로 변화한 이유는 아직 확실치 않다.

바 > 와(wa) : 글발 > 글왈(文)
버 > 워(wə) : 더버 > 더워(暑)
ᄫᆞ > wʌ > 오 : 스ᄀᆞᄫᆞᆯ > 스ᄀᆞ올(鄕)
보 > wi > 우 : 어려ᄫᆞᆫ > 어려운(難)
비 > 이, 위(wi) : 갓가비 > 갓가이(近) ; 치비 > 치위(冷)

유성음

성대의 진동을 수반하는 조음(調音)의 하나. 조음 중에 성대의 진동 없이 발성되는 무성음(無聲音)에 대립된다. 국어의 유성음들은 모두 무기음(無氣音)들로 실현된다. 현대국어에서는 유성음과 무성음 사이의 음운론적 대립이 없어 일반 언중들은 그 차이를 인식하기가 어렵다. 즉, 유성음과 그에 짝이 되는 무성음은 각각 일정한 음운에 해당되는 이음(異音, 또는 變異音)으로만 존재한다. 음성상으로 모음은 정의적(情意的)인 표현으로 발음하는 경우를 제외하면 일반적으로 모두 유성음으로 실현되고, 비음(鼻音) 'ㅁ, ㄴ, ㅇ'과 유음(流音) 'ㄹ'도 마찬가지로 유성음으로 실현된다.

유음은 음절말 위치에서는 [l]로 실현되고 모음 사이에서는 [r]로 실현되며, 'ㄹㄹ'다음에 'i'모음이 올 때 두 번째 'ㄹ'은 구개음 [ʎ]로 실현된다. 순수자음 중 'ㄱ, ㄷ, ㅂ, ㅈ, ㅎ'만은 유성음 사이에서 각각 [g, d, b, ʤ, ɦ]와 같은 유성음으로 실현되는데, 때로 어중의 고모음 앞에서 [g, b]는 [ɣ, β]와 같은 유성마찰음으로 수의적으로 실현되기도 한다. 'ㅅ'과 'ㅊ, ㅋ, ㅌ, ㅍ'과 'ㄲ, ㄸ, ㅃ, ㅆ'은 유성음 사이에서도 유성음으로 실현되는 일이 없다.

역사적으로 국어에 유성자음체계가 존재하였던 것으로 추정되고 있는데, 특히 15세기에는 'ㅸ[β], ㅿ[z]' 등과 같은 유성자음이 'ㅁ, ㄴ, ㅇ, ㄹ'과 함께 존재하였다. 순경음(脣輕音) 'ㅸ'은 "以輕音脣乍合而喉聲多也"라 하여 『훈민정음』에서 양순마찰음임을 지적하고 있어서 [β]에 해당되는 유성음으로 추정되는데, ① V-V, ② j-V, ③ r-V, ④ z-V 등의 환경에서 실현되었다. 반치음(半齒音) 'ㅿ'은 유성마찰음 [z]에 해당되는 것으로 추정되는데, ① V-V, ② j-V, ③ r-V, ④ n-V, ⑤ m-V, ⑥ V-β, ⑦ V-ɦ 등의 환경에서 실현되었다.

이 '△'은 'ㆁ, ㄴ, ㅁ, ㅇ, ㄹ'과 함께 『훈민정음』을 비롯한 조선 시대의 문헌들에서는 불청불탁(不淸不濁)으로 분류되었는데, 이 불청불탁은 현대음성학의 유성자음에 해당된다. 여기서 'ㅇ'은 여러 가지로 해석되어 왔는데 이것이 불청불탁음, 즉 유성자음이라면 대체로 유성후음인 [ɦ]로 추정된다. 불청불탁음 'ㆁ, ㄴ, ㅁ, △, ㅇ, ㄹ' 및 'ㅸ' 가운데에서 비음 'ㆁ, ㄴ, ㅁ'과 유음 'ㄹ'은 현재 까지 음운론적 기능을 하고 있으며, 'ㅇ'은 대체로 음운론적 기능 을 잃었고, '△'과 'ㅸ'은 방언에 따라 달리 변화를 입었다. '△'은 'ᄆᆞᅀᆞᆷ > 마음, 사ᅀᅵ > 사이' 등과 같이 전국적으로 없어진 경우도 있으나, 방언에 따라 또는 어휘에 따라 'ㅅ'과 합류되기도 하였다 [두서~두어, 마을~마실 등]. 'ㅸ'도 '더ᄫᅵ > 더위, 갓가ᄫᅵ >가까이'처 럼 거의 전국적으로 없어지기도 하였으나 방언에 따라, 또는 어휘 에 따라 'ㅂ'과 합류되기도 하였다[새우~새비(<사ᄫᅵ), 가운데~가분데 (<ᄀᆞᄫᆞᆫ데) 등]. 용언어간에 쓰이던 '△, ㅸ'도 마찬가지로 방언에 따 라, 또는 어휘에 따라 변칙활용을 하기도 하고 규칙활용을 하기도 한다[잇고~이어/잇어, 덥고~더워/덥어 등).

유성후두마찰음

유성 마찰음 'ㅸ, △, ㅇ' 중에서 후두음에 속하는 'ㅇ'을 말한다. 'ㅇ'은 문자 그대로 '영(零)'이라는 것이 종래의 통념이었다. 그러 나 15세기의 문헌을 면밀히 검토해 보면 'ㅇ'에 두 종류가 있었음 을 깨닫게 된다.

첫째는, 어두음이 모음임을 표시하거나, 어중에서 두 모음 사이에 사용되어 서로 다른 음절에 속함을 표시하는 소극적인 기능을 가진 것이다[예 : 아옥(葵), 어엿비(憫)].

둘째는, 보다 적극적인 기능을 지닌 것이다. 가령 '알-'(知)의 활용형 '알어늘, 알오'는 '*알거늘, *알고' 등에서의 변화인데, 15세기 맞춤법의 규칙에 비추어 보아 'ㄹ'로 하여금 종성의 위치에 머물러 있도록 막고 있는 힘은 'ㅇ'이 하나의 자음인 데서 생기는 것이라고 해석할 수밖에 없다. 자음 음소로서의 'ㅇ'은 15세기 국어에서 매우 제한된 분포를 가지고 있었다. y, 'ㄹ' 또는 'ㅿ'과 모음 사이에만 나타난다[예 : 비애(梨浦), 몰애오개(沙峴), 멀위(葡), ㅈ애(剪), 겅위(蚯蚓) 등]. 한편 역사적으로 보면, 이 'ㅇ'은 y, 'ㄹ', 'ㅿ'과 모음 사이에서의 '*ㄱ'이 약화된 결과였다.

'ㅇ'의 소실은 먼저 'ㅿㅇ'에서 일어났다. 15세기의 'ㅈ애', '겅위' 등이 16세기 문헌에 'ㄱ애', '거쉬' 등으로 나타나는데, 이들은 'ㅇ'의 소실로 'ㅿ'이 제2음절의 첫소리가 되었음을 보여 준다. 한편 'ㄹㅇ'은 '몰애'(砂), '놀애'(歌) 등 명사에서는 16세기 말까지 변함이 없었으나 용언 활용에서는 'ㄹㄹ'로 변한 예들이 보인다. 즉 16세기 말의 『소학언해』에 '올라'(登), '올려든'(上), '닐럼즉디'(謂), '달름'(異) 등의 예가 나타남은 주목할 만하다. 이들은 15세기에서는 '올아', '달옴' 등으로 나타났던 것이다.

유음(流音)

음성분류의 하나로 'ㄹ' 계통의 음성과 설측음을 통틀어 일컫는다. 우리 국어에서 유음은 어두에 올 수 없었다. 알타이 제어는 'r'과 'l'의 구별을 가지고 있었는데 이 'r'과 'l'은 각각 두 개의 형태를 가지고 있었던 것으로 추정된다.(r¹/r², l¹/l²) 국어에서는 이들이 합류하여 '르'하나로 되었다. 후기 중세어의 'ㄹㅇ'의 'ㄹ'은 'l'로 추정할 수 있다.

유의적 단위

낱낱의 유의적 단위는 최소의 요소로 형태소에 이르게 된다. 이는 어소(語素) 또는 형태부라고도 한다. 주시경(周時經)은 형태소를 '늣씨'라고 하였다. 형태소가 국어문법의 단위로서 논의되기 시작한 것은 1950년대 말 구조문법이 수용되면서부터이다. 그 뒤 주시경의 늣씨가 형태소와 비슷한 개념으로 사용되었다는 점이 지적되고, 형태소 분별을 위한 기준 문제가 논의되면서 형태소의 정립이 문법연구의 우선적 과제라는 점을 인식하였다. 최소의 유의적 단위로서 형태소는 두 가지 기준에 기대어 식별된다.

우선 계열관계의 기준을 만족시켜야 한다. 계열관계란 어떠한 음성연결체가 다른 음성연결체로 대치된다는 뜻이다. "산이 높다."라는 문장은 먼저 '산이'와 '높다'의 두 어절로 나뉜다. 그것은 '산이'의 자리에 '바다가'라는 다른 어절이 대치될 수 있고 '높다' 자리에 '깊다'라는 어절이 대치될 수 있기 때문이다. '산이, 바다가'는 다시 '산-이, 바다-가'로 분석된다. 그것은 '산, 바다'의 자리에 '하늘, 내'라는 단어가 대치될 수 있고, '이, 가'의 자리에 '을, 를'이 역시 대치될 수 있기 때문이다. 같은 원리로 '높다'와 '깊다'도 '높, 깊'과 '다'로 분석된다.

다음으로는 통합관계의 기준도 살펴보아야 한다. 통합관계란 형태소 사이에 다른 형태소가 끼어 들 수 있거나 빠진다는 뜻이다.

'산이'라는 어절은 조사 '만'이 끼어들어 '산만이'가 될 수 있고 '높다' 역시 선어말어미가 끼어든 '높았다'가 가능하다. 그것은 '산'과 '이', '높'과 '다'가 각각 의미를 가진 가장 작은 단위가 될 수 있다는 뜻이다. 이를테면 '하늘'과 같은 단어는 두 음절로 되어 있어 '하'와 '늘'로 분석할 수 있을 것 같지만 그 가운데에 어떠한 요소도 끼어들지 못하기 때문에 하나의 형태소에 지나지 않는다. 앞의 '산이'의 경우는 '만'이 삽입되어 '산'과 '이'의 뜻이 그대로 유지되어 있으므로 각각 형태소가 될 수 있다. 형태소는 환경에 따라 모습을 달리한다.

우선 '산-이, 바다-가'에 나타나는 '이, 가'는 주격이라는 공통된 기능을 표시하고 있지만 앞 형태소의 음운론적 환경에 따라 모습을 달리한다. 자음으로 된 명사 아래에서는 '이'가, 모음으로 된 명사 아래에서는 '가'가 각각 선택된다. 음운론적 환경에 따라 모습을 달리하는 한 형태소의 교체형들을 '음운론적으로 제약된 이형태'라 부른다. "빨리 오너라"에 나타나는 '너라'는 "빨리 보아라"에 나타나는 '아라'와 비교해보면 '오아라(>와라)'가 되어야 하겠으나 '오너라'로 나타난다. 이렇게 특정한 형태소 뒤에서 실현되는 한 형태소의 교체형을 '형태론적으로 제약된 이형태'라 부른다. 형태소는 자립성의 유무와 내용의 허실(虛實)에 따라 자립형태소와 의존형태소, 실질형태소(어휘형태소)와 형식형태소(문법형태소)로 나뉜다. 위의 예에서 '산'은 자립형태소, '이, 높, 다'는 의존형태소이며, '산'과 '높'은 실질형태소, '이, 다'는 형식형태소이다.

유일형태소

현대어의 '아름답다'로 이어지는 중세어 '아롬답다'에 나타나는 '아롬'과 같은 형태소는 '-답-'과만 결합해서 나타나기 때문에 의존형태소인데, 오직 '아롬답다'에만 나타나고 다른 경우에는 용례를 찾을 수 없는 특이한 형태소이다. 이런 형태소는 따로 '특이형태소' 또는 '유일형태소'라고 부른다.

유정명사(체언)

사람이나 동물과 같이 감각이 있는 대상, 감정을 나타내는 대상을 가리키는 명사.

유추(類推)

이미 존재하는 어떤 유형을 본받아서 어떤 문법 형태가 새로이 만들어지거나 변화를 입는 것을 말한다. 가령 중세국어에서 동사 '오-'(來)는 선어말어미 '-거-' 대신 '-나-'를 가졌었다(예 : 오나든, 오나눌). 그러나 다른 모든 동사가 '-거-'를 가진 것을 본받아서 '오-'도 '-거-'를 가지게 된 것이다(예 : 오거든, 오거눌). 유추는 일반적으로 비례 4항식으로 표시된다.

　　가 : 가거늘 ＝ 오- : x

유추는 음운 변화의 결과로 생긴 '불규칙적'인 형태들을 '규칙적'인 것으로 만드는 작용을 한다. 중세국어에서 음운 변화로 'ㄹ'

뒤의 '-거-'가 '-어-'로 변했다[예 : 알-어늘(知)]. 이것이 근대국어에 와서 '알거늘'이 된 것은 다른 어간 뒤의 '-거-'에의 유추에 의한 것이었다. 이리하여 음운 변화가 문법 형태들의 특징을 깨뜨려 문법 체계를 파괴함에 대항하여 유추는 그것을 새로이 건설하는 작용을 한다(예 : '맞지-(任) > 맡기-'의 변화).

유형적 분류

언어를 굴절어, 교착어, 고립어 등과 같이 문법적인 특징에 따라 분류하는 것을 말한다.

음독(音讀)

음독은 한자어를 소리대로 읽는 것이다. 문자가 없었던 시대에는 한자어를 통해 우리말을 표기했는데 한자어의 표음적 기능만 취하여 그것을 기호로서 사용한 것이 음독이다. 이 원리에 따라 사용된 한자를 음독자라고 한다.

음독구결(音讀口訣)

오늘날에도 사용하는 방식으로, 한문의 순서대로 음독하되 한문의 구절 사이에 우리말 문법 요소(주로 조사, 어미 등)를 끼워 넣어 읽는 것을 말한다. 이러한 독법이 조선 시대 초기부터 있었음은 여러 자료를 통해서 증명된다. 이는 한자 구결과 한글 구결로 구분할 수 있다.

天地之間萬物之衆厓　唯人伊　最貴爲尼　所貴乎人者隱　以其有五倫也羅
(동몽선습)
天地之間萬物之衆에　唯人이　最貴호니　所貴乎人者는　以其有五倫也라

음독명

한자의 뜻과는 관계없이 그 발음으로 읽는 표기를 말한다.

음소적 원리(→ 음소적 표기법)

음소적 원리는 소리 나는 대로 표기하는 것으로 각 음소를 충실히 표기하는 것을 원칙으로 하였다. 중세어에서는 실용의 편의를 위해 음소적 원리를 택했다. 15세기 정서법의 일차적 원리는 음소적 원리로 모든 형태음소론적 교체가 표기상에 반영되었다.

음소적 표기법

표음적 표기법이라고도 하는데 한 형태소가 환경에 따라 모습을 바꿀 때 바뀐 대로 적는 것을 말한다. 중세국어에서는 종성글자에 'ㄱ, ㆁ, ㄷ, ㄴ, ㅂ, ㅁ, ㅅ, ㄹ'의 8자가 쓰였다. 이는 종성에서 쓰이는 여러 가지 표기를 소리 나는 대로 환경에 따라 바뀐 8개로 한정시킨 것을 의미한다. 소리나는 대로 표기한 8종성법에 따른 표기 방법은 음소적 표기법이다.

음운 교체

동일한 어근, 또는 어미에 속하는 형태소가 기능 및 음성적인 환경에 의하여 서로 다른 음운으로 실현될 때를 말한다. 자음교체와 모음교체가 나타난다. 음운교체는 ∅(零)와의 교체도 포함된다. 예컨대 '살다(生) : 살고~사니, 듣다(開) : 듣고~들으니, 잇다(繼) : 잇고~이으니'에서 동사 '살다'는 /ㄹ~∅/의 교체를, '듣다'는 /ㄷ~ㄹ/의 교체를, '잇다'는 /ㅅ~∅/의 교체를 각각 보여준다. 인구어족(印歐語族)의 여러 언어에는 어근(語根)·접사(接辭)·어미(語尾)에 서로 다른 몇 개의 모음이 교체됨으로써 어의(語意)를 분화하게 되는 일이 있는데, 이를 흔히 모음교체(母音交替, Ablaut)라고 부른다.

체언에 조사가 붙을 때와 어간에 어미가 붙어 활용할 때, 그리고 어근에 접사가 붙어 단어가 형성될 때도 음운의 교체가 나타난다.

용례
갈ㅎ~갈, 브터~븥고, 츳(쌀)~춬(콩), (눌)애~(눌)개

음운 도치(音韻 倒置)

음운 도치는 한 단어나 어군의 내부에서 두 음소 또는 그 연속이 서로 위치를 바꾸는 현상이다. 그 예로는 '중세국어 하야로비(hayarobi) > 근대국어 해오라비(hayorabi)'의 변화를 들 수 있는데 이는 이화의 일종이다.

음운 법칙(音韻 法則)

음운 변화는 현저한 규칙성을 띠고 있다. 어떤 한 언어에 있어서, 어떤 일정한 시기에 동일 환경 속에 있는 어떤 음의 변화는 동일하게 일어나는 강한 경향이 있는데 이를 음운법칙이라고 한다. 이 규칙성은 언어사 연구에 있어서 가장 중요한 작업 원칙이 되어 왔다.

음운 변화(音韻 變化)

음운 변화는 음운 체계 안의 어떤 음운 또는 그 체계 자체가 시간의 흐름에 따라 통시적으로 변화하는 일이다. 이를 음운 변천이라고도 한다. 음운 변화는 흔히 조건 변화(결합적 변화)와 무조건 변화(자생적 변화)로 분류되어 왔다. 조건 변화는 어떠한 조건 하에서 반드시 일어나는 변화로 동화, 이화 등이 해당한다. 무조건 변화는 모음추이와 같은 것으로 이러한 조건 없이 일어난다. 조건 변화는 부분적임에 반해 무조건 변화는 전반적이다. 한편 음운 법칙과 같은 공시적인 음운의 변화는 '음운 변동'이라고 일컬어 구분한다.

음운 체계(音韻 體系)

한 언어가 가지는 음소들 사이에 존재하는 일정하고 유기적인 관계를 음운체계라고 한다. 국어의 음운 체계는 시기에 따라 약간씩의 변화를 겪어왔다.

음절(音節)

음절은 소리의 마디로 발음의 최소 단위이다. 세종의 훈민정음은 중국 음운학과 마찬가지로 음절을 출발점으로 전개되지만 중국 음운학과는 다르게 초성·중성·종성의 삼분법을 취했다. 이 삼분법의 기초 위에서 당시의 국어 음운을 분석하였다. 그래서 훈민정음은 진정한 음소적 문자 체계에 가까워질 수 있었다.

음절말 자음

국어 음운사에서 가장 특징적인 사실 중 하나는 음절말 자음의 내파화에 관한 것이다. 고대국어의 음절말 자음의 내파화는 아직 일어나지 않았던 것으로 추정된다. 전기 중세어에서도 대부분의 자음 대립이 음절말 위치에서 유지된 것으로 생각된다. 그러나 음절말 위치에서 'ㅈ'과 'ㅊ'이 구별되지 않았던 것을 알 수 있는데 이는 중화의 개연성이 큰 것으로 생각된다. 13세기 음절말 자음의 대립은 'ㄱ ㄴ ㄷ ㄹ ㅁ ㅂ ㅅ ㅿ ㅇ ㅈ ㅎ' 등이 있었던 셈이다. 후기 중세국어의 음절말 자음의 대립은 매우 제한되어 있었다. 해례 종성해에서는 8종성의 사용을 규정하였는데 이것은 음절말 자음 대립이 'ㄱ ㆁ ㄷ ㄴ ㅂ ㅁ ㅅ ㄹ' 8자음에 국한되었음을 명시하는 것이다(여기에 특수한 환경에서 어말에 쓰인 ㅿ을 포함하여 9자로 볼 수 있다). 즉 15세기 중엽에 있어서는 평음과 유기음의 대립(ㄷ, ㅌ)이나 'ㅅ ㅈ ㅊ'의 대립이 이미 중화되었음을 알 수 있는 것이다. 이 중화는 음절말 자음들의 내파화(內破化, 막히기만 하고 터지지 않음)의 결과이다.

278

음절적 원리

15세기 정서법의 이차적 원리는 음절적 원리로 각 음절을 충실히 표기하는 방식을 말한다. 가령 '사룸(人)'의 곡용형은 '사루미, 사 루몰'로, '먹-(食)'의 활용형은 '먹고, 머그니' 등으로 각 소리마디 를 충실히 표기하는 방식이다. 이는 연철표기와 같이 나타난다. 음절 경계의 문제와 관련하여 혼동 사항이 있다(바올과 방올 등).

의도(연결어미)

연결어미 중에서 '의도'의 의미를 보이는 '-고져, -과뎌, -귓고, -오려, -랴' 등이 해당한다.

의도법(意圖法)

의도법은 화자의 의도를 표시하는 기능으로 주관적 의도가 가미 된 동작 또는 상태의 진술에 사용되었으며 사실의 객관적 진술에 는 사용되지 않았다. 의도법의 선어말어미 '-오-'는 근대어나 현 대어에서는 볼 수 없는 중세어만의 특징이었다. 이 어미는 자음으 로 끝난 어간 뒤에서 모음조화에 따라 '-오/우-'로 교체되었다. 이 어미는 과거 시상의 선어말어미 '-더-'와 결합하면 '-다-', '-거-'와 결합하면 '-과-'(또는 '-가-'), '-ᄂ-'와 결합하면 '-노-', 경어법의 '-시-'와 결합하면 '-샤-', 계사와 결합하면 '-이로-' 가 되었다.

붓그리다니, 언과라, 지스샨, 弟子ㅣ로라

의도법 어미는 그 출현이 매우 규칙적이어서 일부 어말 어미와의
결합에 국한되어 있었다. 동명사 어미 '-ㅁ'과 부동사 어미 '-디'
는 언제나 그 앞에 이 선어말어미를 수반하고 나타났다[예 : 머굼,
머구디(먹- 食) ; 자봄, 자보디(잡- 取) 등]. 이들을 제일류라고 한다. 이
에 대하여 선택적으로 의도법 어미를 취하는 것이 있었는데 이들
은 제이류로서 동명사 어미 '-ㄴ, -ㄹ', '-니, -ㄴ니, -리니, -리
라' 등이 있었다. 동명사 어미 가운데 '-ㄴ', '-ㄹ', 연결형과 종
결형의 '-니, -ㄴ니, -리니, -리라' 등은 이 어미와 결합하여 '-온/
운, -올/울', '-오니/우니, -오리니/우리니, -오리라/우리라' 등으
로 나타날 수 있었다.

이것은 설명문의 서술어에서는 화자의 의도를, 의문문의 서술어
에서는 청자의 의도를 나타냈다. 그리고 관형사형에서는 동작 주
체의 의도를 나타냈다.

이 東山올 푸로리라 (석보상절 권6, 24장)
主人이 므슴 차바눌 손소 돋녀 밍ᄀ노닛가 (석보상절 권6, 16장)
니르고져 홅 배 이셔도 (훈민정음언해)

관점에 따라서는 종결형과 연결형에 쓰인 '-오/우-'를 "화자(話者)
표지"(주어가 화자임을 표시)로 보고, 관형사형에 쓰인 '-오/우-'를
"대상 활용"(표제명사가 관형사형의 의미상 목적어나 부사어가 됨을 표시)
으로 보기도 한다. 이 문법 범주는 15세기에 동요되기 시작하여

280

16세기에 소멸하고 말았다.

의도부정

부정부사 '아니'로 부정문을 형성하는 것.

의문문(疑問文)

중세어에서는 의문문이 두 가지 형태로 구별되었다. 부가의 판정을 요구하는 경우와 설명을 요구하는 경우가 그것이다. 판정 의문의 어미는 '-잇가', 설명 의문의 어미는 '-잇고'였다. 'ᄒᆞ야쎠'체에서는 '-ㅅ가'가 두 의문문에 두루 쓰였다. 이것은 이미 후기 중세어에서 두 의문문의 구별이 동요되고 있었음을 시사한다.

'ᄒᆞ라'체에 있어서는 서술어가 체언인 경우에는 첨사 '가', '고'가 이 체언에 연결되었고 용언인 경우에는 선어말어미 '-니-', '-리-'와 '-아', '-오'의 결합인 '-녀'와 '-뇨', '-려'와 '-료'에 쓰였다. 2인칭 대명사가 주어일 경우에는 '-ㄴ다'가 쓰였다. 수사 의문을 나타내는 '-이ᄯᆞᆫ, -이ᄯᅡ녀, -이ᄯᅡ니잇가' 등도 있었다.

근대에 있어서도 중세어의 어미들이 거의 다 나타나지만 판정 의문과 설명 의문의 형태적 구별이 점차 사라지는 것이 보인다. 이러한 구별은 경남 방언의 일부에서 확인 가능하며 수사 의문의 어미들은 근대어에서는 찾아볼 수 없다.

의문법

의문문을 만드는 문체법으로 체언에 보조사가 붙어 의문법이 되기도 하고, 인칭과 의문사의 사용 여하에 따라 의문법의 형태가 달라지기도 한다. 의문문은 판정의문과 설명의문으로 나눌 수 있는데 판정의문은 상대방에게 가부(可否)의 대답을 요구하는 것이고, 설명의문은 의문사를 써서 그에 대한 정보를 요구하는 문장이다. 일반적으로 의문보조사 '가/아'는 판정의문문에 쓰이고, '고/오'는 의문사와 함께 설명의문에 쓰인다. 이들은 주어가 제1인칭과 제3인칭에 국한해서 나타나기 때문에 '제1·3인칭 의문법'이라 부른다. 반면에 주어가 2인칭일 경우에는 의문보조사 '다'가 붙는다. '다'는 제2인칭 의문법이다. 이 경우에는 판정의문법과 설명의문법의 구별이 없다. 그리고 '-이ᄯᆞᆫ, 이ᄯᆞ녀, 이ᄯᆞ니잇가' 등은 수사의문을 형성하였다.

의문사

의문의 초점이 되는 단어. 국어에서는 '누구·언제·어디·무엇·왜·어떻게·얼마·어느 것' 등을 말한다. 품사 분류상으로는 대명사·부사·관형사·명사 또는 수사 등으로 취급된다.

용법

① 문장에서 의문의 초점이 되는 사물·사태를 제시하여 상대에게 설명을 요구하는 의문문을 만든다. 이때 문장의 억양은 서술문과 같다.

② 평서문에서도 '도·라도·든지·라든지' 등의 조사가 덧붙어 부정(否定)의 의미를 지니는 총괄적 표현을 할 수 있다.

의미 변화(意味 變化)

단어가 그 본디의 꼴대로 혹은 소리를 더하거나 덜하여서 그 뜻을 여러 가지로 바꾸는 일로 사회·문화적 영향을 많이 받는다.

의사 반복 합성어

반복합성어는 하나의 어근이 겹쳐서 이루어진 합성어를 말한다. '사람사람', '집집', '철썩철썩', '구불구불' 따위가 있다. 중세국어도 명사가 반복되어 부사가 된 것, 부사가 반복되어 다시 부사가 된 것, 형용사의 어근 또는 어간이 반복되어 부사가 된 것, 그리고 의성부사와 의태부사가 있다. '가지가지, 나날, ᄆᆞ디ᄆᆞ디/다ᄆᆞᆫ다ᄆᆞᆫ, 아독아독/몰ᄌᆞ몰ᄌᆞ, 반둑반둑, 서늘서늘, 아독아독, 젹젹/구믈구믈, 다풀다풀, 너운너운, 섬섬, 설설' 등이 여기에 속한다. 그런데 '몰ᄌᆞ몰ᄌᆞ, 반둑반둑, 서늘서늘, 아독아독, 젹젹' 등은 그 자체가 어근으로 나타나는 일이 없는데 이와 같은 반복합성어를 의사 반복 합성어라고 한다.

의성부사

사람이나 사물의 소리를 흉내 낸 부사로 현대국어에서는 '으앙으앙,' '개굴개굴', '철썩철썩' 따위가 있다. 중세국어에서는 '뚝, 듥

긔동, 셜셜’ 등이 있다.

의성어(擬聲語)

사람이나 사물의 소리를 흉내 낸 말로 현대어에서는 의성어와 의태어에서 모음조화가 가장 현저하다.

의역

의역은 직역과 달리 의미만 전달되도록 번역한 것을 지칭한다. 의역을 할 경우, 직역할 때보다 내용에 대한 쉬운 접근을 이룰 수 있다. 번역 양식은 전통적으로 직역 또는 축자역과 의역 또는 자유역으로 나뉜다. 이러한 분류에 대한 명확한 기준을 설정하기는 어렵지만, 직역이 원전의 형식에 충실한 데 대하여 의역은 그 내용에 충실한 것이라는 정도의 상대성을 가진다.

의존명사

의미가 형식적이어서 다른 말 아래에 기대어 쓰이는 명사. 의존명사는 문장에서 서술어로 쓰는 의존 명사인 서술성의존명사(예 : ‘최선을 다할 <u>따름</u>이다’, ‘일만 할 <u>뿐</u>이다’에서의 ‘따름’, ‘뿐’, 중세국어에서는 ‘ᄯᆞ롬’만 확인)와, 문장에서 주어로만 쓰는 의존 명사인 주어성의존명사(예 : ‘할 수가 없다’에서 ‘수’, ‘말할 <u>나위</u>가 없다’에서 ‘나위’, 중세국어에서는 ‘디, 숫’), 수효나 분량 따위의 단위를 나타내는 의존 명사인 단위성의존명사(예 : ‘쌀 한 <u>말</u>, 쇠고기 한 <u>근</u>, 굴비 한 <u>두름</u>, 북어 한

쾌, 고무신 한 켤레, 광목 한 필'에서 '말', '근', '두름', '쾌', '켤레', '필'),
여러 가지 문장 성분으로 두루 쓰이는 의존 명사인 보편성의존명
사('분', '데', '것', '바', 중세국어에서는 '바, 것, 녁, 두, 덛, 분, 쁜, 스, 앛,
이, 적, 줄, 히'), 문장에서 부사어로만 쓰이는 의존명사인 부사성의
존명사('먹을 <u>만큼</u> 먹었다'의 '만큼', '하고 싶은 <u>대로</u> 하여라'의 '대로', 중
세국어에서는 '드, 디, ᄀ장, 거긔, 게, 그에, 긔, 다비, 둧, 동, 만, 손디, 양,
자히')로 나눌 수 있다.

의존형태소

의존형태소란 혼자서는 쓰이지 못하고 다른 말에 기대어 쓰이는
형태소를 말한다. 가령 '불휘, 깊-, -은, 낡, 온, ᄇᄅ롬, 애, 아니,
뮈-, -ㄹ씨, 곶, 둏-, -고, 열-, -음, 하-, -ᄂ-, -니'로 형태소가
분석되는데 혼자서 자립하여 쓸 수 있는 '불휘, ᄇᄅ롬, 아니, 곶'을
제외한 나머지는 모두 의존형태소이다.

[용례]
불휘 기픈 남ᄀᆫ ᄇᄅ매 아니 뮐씨 곶 됴코 여름 하ᄂᆞ니

의지감탄사

상대방을 의식하며 자기의 생각을 표출하는 감탄사.
의지감탄사에는 상대방에게 단념시키거나(아서라 등), 독려하거나
(자, 어서 등), 부르는 말(여보, 여보세요, 애, 이봐, 워리, 워워 등), 또는
긍정이나 의혹, 부정을 나타내는 말(예 : 암, 아무렴, 오냐, 글쎄, 아니
오, 천만에 등)들이 포함된다. 그밖에도 특별한 뜻 없이 입버릇처럼

내는 말이나 말을 더듬는 모양으로 내는 말 등을 넓은 의미의 의지감탄사에 포함시키기도 한다.

> **[용례]**
> <u>엥</u> 올흥시이다
> <u>아소</u> 님하 도람 드르샤 괴오쇼셔

의태부사(擬態副詞)

사람이나 사물의 모양이나 움직임을 흉내 낸 부사로 현대국어에는 '뒤뚱뒤뚱', '까불까불', '데굴데굴' 따위가 있다. 중세국어에는 '구믈구믈, 다폴다폴, 너운너운, 셤셤, 셜셜' 등이 있다.

> **[용례]**
> 活潑潑온 <u>셜셜</u> 흐르는 묽겨레 비췬 둜비츨 닐온 마리니
> 陽焰온 陽氣 <u>셤셤</u> 노는 거시니 거즛 거시라
> <u>구믈구믈</u> ㅎ는 衆生이 다 佛性이 잇거시니

의태어(擬態語)

사람이나 사물의 모양이나 움직임을 흉내 낸 말로 현대어에서는 의성어와 의태어에서 모음조화가 가장 현저하다.

'이'의 탈락

'이'로 끝나는 명사가 관형격조사 '익/의' 및 호격조사와 결합되면 (ㄱ)과 같이 '이'가 탈락한다. '이'가 탈락되는 체언은 '아비,

아기, 가히, 늘그니, 다른니, 行ᄒ리'와 같은 유정명사에 국한되고, 무정명사에는 적용되지 않는 것으로 추측된다.

안긴문장에서는 '이'의 탈락이 수의적이다. 중세국어에서 한 문장이 관형절과 명사절이 되어 큰 문장 가운데 안길 때 안긴문장의 주어가 관형격조사를 취하는 일이 있는데, 이 때 (ㄴ)처럼 '이'로 끝난 명사는 탈락될 수도 있고 그렇지 않을 수도 있다.

용례

(ㄱ) 아빅 本實(cf. 아비), 아기 비디(cf. 아기), 가히 모미(cf. 가히), 아가(cf. 아기)

(ㄴ) 아믜 간 짜
가히 性은 … 한 가히의 주검 다톼 자보매 다른디 아니ᄒ니라

이두(吏讀)

한자의 음과 훈을 빌려 우리말을 적던 표기법이다. 이두문은 한문을 국어의 어순에 따라 번역한 것으로, 명사, 동사 어간 등 단어의 실질적 부분에서 주로 한자어가 사용되고, 조사나 어미 등 문법적 부분에서 주로 이두가 사용되었다. 이두는 쉽게 말하면 한문이 극도로 우리나라 식으로 고쳐진 것이라고 할 수 있다. 이두는 7세기 정도에 그 체제를 갖춘 것으로 추정된다. 이두는 고려와 조선을 통하여 19세기 말까지 계속 사용되었다. 하나의 기형적인 문어라고 할 수 있는 이두가 이처럼 오래 사용된 것은 이것이 이서(서리)들 사이에서 깊은 뿌리를 박고 있었고, 우리나라 문자 생활의 상층부를 이루었던 한문의 후광이라고 볼 수 있을 것이다. 훈민정음 창제 이후 언해가 성행한 것은 이두의 전례를 따른 것

이다.

이두 자료는 고대국어의 문법적 특징을 단편적으로나마 엿볼 수 있는 것으로 중요한 가치를 지닌다.

한문	蠶陽物大惡水故食而不飮
이두문	蠶段陽物是乎等用良 水氣乙 厭却桑葉叱分喫破爲遣飮水不冬
한글표기	蠶딴 陽物이온들쓰아 水氣을 厭却 桑葉뿐 喫破하고 飮水안들
현대어	누에는 양물이므로 물기를 싫어해 뽕잎만 먹고 물을 마시지 않는다

이두자료

삼국시대의 이두자료는 별로 많지 않다. 특히 고구려나 백제도 이두식 표기법을 썼을 것으로 추측되나 문헌이 전혀 전하지 않고 금석문조차도 희귀하다. 이두에 관한 연구 및 그 용법을 해설한 것으로는 『고금석림(古今釋林)』에 실린 나려이두(羅麗吏讀)와 『전율통보(典律通補)』・『이두편람(吏讀便覽)』・『어록변증설(語錄辨證說)』・『유서필지(儒胥必知)』・『신식유서필지(新式儒胥必知)』・『이문대사(吏文大師)』・『고가연구(古歌研究)』・『상서기문(象胥紀聞)』・『이두집성(吏讀集成)』・『향가 및 이두의 연구(鄕歌及吏讀の硏究)』 등을 들 수 있으며, 이외에 이두의 문헌으로 『대명률직해』・『향약구급방(鄕藥救急方)』・『향약채취월령(鄕藥採取月令)』・『촌가방(村家方)』・『향약집성방(鄕藥集成方)』・『구급촬요(救急撮要)』・『주자증손여씨향약(朱子增損呂氏鄕約)』 등의 서적이 있다. 이두는 구어와는 상당한 거리가 있는 특수한 문어로 아주 보수적이었지만, 그 역사가 오래되어 체계 자체에 상당한 변화가 있었음을 쉽게 상상할 수 있다. 우리가 오늘날 살필 수 있는 상당수의 이두자료는 조선시대의 것이라는 사실에 유의할 필요가 있다.

나려이두[羅麗吏讀]는 조선 정조 때에, 이의봉이 지은 『고금석림』의 부록. 신라·고려 시대에 쓰던 이문(吏文) 및 이두(吏讀)를 자수(字數)에 따라 분류하여 한글로 독음을 달고 풀이하였다. 이두집성[吏讀集成]은 1937년에 조선 총독부 중추원에서 김성목(金聖睦)이 편찬한 이두 사전. 공문서·사문서와 금석문에 사용된 이두를 자획에 따라 배열하고 읽는 법을 한글과 로마자로 기록하였으며, 일본어로 뜻을 달고 필요한 경우에는 '해(解)'라 하여 부연 설명하였다. 1권. 이두편람[吏讀便覽]은 조선 시대에 관아에서 쓰던 이두를 모아 엮은 책. 글자 수대로 분류하고 읽는 법을 한글로 적었다. 1책의 사본(寫本).

이야기

작은 문장을 안고 있는 큰 문장뿐만 아니라 묻고 대답하는 한 덩어리의 말을 통틀어 말한다.

이어적기(연철)

현대국어는 표의주의(형태주의)식 표기법을 따르고 있다. 그러나 중세에는 몇몇의 예를 제외하고는 '님을 > 니믈, 높(高)+아 > 노파'와 같이 표음주의적 표기법을 따랐다. 다시 말해 의미부의 끝받침을 모음으로 시작하는 형태부의 초성으로 내려적었다.

중세국어 문헌은 받침 있는 체언이나 용언의 어간에 모음으로 시작하는 조사나 어미가 붙을 때 대부분 이어적기를 하였다. 이는 의미부의 끝받침을 모음으로 시작하는 형태부의 초성으로 내려적는, 표음주의적 표기법을 따른 결과이다.

용례
남ᄀᆞᆫ, ᄇᆞᄅᆞ매, 시미, 므른, ᄀᆞᄆᆞ래, 내히, 바ᄅᆞ래
기픈, 그츨ᄊᆞ, 이러

이어진 문장

둘 이상의 절이 연결어미나 접속조사에 의하여 결합된 문장을 말한다. 종류로는 대등하게 이어진 문장과 종속적으로 이어진 문장이 있다.

용례
(ㄱ) 子ᄂᆞᆫ <u>아ᄃᆞ리오</u> 孫ᄋᆞᆫ 孫子ㅣ니
(ㄴ) 내 이제 너를 <u>놀노니</u> ᄠᅳ들 조차 가라
(ㄷ) <u>입시울와 혀와 엄과 니왜</u> 다 됴ᄒᆞ며

(ㄱ)은 주어를 달리하는 두 문장이 선행절과 후행절이 되어 대등하게 이어져 있는 문장이다. (ㄴ)은 종속적 연결어미 '-니'에 기대어 이어진 것으로 종속절 '내 ⋯ 놀노니'가 주절 '(너) ⋯ 가라'에 종속적으로 이어져 있다. (ㄷ)은 접속조사에 의해 이어진 문장이다. 이 경우는 공통된 서술어가 생략된 것으로 보아 이어진 문장으로 볼 수도 있고 단순히 명사가 나열된 것으로 보아 홑문장으로도 볼 수 있다.

이영보래

'-t' 계 입성운미가 약화되어 '-l'로 발음되는 것을 'ㄷ'으로 교정
하는 대신 '여린히읗(ㆆ)'을 'ㄹ' 다음에 표기함으로써 이를 입성
으로 발음하라는 표시를 한 것을 일컬어 이영보래라 한다.

<용례>
佛뿛·日싏·八밣 등.

이유(연결어미)

연결어미 중에서 이유의 의미를 보이는 것을 말한다. '-니, -어,
-ㄴ대'가 여기에 해당한다. 이유의 의미는 '-까닭에'라는 의미로
해석된다. 반면에 원인 '-때문에'라는 의미로 해석되면 어떤 결과
적 의미를 가진다.

<용례>
大德하 사르미 다 모다 잇느니 오소셔 (석보상절 권6, 29장)
어리여 아디 몯ᄒᆞ닐 爲ᄒᆞ야 (금강경언해, 8장)
받 님자히 怒ᄒᆞ야 그믈로 자ᄇᆞᆫ대 鸚鵡ㅣ 닐오디 (월인석보 권2, 12-
3장)

이중모음(二重母音)

중세국어의 이중모음에는 y가 앞선 상향 이중모음 ya, yə, yo, yu
와 w가 앞선 상향 이중모음 wa, wə, wi, 그리고 하향 이중모음
ʌy, ay, əy, oy, uy, iy 등이 있었다. 표기문자가 없는 경우의 이중
모음 형태가 방언형이나 어린이의 말에서 나타난 증거(yɨ, yʌ)가

보이기도 한다. iy의 경우 사동 어간 'ː디-(落)'를 통해서 그 증거를 찾을 수 있다.

18세기 말엽 단모음화 현상으로 모음체계에 변화가 일어났는데 이중모음 'ㅐ, ㅔ'가 단모음으로 되었다.

이중모음의 단모음화

'ㆍ'의 소실로 제1음절의 이중모음 'ㆍㅣ'가 'ㅐ'로 변했는데, 그 얼마 뒤에 'ㅐ[ay]'와 'ㅔ[əy]'는 각각 [ɛ], [e]로 단모음화(單母音化)하였다. 이 단모음화를 'ㆍ'의 소실 이후로 보는 이유는 제1음절의 'ㆍㅣ'가 'ㅐ'와 마찬가지로 [ɛ]로 변한 사실에서 찾을 수 있다. 그리고 이 단모음화가 일어난 증거로는 움라우트(umlaut) 현상을 들 수 있다.

움라우트의 예는 『관성제군명성경언해』에서 현저하게 나타나기 시작하였다

용례

잇기논 < 앗기- 惜], 뒤리고(< 드리- 煎), 메긴(< 머기- 食), 기뒤려(< 기드리- 待), 지픵이(< 지팡이 杖), 식기(< 삿기 羔) 등].

뒤 음절의 'i'의 동화로 앞 음절의 'a'가 'ɛ'로, 'ə'가 'e'로 변화한 이 현상은 대체로 18세기와 19세기의 교체기에 일어난 것으로 추정되는데, 이것은 이중모음의 단모음화로 'ɛ'와 'e'가 확립된 뒤에 일어날 수 있었던 것이다. 따라서 이중모음 'ㅐ', 'ㅔ'의 단모음화는 18세기 말엽에 일어난 것으로 결론할 수 있다.

이때에는 아직 'ㅚ'와 'ㅟ'의 단모음화는 일어나지 않았던 것으로

보인다. 19세기 문헌에 이들 움라우트의 예는 매우 적고 그나마 'ㅈ', 'ㅊ' 뒤에 한정되어 있었던 것이다.

이중주어문

이중주어문에서는 선행 주어를 대주어, 후행 주어를 소주어라고 부르는데, '전체−부분'의 의미 관계(가) 또는 수량지시의 동격 관계(나)를 보이는 예가 많다. (다)는 두 의미 관계가 중복된 것이다.

> **용례**
> 가. 이 東山ᄋᆞᆫ 남기 됴ᄒᆞᆯ씩 (석보상절 권6, 24장)
> 나. 우리 항것 둘히 내 비들 모ᄅᆞ시리니 (월인석보 권8, 95장)
> 다. 일훔난 됴흔 오시 비디 千萬이 ᄊᆞ며 (석보상절 권13, 22장)

이런 이중주어문에서 서술어는 대주어의 영향을 받는 것이 일반적이다.

> **용례**
> 가. 大愛道ㅣ 善혼 ᄠᅳ디 하시며 (월인석보 권10, 19장)
> 나. 내 지븨 이싫 저긔 受苦ㅣ 만타라 (월인석보 권10, 23장)
> 다. 우리둘히 지븨 이싫 저희 受苦ㅣ 하더이다 (월인석보 권10, 23장)

(가)에서 서술어의 '−시−'는 대주어인 '大愛道'를 존대하여 쓴 것이며, (나)에서 '만타라'(만ᄒᆞ−더−오−다)의 선어말어미 '−오−'는 대주어인 1인칭주어 '내'에 호응하여 쓰인 것이다. (다)는 예외적인 예이다. 서술어가 소주어인 '受苦'에 따라 활용하고 있다. 만약 대주어에 호응되었다면 '하다이다'로 되어야 할 것이다. 이는 가까

이 있는 소주어에 이끌려 발생한 현상으로 일반적인 것은 아니다.

이화(異化)

이화는 서로 같거나 비슷한 소리의 하나를 다른 소리로 바꾸는 현상을 말한다. 이화는 조건 변화에 해당한다. 고대의 '*ᄒᆞᄅᆞᆯ'(1日), '*ᄆᆞᄅᆞᆯ'(棟) 등이 중세어에 'ᄒᆞᄅᆞ', 'ᄆᆞᄅᆞ' 등으로 된 것이나, '붚'(鼓)이 '북'으로 된 것이 이화의 예로 지적될 수 있다. 그리고 음운도치도 이화의 일종으로 간주된다[예 : 중세국어 하야로비(鷺) hayarobi > 근대국어 해오라비 hayorabi].

이형태

모양은 다르지만 쓰이는 자리가 같아서 같은 말이라고 생각되는 것들을 한 형태소의 이형태(異形態)라고 한다.

용 례
나모도(← 나모+도), 남ㄱ운(← 남ㄱ+운)

'나모'와 '남ㄱ'은 같은 말인데, 자음으로 시작하는 조사 앞에서는 '나모'가 쓰이고, 모음으로 시작하는 조사 앞에서는 '남ㄱ'으로 쓰인다. 따라서 '나모'와 '남ㄱ'은 같은 형태소의 이형태라고 할 수 있다.

인용(연결어미)

연결어미 중에서 인용의 의미를 가지는 것을 말한다. '-오디'가
여기에 해당한다.

目連이 <u>살보디</u> 太子 羅睺羅ㅣ … 부텨 ᄀᆞ티시긔 ᄒᆞ리이다

인용구문

중세국어에도 직접인용문과 간접인용문이 모두 존재한다. 그러나
현대국어에서와 같은 인용을 나타내는 조사 '고'와 같은 표지가
쓰이지 않기 때문에 그 구별이 어렵다.

가. 이 比丘ㅣ … 닐오디 "내 너희ᄃᆞᆯ홀 업시우디 아니ᄒᆞ노니 너희
　　ᄃᆞᆯ히 당다이 부톄 ᄃᆞ외리라" 하더니 (석보상절 19권, 30장)
나. 善宿ㅣ ᄯᅩ 무로디 "네 어느 고대 난다" (월인석보 9권, 36장)
다. 釋迦牟尼佛이 十方으로셔 오신 分身ᄃᆞᆯ홀 "각각 本土애 도ᄅᆞ가쇼
　　셔" ᄒᆞ야 니ᄅᆞ샤디 (월인석보 18권, 19장)

위의 예는 직접인용의 예이다. 중세국어에서는 현대국어의 인용
보문자 '-라고'나 '-고'가 쓰이지 않는다. (다)에서와 같이 'ᄒᆞ야'
가 쓰이기도 하나, 직접인용만이 아니고 보통은 생략되기 때문에
현대국어의 보문자와는 성격이 전혀 다르다. 인용동사로는 '니ᄅᆞ-'
(言, 謂, 話, 曰) 외에도 '묻-(問)', 너기-, 命ᄒᆞ-, 請ᄒᆞ-, 願ᄒᆞ-' 등이
쓰일 수 있으나, '니ᄅᆞ-'가 가장 많이 쓰이며 여타 인용동사를 대
신하기도 한다. 또 피인용구문으로는 설명문, 의문문, 명령문, 청

유문이 모두 가능하다. 문장 전체의 모습은 인용문장에 '호야, 니
르-, 닐오디, 호-'가 연결되는 형식이 대표적이다.

용례

가. 네 몬져 나롤 對答호디 '光明 주머귀를 보노라' 호더니 (능엄경
   언해 권1, 98장)
나. '一切 호논 일 잇논 法이 便安티 몯혼 주를 如來 뵈시노라' 호
   시며 (석보상절 권23, 18장)
다. 龍돌히 (目連의게) 닐오디 "부톄 和尙올 시기샤 '우리롤 警戒호
   라' 호야시놀 엇뎨 므싀여본 양조롤 지스시ᄂ니잇고" (월인석
   보 권7, 47-8장)
라. 如來 샹네 우리롤 '아ᄃ리라' 니르시니이다 (월인석보 권13, 32장)

위의 예는 간접인용의 예이다. 중세국어에서 간접인용문은 공손
법의 중화, 인칭의 전이(轉移), 존경법 '-시-'의 변화에 의해 구별
해 낼 수 있다. (가)는 공손법이 중화된 예이다. 인용된 문장은 원
래는 세존에게 대답한 말이다. 따라서, 원래 발화에서는 '보노이
다'로 실현되어 있는 것이지만, 간접인용이기 때문에 공손법(대우
법)이 나타나지 않는 것과 같다. (나)에서는 '-시-'에 주목할 필요
가 있다. 이 발화는 세존이 자신의 일에 대해 언급한 말을 인용한
구문이다. 자기 자신을 '如來'로 표현하는 것은 중세국어에서 드
문 일이 아니므로 인칭 변화가 일어났는지는 확실하지 않으나, 자
신의 일에 '-시-'를 쓰는 일은 없다. 따라서 인용 전의 원래 발화
는 '뵈노라'로, 인용문의 '-시-'는 간접인용하는 과정에서 자신보
다 상위자인 '如來'(世尊)에 대한 존경을 표현하고자 추가한 것이
다. (다)는 인칭 변화의 예이다. 원래 발화는 "目連이 시기샤 '警戒
호라' 호야시놀"이다. 이 때 '警戒호라'의 대격어는 생략되어 있지

만 '龍둘홀'이나 '그들을' 정도로 추측된다. 이것이 간접인용됨에 따라 '우리롤'로 3인칭에서 1인칭으로 바뀌어 있다. 인용자인 '龍둘'의 입장으로 인칭이 전이된 것이다. (라)도 인칭 전이의 예이나 구조가 특이하다. 인용문의 주어에 해당되는 '우리'가 '우리롤'의 대격어로 실현되어 있다. 이와 같은 구조는 간접인용에 많이 보이는데, 간접인용만의 독특한 형식이다. 따라서, 이와 같은 구조의 구문은 모두 간접인용이라고 판단할 수 있다.

인용동사

인용절은 종결형이 큰 문장 안에 안겨서 성립하는데 이러한 인용문을 이끄는 동사 '흐다'를 일컫는다.

인용의 부사격조사

현대국어에서는 화자의 말이 인용절로 안기는 경우 '이 (비구)가 "…"라고 말했다' '(선숙)이 "…"라고 물었다'와 같이 인용의 부사격 조사가 사용되지만, 중세국어에서는 (ㄱ), (ㄴ)의 예처럼 인용의 부사격 조사를 포함한 어떠한 표지도 보이지 않는다.

용례

(ㄱ) 이 比丘ㅣ … 닐오디 "내 … 너희둘흘 업시우디 아니ᄒᆞ노니 너
    희둘히 당다이 부톄 ᄃᆞ외리라" ᄒᆞ더니
(ㄴ) 善宿ㅣ 또 무로디 "네 어느 고대 난다"

인용절

인용절에는 직접인용과 간접인용이 있다. 직접 이르는 말을 그대로 나타내는 것은 직접인용이고, 직접 이야기한 것을 전달하는 입장에서 나타낸 표현은 간접인용이다.

(ㄱ)은 직접인용문이고 (ㄴ)은 간접인용문이다. 대명사와 상대높임법의 쓰임을 통해 이 둘을 구별할 수 있는데, (ㄴ)에서는 직접인용 표현인 '너희 내 아드리라'를 '우리 ~'로 화자의 관점으로 바꾸어 표현하고 있기 때문에 간접화법이 쓰였음을 알 수 있다.

> **용례**
> (ㄱ) 그저긔 世尊이 … 니ᄅ샤ᄃ '너희 一切 天人大衆이 내 紫磨 黃
>   金色앳 모믈 보라'ᄒ시니
> (ㄴ) 如來 샹녜 '우리롤 아드리라' 니ᄅ시ᄂ니이다.

인칭대명사

대명사의 하나로 사람을 그 지시 내용으로 하는 대명사를 가리킨다. 사물을 그 지시 내용으로 하는 사물대명사, 장소를 지시 내용으로 하는 처소대명사 등에 대립된다. 인칭대명사는 사람을 가리키기 때문에 단순히 인대명사(人代名詞)라고 하기도 하고 사람대명사라고 하는 일도 있다. 인칭대명사는 상황지시(狀況指示, deixis)의 원점인 화자(話者)를 중심으로, 또는 화자와 청자가 이루는 축(軸)을 중심으로 그 가리키는 인칭이 나누어진다. 화자가 상황 지시의 원점인 자기 자신을 가리키는 것을 1인칭, 화자가 그 축의 상대편에 있는 청자를 가리키는 것을 2인칭, 화자가 청자와 이루는 축을 중심으로 제삼자를 가리키는 것을 3인칭이라고 한다. 국어의 인칭

대명사에는 1인칭에 '나·저·우리(들)'가 있고, 2인칭에 '너·자네·그대·당신·너희(들)·자네들·당신들' 등이 있으며, 3인칭에 '그·그녀·이이·그이·저이·이분·그분·저분·그들·저들·이들' 등이 있다. 이 밖에 그 가리키는 내용이 확실히 정하여지지 않은 경우에 사용되는 부정칭(不定稱)으로 '아무·누구'가 있고, 그 가리키는 대상을 모르는 경우에 사용되는 미지칭(未知稱)으로 '누구'가 있다. '누구'는 그 쓰임에 따라 미지칭이 되기도 하고 부정칭이 되기도 한다. 이 밖에 앞에 나온 대상을 되가리키는 데 쓰는 '자기·저·당신' 등과 같은 재귀대명사가 있다. 이들 인칭대명사는 그 가리키는 대상을 높이느냐, 그렇지 않느냐, 낮추느냐에 따라서 존칭(尊稱)·평칭(平稱)·비칭(卑稱) 등으로 나누어진다. '당신·어르신(네)·이분·저분·그분'은 존칭이며, '저·저희'는 비칭이고, 나머지 예들은 평칭이다. 재귀대명사에 있어서도 '당신'은 존칭이고, 일반적으로 '저'는 비칭이며, '자기'는 평칭이다. 2인칭대명사 '당신'은 일반적으로 존칭이라고 하나, 부부 사이 외에서는 존칭으로 사용되는 일은 드물다. 1인칭 '우리'의 쓰임에 대해서는 포괄적인(inclusive) 용법과 배타적인(exclusive) 용법이 주목된다. 청자를 포함시켜 '우리'라고 할 때는 포괄적인 용법이라 하고, 청자를 제외하고 '우리'라고 할 때는 배타적인 용법이라 하는데, '나의 부인'을 '우리 마누라'라고 하는 것은 배타적인 용법의 대표적인 예이다.

인칭대명사는 격조사와 결합될 때, 그 어형이 달라지는 일이 흔하다. 나+이→내, 나+의→내, 너+이→네, 너+의→네, 누+이→뉘, 누+의→뉘, 저+이→제, 저+의→제 등과 같은 변화가 그것이다. 중세국어에서는 다음과 같은 인칭대명사가 나타난다.

제1인칭		나, 우리(복수)
제2인칭		너, 너희(복수), 그듸·그디·그딕
제3인칭	정칭	뎌
	미지칭	누
	부정칭	아모
	재귀칭	저, 저희(복수), 조갸(높임)

인칭 어미(人稱 語尾)

주어의 인칭에 따라 변하는 동사의 어미를 인칭어미라 한다.

일방적 (통보) 기능

화자의 확신이 강하여 전달 사실이 참에 근거한다고 판달할 때 전달하는 기능을 말한다. 과거의 사실에 대한 확인이 선행되었거나, 발화시점에서 피할 수 없는 객관적 사실로 파악하여 통보하는 듯한 느낌을 주는 기능이다. 확인법이 화자의 주관적 앎을 근거로 한 사태판단이라면 원칙법은 화자는 물론, 청자도 인정하는 객관적 앎에 바탕을 둔 사태판단이라고 할 수 있다.

일방적 진술(→ 대응적 진술)

평서문은 한 문장을 진술하는 방식으로 끝맺는 것인데 평서문으로 상담적 세계에서 청자의 말에 대한 대응적 진술이 나타나는 경우가 있는 반면에 화자의 청자에 대한 일방적 진술이 있다. (가, 나)는 화자의 일방적 진술에 해당하고, (다)는 대응적 진술에 해당한다.

(가) 네 아비 ㅎ마 주그니라 (월인석보 권17, 21장)
(나) 너를 외에 아니ㅎ노니라 (사법어언해, 3장)
(다) 잇ᄂ니이다 (석보상절 권6, 14장)

입성(入聲)

입성은 사성의 하나로 촉급하게 닿는 소리이다. 방점을 찍지는 않았으며 거성과 비슷한 소리로 규정되고 있다. 받침이 'ㄱ, ㅂ, ㅅ, ㄷ'인 것은 입성이라고 했다. 'ㄹ'은 입성으로 만들어 주기 위해 뒤에 'ㆆ'를 사용했다.

입성운미(入聲韻尾)

동음의 가장 큰 특징으로 입성운미를 지적할 수 있다. 그 중에서 현저한 것은 설내 입성운미가 'ㄹ'로 나타나는 사실이다. 이는 설내 입성운미가 [r]로 약화된 상태에서 동음에 반영된 것으로 보아야 한다. 후내 입성운미 역시 [ɤ]로 약화되었다. [p]는 순내 입성운미이다.

자동사

(ㄱ), (ㄷ)에서처럼 서술어의 움직임이나 작용이 주어에만 관련되는 것을 '자동사'라고 하며, (ㄴ)에서처럼 서술어의 움직임이 주어가 아닌 다른 대상(목적어)에 미치는 것을 '타동사'라고 한다.

용례
(ㄱ) 철수가 걷는다.
(ㄴ) 철수가 공을 잡는다.
(ㄷ) 해가 떠오른다.

중세국어에서도 이와 같은 정의를 따르는데, 즉 목적어를 취하느냐 취하지 않느냐에 따라 타동사와 자동사가 구별된다.

용례
十方諸國을 보긔 ᄒ시니
내 孫子조차 가게 ᄒ라

자동사(구)문

목적어를 가지지 않는 자동사로 만들어지는 구문을 말한다.

자동적 교체

특정 환경(자음과 휴지 앞)에서 예외 없이 일어나는 교체를 자동적 교체라고 부른다. 자동적 교체는 국어의 음운규칙에 의한 필연적인 교체로, 교체되지 않으면 음운규칙이 깨지게 된다. 중세국어에서 체언의 특정 말음은 자음으로 시작하는 조사나 휴지(休止) 앞에서 8종성(ㄱ, ㄴ, ㄷ, ㄹ, ㅁ, ㅂ, ㅅ, ㅇ)으로 교체된다.

체언에서 자동적 교체는 주로 말음이 'ㅈ, ㅊ, ㅿ, ㅍ, ㅌ'과 자음군인 경우에 일어났는데 음절말과 모음간의 자음에 관한 규칙에 의한 것이었다. 이는 용언에서도 마찬가지였다. ㅎ말음을 가진 것들 중에서도 자동적 교체가 일어났다.

> **용례**
> 곶~곳(花), 눛~눗(顔), 닢~닙(葉), 긑~귿(未)
> ᄀᆞ~ᄀᆞᆺ(邊), 즛~즛(貌)
> 값~갑(價), 밧~밧(外)

자립형태소

다른 형태소의 도움을 받지 않고 자유롭게 단어 형성에 참여할 수 있는 형태소. 가령 '불휘 기픈 남ᄀᆞᆫ ᄇᆞᄅᆞ매 아니 뮐씨 곳 됴코 여름 하ᄂᆞ니'란 문장은 '불휘, 깊-, -은, 낡, 온, ᄇᆞ롬, 애, 아니, 뮈-, -ㄹ씨, 곳, 둏-, -고, 열-, -음, 하-, -ᄂᆞ-, -니'로 형태소가 분석되는데 혼자서 자립하여 쓸 수 있는 '불휘, ㅂ룸, 아니, 곶'을 자립형태소라 한다.

자릿수

서술어는 성격에 따라 그것이 반드시 필요로 하는 문장 성분의 숫자가 다른데, 이 때 꼭 필요한 문장 성분의 숫자를 '서술어의 자릿수'라고 한다.

'文은 글와리라'라는 문장의 경우는 주어 한 자리만을 필요로 하기 때문에 '한 자리 서술어'가 되고 '므스글 얻는다'의 경우에는 주어와 함께 목적어를 필요로 하기 때문에 '두 자리 서술어'가 된다. 한편 '주다, 삼다, 넣다' 등은 목적어 이외 또 하나의 성분을 요구하므로 '세 자리 서술어'가 된다.

자모(字母)

정음의 초성 체계는 중국 음운학의 자모 체계와 관련되어 있다. 이는 해례 초성해의 첫 머리에 정음의 초성이 운서의 자모라는 설명과 '아 설 순 치 후 반설 반치' 또는 '전청 차청 전탁 불청불탁'과 같은 술어의 사용으로 증명된다.

자생적 변화(自生的 變化)

→ 무조건 변화

자음 교체(子音 交替)

자음 교체는 자음이 문법성을 달리하는 것을 말한다. 교착어의 특성으로 접미사와 대응하기 때문에 국어에는 자음교체가 없다.

자음동화

15세기 정서법에서는 당시 문헌에 '걷너, 돋녀'와 '건너, 돈녀' 등으로 표기되어, 이 두 어형이 공존하고 있다. 이것은 당시 'ㄷ+ㄴ'이 'ㄴ+ㄴ'으로 동화되는 규칙이 있었음을 말하고 있다. 그러나 이러한 규칙은 복합어의 표기에서만 반영되었다. 활용형에서도 동화의 규칙이 있었을 것임에도 불구하고 '믿눈'(信)은 '민눈'으로는 표기하지 않았다. 따라서 자음동화는 적어도 활용의 경우에 '먹ᄂ니, 업ᄂ니' 등과 같이 표기에 반영되지 않았다고 설명된다.

자음 연접 규칙(子音 連接 規則)

우리 국어는 음절말에는 한 자음만이 올 수 있었고 뒤에 모음이 오면 연철되었다. 후기 중세어에서 자음들이 연접될 때의 규칙들 중 하나는 'ㅎ'이 'ㅂ ㄷ ㅈ ㄱ'와 연접되면 'ㅍ ㅌ ㅊ ㅋ', 'ㅅ'과는 'ㅆ', 'ㄴ' 앞에서는 'ㄷ', 휴지 앞에서는 탈락한다는 것이다. 또 'ㅿ', 'ㅸ'는 'ㄱ ㄷ ㅈ ㅅ' 등과 연접되면 'ㅅ', 'ㅂ'이 되었다. 'ㄷ'은 'ㄴ' 위에서 'ㄴ'으로 동화되었다. 정서법은 이러한 동화를 반영하지는 않았다. 또한 'ㄱ'이 'ㄹ', y뒤에서 'ㅇ'으로 변한 것이 특이한데 이때에 'ㅇ'은 후두 유성마찰음이라고 본다. 계사와 선

어말어미 '-더-', '-리-', '-니-', '-오-'에 연결되는 'ㄷ'이 'ㄹ'
로 변한 것도 중세의 특이한 자음 연접 규칙이다.

장음(長音)

성조가 16세기 유실되면서 근대어는 이미 성조 언어가 아니게 되
었다. 원래 상성은 그 모음이 길게 발음되었는데, 성조가 없어진
뒤에도 이 장음만은 자연히 남게 되었다. 표기상에는 잘 나타나지
않지만 'ㅓ'의 경우는 19세기 일부 문헌에 반영되었다.

재귀대명사

재귀대명사는 앞에 나온 3인칭 주어가 되풀이 되는 것을 피하기
위해 사용하는 '도로 가리키는 인칭대명사'이다.

용례
(가) 廣熾 깃거 제 가져 가아 ㅂㄹㅅ붕니
(나) 五百太子ㅣ 漸漸 ㅈ라니 … 이웃 나라히 背叛ㅎ거든 저희가 티고

(가)의 '제'는 '저'의 주격형인데 이 문장의 주어인 명사 광치를
가리킨다. (나)의 '저희'는 '저'의 복수형이다. '저희'는 선행하는
'오백태자'를 가리킨다.

용례
(다) 天人師ㅣ 시고 ㅈ갸와 늄과 覺이 ㅊ실씨

'자갸'는 '저'보다 높임말로 사용된 재귀대명사이다.

재귀칭

재귀대명사가 사용된 것을 인칭의 개념을 도입하여 재귀칭이라 칭하기도 한다.

저층(底層)

일반적으로 어떤 언어를 말하던 사람들이 그 언어를 버리고 새로운 언어를 말하게 되는 경우에 예전 언어의 어떤 특징을 새로운 언어를 말할 때도 버리지 못한다. 이 예전 언어를 저층이라고 한다. 일본어가 이미 고대에 모음조화를 잃어버린 것과 같은 것은 저층의 영향으로 설명될 수 있다.

우리말에서도 신라어의 개경 방언에는 고구려의 저층이 있었을 것을 짐작할 수 있다. 개경 방언의 어휘에는 고구려어의 요소가 있었음이 확인된다. 10세기에 개경에서 말해진 것은 신라어의 한 방언이었으며 고구려어의 저층과 함께 그 어휘요소도 가지고 있었다. 중세국어는 이 방언을 토대로 형성되었던 것이다. 그러나 고구려어의 요소는 신라어의 그것으로 대체되어 점차 소멸한 것으로 생각된다.

전설모음화

19세기에 들어 'ㅅ ㅈ ㅊ'아래서 'ㅡ'가 'ㅣ'로 변한 단어들이 많이 발견된다. 이러한 변화를 전설모음화(前舌母音化)라 부른다. 『관성제군명성경언해』에서 몇 예를 들면 다음과 같다. 예 : 다시리는

(治), 질거온(樂), 안지되(坐) 등. 중세어의 '아춤'은 16세기에 와서 '아츰'이 되고 19세기에 다시 '아침'이 된 것이다.

전성어미(=동명사 어미)

중세국어의 전성어미는 명사형 어미로 '-옴/움', '-기', '-디'가 있고, 관형사형 어미로 '-ㄴ', '-온/은', '-ㄹ', 그리고 회상법 어미와 결합되어 사용되는 '-던'이 있다.

중세국어에서 명사형 어미로 가장 많이 쓰인 것은 '-옴/움'이다. '뿜(用, 쓰-+-움), 훈 가지로몰(훈 가지+이(다)+-옴+-올), 가샴(가-+-시-+-옴)' 등에서처럼, 서술격조사 뒤에서는 '-롬'이, 주체높임 선어말어미 '-시-'와 통합하면 '샴'이 된다. 반면에 명사형 어미 '-기'는 아주 드물게 쓰였다. '-기'와 비슷한 의미기능을 지닌 명사형 어미로는 '-디'가 있었는데, '가져가디 어려볼씨, 나가디 슬흐야, 보디 됴흐니라'처럼 대부분 '-디 어렵다/슬흐다/둏다' 형태로 사용되었다.

관형사형 어미의 경우에는 '블근(븕-+-으-+-ㄴ), 즐거본(즐겁-+-은+-ㄴ), 업던(없-+-더-+-ㄴ), 오눈(오-+-ᄂ-+-ㄴ), 디나건(디나-+-거-+-ㄴ), 밍ᄀ론(밍ᄀᆯ-+-오-+-ㄴ)'에서처럼 자음으로 끝난 어간 뒤에서는 매개모음 '-ᄋ/으-'와 '-ㄴ'이 결합된 '-온/은'의 형태로 쓰였으며, 선어말어미 '-ᄂ-, -더-, -거-' 등과 결합된 '-눈-, -던-, -건-' 등의 형태로 쓰이기도 했다. 그리고 선어말어미 '-오/우-'와 결합되면 '-온/운' 형태가 되기도 했다.

관형사형어미 '-ㄹ'도 '뻐딜(뻐디-+-ㄹ), 머글(먹-+-으-+-ㄹ), 지슬(짓-+-우-+-ㄹ)' 등에서 보는 바와 같이, 어간 말음이 자음일 경우 매개모음 '-ᄋ/으-'와 결합되어 '-올/을' 형태로 쓰였으며, 선어말어미 '-오/우-'와 결합되면 '-올/울' 형태가 되었다.

전이어

한자 '以, 得'을 번역 차용한 '뼈, 시러곰'을 가리키는데 한 상황에서 다른 상황으로 바뀌는 관계를 밝히는 말이다. 직역의 경우 전이어가 잘 쓰이는 특징이 있다.

전청(全淸)

전청은 중국의 중고음 체계에서 무성무기음이다. 일차적으로 중국의 전청과 전탁은 동음의 평음으로, 차청은 유기음으로 나타나는 경향이 있었다. 훈민정음이나 동국정운의 초성 체계 중 'ㄱ, ㄷ, ㅂ, ㅅ, ㅈ, ㆆ' 등에 공통적으로 나타나는 음성적 특질을 전청이라 하며 현재 음성학의 무성자음에 해당한다.

전청계열

전청자가 하나의 계열관계를 이루고 있다는 관점에서 전청계열로 부른다.

전탁자(전탁 全濁)

전탁은 중국의 중고음 체계에서 무성유기음이다. 일차적으로 중국의 전청과 전탁은 동음의 평음으로, 차청은 유기음으로 나타나는 경향이 있었다. 훈민정음이나 동국정운의 초성 체계 중 'ㄲ, ㄸ, ㅃ, ㅉ, ㅆ, ㅎㅎ' 등에 공통적으로 나타나는 음성적 특질을 전탁이라 하며 현재 음성학의 된소리에 해당한다.

절

(ㄱ)은 주어와 서술어를 갖춘 단어의 결합체가 한 성분의 역할을 하는 것이다. '(시미 기픈)'은 명사 '믈'을 꾸미는 관형어인데 '(시미)'와 서술어 '기픈'으로 되어 있다. '시미 기픈'은 관형사에 상당하는 기능을 띠고 있다. 이렇게 주어, 서술어를 갖춘 문장이 한 품사처럼 쓰이는 문장의 마디를 '절'이라고 한다. 절에는 관형절 이외, 명사절, 부사절, 서술절이 있다.

용례
(ㄱ) <u>시미 기픈</u> 므른 ᄀᆞᄆᆞ래 아니 그츨씨 <관형절>
(ㄴ) <u>부텨 授記ᄒᆞ샤미</u> 글 쑤미 ᄀᆞᆮ고 <명사절>
(ㄷ) <u>돈 업시</u> 帝里예 살오 <부사절>
(ㄹ) 玉女寶ᄂᆞᆫ … <u>킈 젹도 크도 아니ᄒᆞ고</u> <서술절>

접두사

파생 접사가 어근 앞에 결합되어 단어를 형성하는 방식을 '접두파생법'이라고 한다. 이때의 파생 접사를 '접두사'라고 한다. 국어의 접두사는 그 수가 많지 않다.

접두파생법

중세국어에서의 접두파생법은 어근의 의미만 제한해 주는 어휘적 파생법만 확인된다. 접두파생법에 의해 파생되는 품사에는 명사, 동사, 형용사가 있다.

> **용례**
> (ㄱ) 굴아마괴, 댓무수, 독솔, 들기름, 새별, 싀아비, 아춘아둘, 출콩
> (ㄴ) 가루드듸다, 것모루죽다, 볼둥기다, 져부리다, 티츠다, 횟돌다 ; 에굳다

(ㄱ)의 예는 명사어근에 접두사가 붙어 다시 명사가 된 것이고 (ㄴ)의 예는 용언어근에 접두사가 붙어 다시 동사, 형용사가 된 것이다.

접미사

국어와 알타이제어의 모든 단어의 파생과 굴절은 접미사에 의해 이루어진다. 어간과 접미사의 연결은 극히 기계적이어서 언어를 규칙적이게 한다. 또한 모든 접미사는 단일한 기능을 가진다는 것도 특징이다.

파생 접사가 어근 뒤에 결합되어 단어를 형성하는 방식을 '접미파생법'이라고 한다. 이때의 파생 접사를 '접미사'라고 한다. 국어의 접미사는 접두사와 달리 그 수가 많으며, 다양한 어근에 결합할 수 있고 또한 어근의 품사에 영향을 미치기도 한다.

접미파생법

파생접사가 어근 뒤에 결합되어 단어를 형성하는 방식을 '접미파생법'이라고 한다. 이때의 파생접사를 '접미사'라고 한다. 국어의 접미사는 접두사와 달리 그 수가 많으며, 다양한 어근에 결합할 수 있고 접두파생법이 어휘적 파생법으로만 사용되는 것과는 달리 통사적 파생법으로도 쓰인다.

중세국어도 현대국어와 마찬가지로 접미사는 어휘적 파생법뿐만 아니라 통사적 파생법에도 쓰였다. 통사적 파생법이란 접사가 붙음에 따라 어근의 품사를 바꾸거나 통사구조에 영향을 미치는 것을 가리킨다. 중세국어의 접미적 파생법도 현대국어와 같이 모든 품사에 고루 나타난다.

접사

어근에 첨가되어 새로운 문법 기능을 나타내는 형태소. 첨가되는 위치에 따라 접두사와 접미사로 나뉘고 문법적 기능에 따라 파생접사와 굴절접사로 나뉜다. 학교문법에서는 일반적으로 굴절접사에 대해 어미와 조사 등의 분류를 두어 접사에서 제외하고 있다.

접속부사

앞의 체언이나 문장의 뜻을 뒤의 체언이나 문장에 이어 주면서 뒤의 말을 꾸며 주는 부사. '그러나', '그런데', '그리고', '하지만' 따위가 있다.

중세국어의 접속부사도 현대국어에 준하여 처리할 수 있으며, 그 종류로는 '그러나, 그러면, 그럴씨, 그런도로, 이런도로, ᄒ다가, 오히려, 출하리, 하믈며, 도ᄅᆞ혀, 비록, ᄯᅩ, 대도ᄒᆞᆫ디, 밋' 등이 있다.

접속사(接續詞)

국어에는 접속사가 없는데 이 대신에 어미가 발달했다. 접속사의 결여를 보충하는 것이 부동사의 사용이다. 국어와 알타이제어에서는 선행 동사가 부동사형을 취해 두 동사가 연결된다.

접속조사

두 단어를 같은 자격으로 이어 주는 구실을 하는 조사. 중세국어의 접속조사도 현대국어에 미루어서 설명할 수 있다. 보편적으로 사용되는 것은 '과/와'인데, '과/와'는 아래의 예와 같이 다양한 격조사와 결합되어 사용된다.

용례

(ㄱ) 입시울와 혀와 엄과 니왜(와ㅣ) 다 됴ᄒᆞ며 <주격 조사와 결합>

(ㄴ) 三寶ᄂᆞᆫ 佛와 法과 僧괘라(과ㅣ라) <서술격 조사와 결합>

(ㄷ) 二儀ᄂᆞᆫ … 하ᄂᆞᆯ과 ᄯᅡᄅᆞᆯ 니르니라 <목적격 조사와 결합>

(ㄹ) 하ᄂᆞᆯ과 ᄯᅡ쾃(ᄯᅡᄒᆞ과ㅅ) ᄉᆞᅀᅵ예 … <관형격 조사와 결합>

(ㅁ) 구리어나 … 옷과 뵈와로 佛像ᄋᆞᆯ ᄭᅮ미ᅀᆞᄫᅡ도 <부사격 조사와 결합>

(ㅂ) 眞語와 實語왜여(와ㅣ여) 呵呵呵 若若若ㅣ로다 <호격 조사와 결합>

그러나 현대국어와 다른 중세국어만의 특징도 있는데, 그것은 현대국어의 접속조사 '과/와'는 '소와 말이'처럼 끝의 체언에 바로 격조사가 붙는 데 반해 중세국어에서는 끝의 체언에 접속조사가 붙고 여기에 격조사가 붙는다는 것이다.

(ㄱ) 夫人도 목수미 열 둘ᄒᆞ고 닐웨 기터 겨샷다
(ㄴ) 天人師ᄂᆞᆫ 하ᄂᆞᆯ히며(하ᄂᆞᆯㅎ이며) 사ᄅᆞ미 스스이시다 ᄒᆞᄂᆞᆫ 마리라
(ㄷ) 닐굽 ᄒᆡ 도ᄃᆞ면 뫼히여(뫼ㅎ이여) 돌히여(돌ㅎ이여) 다 노가 디여

'과/와'이외의 접속조사에는 '하고, 이며, 이여' 등이 있는데 이는 단순한 체언 접속의 기능 이외에 보조사적 의미도 포착된다. (ㄱ)의 'ᄒᆞ고'는 뒤의 명사를 앞의 명사에 추가하는 방식으로 연결시킨다. (ㄴ)의 '이며'는 모음으로 된 명사 아래에서는 '며'로 실현되는데 나열의 방식으로 접속의 기능을 표시한다. (ㄷ)의 '이여'는 모음으로 끝난 명사 뒤에서는 '여'로 실현되는데 (ㄴ)의 '이며'와 비슷한 기능을 띠고 있다.

정동사(定動詞)

정동사란 주어에 대한 진술을 완결하는 서술어의 형태를 이른다. 즉 용언이 종결어미를 가진 형태를 정동사라고 한다. 국어의 복잡한 동사 활용 체계는 고대에 이미 완성되어 있었다. 정동사의 어미는 서법을 나타내는데, 중세어에서는 설명법, 명령법, 의문법, 감탄법의 네 가지 서법이 있었다. 설명법의 어미는 '-다', 명령법의 어미는 '-쇼셔', '-아쎠', '-라' 등이 있었다. 의문문은 설명

의문과 판정 의문으로 구분되어 사용되다가 후기에 동요되었다. 감탄법의 어미는 '-고나'였다.

정치음

중국말 잇소리의 한 가지이다. 훈민정음언해에서, 중국음의 잇소리는 치두음과 정치음의 구별이 있다 하고, 치두음은 혀끝이 웃니 머리(이끝)에 닿고, 정치음은 아랫잇몸에 닿는다고 하였다. 치두음의 글자는 ᅎᅔᅏᄼᄽ 이고, 정치음의 글자는 ᅐᅕᅑᄾᄿ 이다.

제1 · 3인칭 의문문

'ᄒᆞ라'체의 제 1 · 3인칭 의문문의 경우 설명의문문의 종결어미 '-가', 판정의문문의 종결어미 '-고'에서 유래된 설명의문의 '-오' 와 판정의문의 '-어'가 종결어미로 쓰이는데 이것은 선어말어미 '-니-', '-리-'와 결합하여 '-녀(니어, 니여), -뇨(니오), -려(리여, 리아, 리야), -료(리오)' 등 여러 가지 종결어미로 나타난다.

제2인칭 의문문

'ᄒᆞ라'체의 의문법에 동명사어미 '-ㄴ'과 결합된 '-ㄴ다'가 종결어미로 사용되는 의문문이 있는데 이 의문문은 반드시 주어가 2인칭 대명사로 나타나는 것이 특징이기에 제2인칭 의문문이라 부른다. 제2인칭 의문문은 상대가 '의도'를 가지고 설명, 판정하기를 요구하는 의문이 표시된다. 따라서 제2인칭 의문문은 제1 · 3

인칭 의문문과는 달리 설명이나 판정의 구별에 따라 어미가 교체
되어 사용되지 않는다.

조건(연결어미)

연결어미 중에서 조건의 의미를 가지는 '-ㄴ댄(-면), -ㄴ덴, -온
딘(-면), -란디(-ㄹ것 같으면, -ㄹ진대, -니), -거든, -면'을 말한다.

조건 변화(條件 變化)

음운 변화는 조건 변화와 무조건 변화로 분류되어 왔다. 조건 변
화는 어떤 음의 변화가 그 인접음의 영향에 의해서 설명될 수 있
는 경우를 말한다. 조건 변화에는 동화, 이화 등이 있다. 이 조건
변화를 결합적 변화라고도 한다.

조격(造格)

조격조사는 어떤 행위에 대한 수단이나 방법을 나타내는 것이 기
본적이다. 조격의 조사에는 '-로'가 있다. 자음으로 끝난 체언 뒤
에서는 연결 모음이 삽입되었다.

조사

조사란 문장에서 자립형태소에 붙어 그 말과 다른 말과의 문법적
인 관계를 나타내주거나 특수한 의미를 더해주는 단어이다. 중세

국어의 조사도 현대국어와 마찬가지로 격조사, 보조사, 접속조사로 나눌 수 있다.

중세어의 주격 조사는 체언 어간 말음이 자음일 때는 '-ㅣ', 모음일 때는 그 모음과 하향 이중모음을 형성하였다. 단모음 i나 y일 때는 ∅로 나타나고 성조의 변동이 있었다. 속격 조사는 유정물에는 '-ᄋᆡ/의' 유정물 존칭과 무정물에는 'ㅅ'이 사용되었다. 처격에는 '-애', '-ᄋᆡ'가 있었다. '-애'는 모음조화 규칙에 따라 '-에'와 이형태로 나타났다. i나 y뒤에서는 '-예'로 나타났다. 대격 조사는 '-ㄹ'이 있었다. 앞의 체언의 자모와 모음 조화에 따라 '-ᄋᆞᆯ/을', '-ᄅᆞᆯ/를'로 나타났다. '-로'는 조격과 향격의 조사였다. 공동격 조사는 '-와/과'였다. 호격 조사는 존칭의 '-하'와 평칭의 '-아'가 있었다. '-여'는 영탄의 느낌을 나타낸 것으로 보인다.

근대어의 조사에서 주목되는 것은 주격의 '-가'이다. 17세기 문헌들에서 그 존재가 확인되는데 문어보다는 구어에서 광범위하게 사용되었던 것으로 추측된다. 속격은 '-의'만이 남게 되었다. 공동격 조사는 근대에는 모음 뒤에는 '-와', 자음 뒤에는 '-과'로 확정되었다. 호격의 '-하'는 근대에서는 쓰이지 않게 되었다.

조사생략

중세국어도 현대국어와 같이 격조사와 접속조사가 생략될 수 있다.

용례

(ㄱ) <u>부텨</u> 겨싫 저긔 … <주격조사 생략>

(ㄴ) <u>光明</u> 맛나아 <목적격조사 생략>

(ㄷ) <u>님금</u> 位 <관형격조사 생략>

(ㄹ) 德源 올ᄆ 샴도 … <부사격조사 생략>

(ㅁ) 아비 어미 날 기롤 저긔 <접속조사 생략>

조사의 상호결합

중세국어도 현대국어와 같이 조사가 서로 결합하여 사용될 수 있다.

용례

(ㄱ) 뫼콰 내쾌(내ㅎ과ㅣ), 하ᄂᆞᆯ콰 싸콰롤(싸ㅎ과롤) <접속조사와 격
조사와의 결합>

(ㄴ) 가지와 닙과ᄂᆞᆫ, ·와 一와 … ㅠ와란 <접속조사와 보조사와의
결합>

(ㄷ) 둘흘ᄊᆞ(둘ㅎ을ᄊᆞ), 아ᄎᆞ미ᄂᆞᆫ(아ᄎᆞᆷ인ᄂᆞᆫ) <격조사와 보조사와의
결합>

(ㄹ) 바랫(발애ㅅ), 아랫 뉘옛 生이라 <격조사끼리의 결합>

조사통합의 불완전성

대부분의 명사는 조사와 자유로이 결합될 수 있다. 그러나 의존명
사나 소수의 자립명사 가운데는 조사와 결합될 때 상당한 제약을
받는 것이 있다. '디, ᄃᆞ, ᄯᆞ룸'에는 각각 주격, 목적격, 서술격조
사만 붙는다. 그리고 '혼가지'는 주로 서술격조사에 붙지만 부사
격조사 '로'와 결합하는 경우도 드물게 나타난다.

용례

지조 없슨 모ᄆᆞ로 裒織 깁소오몰 혼가지로 호니 (두시언해 권20, 42장)

조사파생법

조사파생법은 통사적 파생법만 나타난다.

(ㄱ) 브터, 드려 ; 두고, 호고
(ㄴ) (이)나, (이)어나, (이)드록, (이)ㄴ둘

(ㄱ)의 '브터'는 '븥-'에 '-어'가, '드려'는 '드리-'에 '-어'가 각
각 붙었다. (ㄴ)은 어미가 접사화하여 파생조사가 된 것이다.

조음방식

훈민정음의 초성글자는 조음방식에 의해 '전청, 차청, 불청불탁'
으로 나뉜다.

조음위치

훈민정음의 초성은 조음 위치에 따라 '아음, 설음, 순음, 치음, 후
음, 반치음, 반설음'으로 나뉜다.

존경법(尊敬法)

존경법의 '-시-'는 고대에도 표기(賜)되었던 것이 확인된다. 존경
법은 존자의 동작, 상태에 대한 존경을 표시하는 것이었다. 이 어
미는 현대국어에도 사용되고 있다.

존재사

현대국어의 이른바 존재사 '있다'와 '없다'는 동사와 형용사의 각기 다른 특성을 부분적으로 교차하여 공유하는 양면성을 드러내는 등 활용 양상이 특이하여 전통문법에서는 '존재사'라는 품사를 설정하고 그것들을 따로 분류하기도 하였다(학교문법에서는 형용사로 분류). 그런데 중세국어에서는 '잇다'는 동사의 활용에 가깝고 '없다'는 형용사의 활용과 같다. 그 활용의 예는 아래와 같다.

> (가) 잇ᄂᆞ다, 잇노라, 잇ᄂᆞ니라, 잇ᄂᆞ녀 ; 잇ᄂᆞ니, 잇노니 ; 잇논, 잇논 ; 잇다 cf. 먹ᄂᆞ다, 먹노라, 먹ᄂᆞ니라, 먹ᄂᆞ녀 ; 먹ᄂᆞ니, 먹노니 ; 먹논, 먹논 ; 먹ᄂᆞ다

> (나) 업다, 업소라, 업스니라, 업스녀 ; 업스니, 업소니 ; 업슨 ; 업다 cf. 높다, 노포라, 노프니라, 노프녀 ; 노프니, 노포니 ; 노폰 ; 높다

(가)의 '잇다'는 동사 '먹다'의 활용형과 거의 일치한다. 마지막의 '잇다'는 안긴문장에서 나타나는 것인데, 이런 경우만 '먹ᄂᆞ다'로 실현되는 동사와 다르다. (나)의 '업다'는 형용사 '높다'의 활용형과 완전히 일치한다.

존칭(尊稱)

사람이나 사물을 높이는 뜻으로 이르는 말로 중세어에서는 존칭 표현이 현대보다 다양하게 존재했다. 경어법 체계가 더 세분화되어 있었고 속격과 호격에도 존칭 표현이 따로 존재했다는 점이 특이하다.

종결(보조동사)

종결의 의미를 전달하는 보조동사 '-(어) 나다, -(어) 내다, -(어) 버리다'를 말한다.

종결(보조사)

종결의 의미를 전달하는 보조사 '-마론'을 말한다.

종결어미(=정동사 어미)

종결어미는 문장을 끝맺는 기능을 하는 어말 어미이다. 종결어미에는 평서형, 의문형, 명령형, 청유형이 있다.

▌ᄒ라체의 평서형

-다('-더-, -리-, -과-, -니-, -오-'의 뒤에서는 '-라'로 교체됨)
-니라(보수성을 띤 평서형 어미)

▌ᄒ라체의 의문형

-녀(주어가 제1인칭과 제3인칭일 때 사용)
-ㄴ다(제2인칭 의문형어미)
-ㄴ가(간접의문문을 표시할 때 사용)

▌ᄒ라체의 명령형

-라

▌ ᄒ라체의 청유형

-져/져라

▌ 상대높임법(존비법)에 따른 종결어미 체계

	ᄒ라	ᄒ아쎠	ᄒ쇼셔	반말
평서형	-ᄂ다	-ᅌᅵ다	-ᄂ이다	-니/리
의문형	-ᄂ녀	-ᄂ닛가	-ᄂ니잇가	-니/리
명령형	-라	-어쎠	-쇼셔	-니/리
청유형	-져/져라	∅	-사이다	-니/리

종성(終聲)

중세의 종성은 훈민정음의 설명에 따라 '종성부용초성(終聲復用初聲)'으로 8자가 규정되어 있었다. 여기에 특수한 환경에 쓰이던 'ㅿ'를 더해 사실상 받침에 9자가 쓰였다. 당시의 학자들도 현대 정서법이 택한 형태음소적 원리를 이해하고 있었음을 추측할 수 있으나 실용의 편의를 위해 음소적 원리를 채택한 것으로 보인다. 15세기와 16세기의 교체기에 음절말의 'ㅿ'이 없어지고 'ㅅ'과 'ㄷ'의 중화로 7자음 체계에 도달하게 된다. 16세기 초엽의 문헌에 인ᄂ니(잇ᄂ니), 이튼날(이틋날), 난나치(낫나치) 등으로 나타나는데 이들은 'ㅅ'이 [t]로 발음된 결과 'ㄴ'앞에서 역행동화로 'ㄴ'이 되었음을 보여준다.

종성 글자

훈민정음 해례본 제자해를 보면 훈민정음의 종성은 특별한 글자를 만들지 않고 다시 초성을 가져다 쓴다는 '終聲復用初聲'이라는 규정이 있다.

종성 글자의 발음

종성글자는 'ㄱ, ㆁ, ㄷ, ㄴ, ㅂ, ㅁ, ㅅ, ㄹ'의 8자가 있었다. 이들 중 'ㅅ'을 제외하고는 현대국어와 별 차이가 없었다. 'ㄱ, ㄷ, ㅂ'는 미파의 상태로 발음되어 [k̚, t̚, p̚]로 발음되었고, 불청불탁의 'ㆁ, ㄴ, ㅁ'은 [ŋ, n, m]로 'ㄹ'은 [r]로 발음되었다. 현대국어에서 받침의 'ㅅ'과 'ㄷ'은 차이가 없어 다 같이 [t̚]로 발음된다. 하지만 중세국어 종성의 'ㅅ'은 끝에 치성이 약간 들리는 [s̚]정도였던 것으로 보인다. 받침으로 쓰인 8종성 이외에 'ㅿ'도 있었고 겹받침도 있었는데 전자는 'z'로, 후자는 현대국어와는 달리 둘 다 발음되었으리라고 추정하고 있다.

종성자

『훈민정음』 본문에는 종성에 대해서 그 문자와 음가의 예시를 하지 않고 다만 "종성은 다시 초성을 쓴다(終聲復用初聲)."와 같이 설명되어 있을 뿐이다. 이 규정에 대해 주시경을 비롯한 「한글맞춤법통일안」을 만드는 데 관여한 학자들이 '초성에 쓰인 모든 글자를 종성에 쓴다'는 의미로 해석함으로써 '꽃, 잎, 녘'과 같은 받침 표기가 나타나게 되었다. 그러나 『훈민정음』 해례본이 발견된 이후로는 「종성해」의 '그러나 (받침에는) ㄱㆁㄷㄴㅂㅁㅅㄹ 8자면 가히 족히 쓸 수 있다(然 ㄱㆁㄷㄴㅂㅁㅅㄹ 八字可足用也)'라는 규정을 구체적인 종성의 표기 규정으로 해석하고, '종성부용초성'의 규정은 표기의 규정이 아니라 '종성자는 따로 만들지 않고 초성자를 다시 가져다 쓴다'라는 제자의 규정인 것으로 해석하는 것이 일반적이다.

종성해

『훈민정음해례』에서 보인 해례의 하나. 종성의 개념, 운용방법, 소리의 완급에 대하여 설명하고 있다.

종속성

주절과 종속절의 관계로 이어질 때, 종속성을 가진다고 표현한다. 대등적 연결어미도 종속성을 띠게 될 수 있고, 종속적 연결어미도 명사절이나 부사절로 쓰이는 일이 있다. 더욱이 보조적 연결어미 가운데는 부사절로 쓰이는 경우가 있어 대등성, 종속성, 보조성의 경계를 분명히 하기는 어렵다.

종속적 연결어미

종속적 연결어미는 앞 문장을 뒷 문장에 종속적인 의미 관계로 연결시켜 주는 어미이다. 중세국어의 종속적 연결어미에는 '-니, -오디, -ㄹ씨, -관디, -거든, -거늘, -고져, -디뵈' 등이 있다.

종속적 합성동사

둘 이상의 동사가 결합하여 합성동사가 될 경우에 두 동사 중 어느 한 동사가 다른 동사에 대해 종속적인 구실을 하는 합성동사를 '종속적 합성동사'라고 하며 그 예로는 '값돌다, 거두들다, 늘뮈다, 뛰놀다, 딕먹다, 빌먹다, 잡쥐다' 등이 있다.

종속적 합성어

합성어에서 어느 한 요소가 다른 요소에 대해 종속적인 구실을 하는 합성어를 '종속적 합성어'라 하며 그 예로는 '묏기슭, 믌새, 빗믈, 곳믈, 쇠붏' 등이 있다.

종속절

종속적으로 이어진 문장에서 주절에 대해 종속적으로 이어진 절을 종속절이라 하며 주로 주절의 의미를 한정하는 역할을 한다. '내 이제 너를 놓노니 뜨들 조차 가라'에서 '내 이제 너를 놓노니' 따위이다.

주격

주어의 위치에 쓰이는 것을 말한다. 주격형에서 특이한 점은 조사와의 결합에서 체언 말음절이 i일 때 성조에 변동이 생겼다. 그 양상은 말음절이 무점일 때는 그것이 상성으로 나타나며 1점일 때는 표기상 아무런 변동이 없었다. 또 중세어에서는 '걷ᄒᆞ-', '쓰-' 등은 형태상 주격형을 지배하였다.

주격조사

문장 안에서 체언이나 체언상당어구가 서술어의 주어임을 표시하는 격조사를 주격조사라 하며 '이, ㅣ, ∅'로 실현된다. '이(i)'는 자음 아래에, 'ㅣ(y)'는 'i, y' 이외의 모음 아래에 나타난다. 'i, y'를 가진 체언 아래에서는 주격조사가 나타나지 않는다.

주관적 앎

현대국어의 확인의 선어말어미 '-것-/-엇-'의 직접적 소급형태를 대상으로 하는데, 중세국어에는 '-거-/-어-'로 나타나며 선어말어미 '-오-'와 결합하면, '-과-, -가-'로 교체된다. 객관적 앎의 의미를 전달하는 원칙법에 대해 확인법은 주관적 앎의 의미를 전달한다.

주동(사)문

사동문과 대비되는 개념으로, '한비 아니 긏다'처럼 주어가 동작이나 행위를 직접 하는 문장을 주동문이라 한다.

주문장

복합문에서 주가 되는 문장을 주문장이라 한다. '내 이제 너를 놓
노니 쁘들 조차 가라'에서 '쁘들 조차 가라' 따위이다.

주성분

문장을 구성할 때 필수적으로 요구되는 성분을 주성분이라 한다.
주성분에는 주어, 서술어, 목적어, 보어가 있다.

주어

서술의 주체를 나타내는 문장 성분을 주어라 한다.

주어부

문장의 구성에서 주어가 포함된 문장까지를 주어부라고 하고 그
이하의 문장을 서술어부라고 부른다.

주어성 의존명사

주격조사와만 결합하여 주어로 사용되는 의존명사를 주어성 의존
명사라 한다. 중세국어에서는 '디'와, '슷' 정도가 확인되며 그 실
례는 아래와 같다.

용례
그제로 오신 디 손지 오라디 몯거시든
하눓 風流ㅣ 그츨 슻 업스니

주어적 속격

형태는 속격형이지만 주어의 기능을 하는 것을 주어적 속격이라
부른다. 중세국어에서는 관형절이나 명사절의 주어가 속격으로
실현되는 일이 있다. 다음은 그 예이다.

용례
가. 내인 어미 爲ᄒᆞ야 發혼 廣大誓願을 드르쇼셔 (월인석보 권21,
    57장)
나. 諸子ㅣ 아비의 便安히 안존 둘 알오 (법화경언해 권2, 158장)
다. 意根인 淸淨호미 이러훌씨 (석보상절 권19, 25장)

(가)는 관계절, (나)는 명사구보문, (다)는 명사절의 예이다. 현대국
어라면 '내', '아비', '意根이'와 같이 주격으로 실현될 것들이 속
격으로 실현되어 있다. 중세국어에서는 이런 환경에서 의미상의
주어가 속격으로 나타나는 것이 일반적이다. 현대국어에서도 '나
의 살던 고향'과 같은 의고적인 표현 속에 이 현상이 남아 있다.
그런데 여기서 속격형에 주의할 필요가 있다. 위의 밑줄 친 형태
들은 중세국어에서 일반적인 속격형이 아니다. '내'(가), '아비'
(나), '意根ㅅ'(다)이 보편적인 형태이겠지만, 여기서는 모두 '이/
의'가 통합되어 있다. 일반적인 속격형이 아닌 특수한 용법을 지
닌 속격형임을 보이기 위한 것으로 생각된다.

주절

종속절이 있는 문장에서 주가 되는 절을 주절이라 한다. '내 이제 너를 놓노니 쁘들 조차 가라'에서 '쁘들 조차 가라' 따위이다.

주제(보조사)

용례

(ㄱ) 나ᄂᆞᆫ 어버ᅀᅵ 여희오 ᄂᆞ미 그에 브터 사로ᄃᆡ

(ㄴ) 訓民正音은 百姓 ᄀᆞᄅᆞ치시논 正ᄒᆞᆫ 소리라

(ㄱ)은 대조의 보조사 'ᄂᆞᆫ/는/ᄋᆞᆫ/은'이 사용된 문장이다. (ㄱ)은 화자가 자신을 특별히 남과 대조하여 서술부의 내용이 다름을 드러내고자 하는 생각이 전제되어 있기 때문에 'ᄂᆞᆫ'을 취하였다. 그러나 대조의 보조사가 (ㄴ)과 같이 유개념을 표시하는 명사에 쓰일 때는 주제의 의미를 표시한다. 주어의 위치에 자리하며 기지의 정보를 제공한다.

주체높임법

주체높임법은 문장의 주어나 말하는 이를 높이는 표현법인데, 자음 앞에서는 '가시고, 가시면, 가시뇨, 가시니이다, 가시던'처럼 '-(으)시-'가, 모음 앞에서는 '가샴, 가샤ᄃᆡ'처럼 '-(으)샤-'가 사용되었다.

중권점

용비어천가에서 현대 맞춤법의 띄어쓰기의 공간에 우권점(주절과
종속절 사이)과 중권점(앞뒤의 마디 구분)이 쓰였다.

중립동사

→ 능격동사

중모음

(ㄱ) ㅛ, ㅑ, ㅠ, ㅕ
(ㄴ) ㅘ, ㅝ
　ㆎ, ㅢ, ㅚ, ㅐ, ㅟ, ㅔ, ㅢ, ㅒ, ㆌ, ㅖ
　ㅙ, ㅞ

소리를 내는 도중에 입술모양이나 혀의 위치가 처음과 나중이 달
라지는 모음을 중모음(이중모음)이라 한다.
(ㄱ)은 'y'가 결합된 상향이중모음을 표시한다. (ㄴ)은 중성글자의
합용병서인데 글자의 구조 그대로 이중모음으로 보는 것이 온당
하다.

중목적어 구문

목적어가 겹쳐져 나타나는 문장을 중목적어 구문이라 한다.

(ㄱ) 護彌 … 須達이 <u>아둘올 똘올</u> 얼유려터니

(ㄴ) <u>四海롤 년글</u> 주리여

(ㄷ) <u>如來ㅅ 象</u> 닐구블 밍ㄱ숩고

(ㄱ), (ㄴ)에 중목적어가 나타난 것은 '주다, 얼이다'가 세 자리 서술어이기 때문이다. 이 경우 낙착점 처소의 부사격 '에게'가 나타나는데 중세국어에서는 목적격조사를 취하였다. (ㄷ)의 '닐구블'은 선행명사의 수량을 표시하는 것이다.

중성(中聲)

훈민정음의 중성은 중국 음운학에 그 대당이 없는 것이어서 독자적으로 만들어질 수밖에 없었다. 훈민정음 해례 제자해에 의하면 중성의 세 기본자는 천, 지, 인 삼재의 모양을 본떴다고 한다. 여타의 중성자들은 기본자들의 합성으로 이루어졌다. 당시 학자들은 국어의 모음조화 체계를 제자에 반영했을 것으로 추정된다.

중성글자(=중성자)

·, ㅡ, ㅣ, ㅗ, ㅏ, ㅜ, ㅓ, ㅛ, ㅑ, ㅠ, ㅕ

중성 11자 가운데서 '·, ㅡ, ㅣ, ㅗ, ㅏ, ㅜ, ㅓ'의 7자는 단모음이고 나머지는 반모음 'y'를 앞세운 이중모음이다.

『훈민정음』 본문에 나타나는 중성자는 11자이다. 여기에는 '천·

지·인' 3재(三才)를 상형화한 기본자 '·, ㅡ, ㅣ' 3자와 이를 조합하여 만든 초출자 'ㅗ, ㅏ, ㅜ, ㅓ'의 4자, 초출자와 'ㅣ'를 조합하여 만든 재출자 'ㅛ, ㅑ, ㅠ, ㅕ' 등의 4자가 포함된다. 훈민정음 창제 초기에는 'ㅏ, ㅓ' 등의 가로획과 'ㅗ, ㅜ' 등의 세로획이 '·'로 표시되어 이러한 조합의 의미가 글자체에서 그대로 드러나 있다. 이후 당시의 필기도구인 붓의 특성상 '·'를 표기하기 어려워 세종(世宗)대에 이들의 '·'가 획으로 변화하여 오늘에 이르게 된 것이다.

이 11자 이외에 『훈민정음』「종성해(終聲解)」에는 '2글자를 합용한다(二字合用).'에 의한 'ㅘ, ㅙ, ㅝ, ㅞ'와 '한 글자로 된 중성으로서 ㅣ와 서로 어울린 10자(一字中聲之與ㅣ相合字十).'의 'ㅐ, ㅔ, ㅒ, ㅖ' 등도 포함되어 있다. 이들 역시 이미 만들어진 글자가 아니라 11자의 중성자를 '병서'함으로써 새로운 글자를 만들어 낸 것이다. 이 가운데 'ㅒ, ㅖ, ㅙ, ㅞ' 4자는 실제로 사용된 적이 없다. 나머지 가운데 2자 합용자 'ㅘ, ㅝ'는 'w'계 상향이중모음인 'wa, wə'를, 'ㅣ'상합자 가운데 '·ㅣ, ㅢ, ㅚ, ㅐ, ㅟ, ㅔ'는 'ʌy, iy, oy, ay, uy, əy' 등의 'y'계 하향이중모음을, 'ㅣ'상합자 가운데 'ㅛㅣ, ㅑㅣ, ㅠㅣ, ㅕㅣ, ㅘㅣ, ㅝㅣ' 등은 'yoy, yay, yəy, way, wəy' 등의 3중모음을 표시한다.

중복수식

중세국어에서는 몇 개의 수식어가 같은 자격으로 중복되어 하나의 피수식어를 수식하는 특이한 수식구성을 이루는 경우가 있다.

가. 늘근 늙곤 브륫 사름미 잇느니 (월인석보 권13, 23장)
나. 부텨 일웻논 第一엣 쉽디 몯혼 아디 어려본 法은(석보상절 권
   13, 40장)
다. 쫓온 고기 잡는 대로 밍フ론 거시라(월인석보 서, 22장)

(가)에서는 '늙-'과 '늙-'의 관형사형 '늘근'과 '늘곤'이 나란히
병치되어 후행하는 피수식어 '브륫 사람(使者)'을 수식하고 있다.
현대국어라면 '늙고 낡은'과 같이 연결어미가 쓰이는 것이 자연스
럽다. (나)에서는 수식어구가 4개나 병치되어 있다. 여기서 이들
관형어는 모두 후행명사 '法'을 수식한다. 이런 구성으로 인하여
문장의 의미 해석에 중의성(重義性)이 생길 수도 있다. (다)와 같은
구문이 그 예이다. 관형어 '고기 잡는'이 수식하는 명사가 바로
뒤에 위치한 명사 '대'인지 아니면 맨 뒤에 위치한 '것'인지는 전
체적인 문맥 속에서 결정된다. 여기서는 물론 '것'이다.

중자음

소리가 둘 이상으로 나며, 그 나는 동안의 앞뒤를 따라 다름이 생
기는 합용병서를 말한다.
훈민정음에 나타나는 합용병서인 'ㅳ, ㅄ, ㅶ, ㅷ, ㅺ, ㅼ, ㅽ, ㅾ,
ㅴ, ㅵ'의 발음을 둘러싸고 이것들이 중자음이었다는 견해가 있다.

중주어 구문

주어가 겹쳐져 나타나는 문장을 중주어 구문이라 한다. 이런 주어

중출 현상에 대해 주격조사를 취하는 명사구를 대주어와 소주어로 보는 입장, 주제-설명으로 보는 입장, 심층에서의 다른 격조사가 표면에서 주격조사를 취한 것으로 보는 입장, 서술절을 가진 안은문장으로 보는 입장 등 다양한 해석이 존재한다. 현행 학교문법에서는 중주어 구문을 서술절을 가진 안은문장으로 보고 있다. 중세국어에서 나타나는 중주어 구문의 실례는 아래와 같다.

용례
이 동산온 남기 됴홀씨
太子ㅣ 性 고봉샤

중철

16세기 초기 문헌들로부터 변화의 과도적 표기 형태인 중철 표기가 발견된다.

용례
손늘(번역박통사 상, 23장), 흙기(번역박통사 상, 40장), 허믈룰(여씨향약 6장), 옷술(여씨향약 31장), 밥블(이륜행실도 8장)

중칭

거리에 따라 나누는 개념으로 근칭, 중칭, 원칭으로 구분된다. '그리'는 중칭을 표현한다.

중화(中和)

음운론적 대립을 이루는 둘 또는 그 이상의 음소들이 특수한 환경에서 그 변별 기능을 상실하게 되는 현상을 말한다. 국어에서는 음절말 위치에서 자음의 중화가 가장 현저하게 나타난다. 13세기 중엽에 음절말 자음의 대립은 'ㄱ ㄴ ㄷ ㄹ ㅁ ㅂ ㅅ ㅿ ㆁ ㅈ ㅎ'이 있었다고 본다. 후기 중세국어의 음절말에 있어서의 자음 대립은 매우 제한되어 있었다. 해례 종성해에서는 8종성을 규정하였는데 이것은 음절말 위치의 자음 대립이 이 8자음에 국한되어 있었음을 명시한 것이다(ㄱ ㆁ ㄷ ㄴ ㅂ ㅁ ㅅ ㄹ). 즉 15세기 중엽에 있어서는 음절말 위치에서 평음과 유기음의 대립(ㄷ ㅌ)이나 'ㅅ ㅈ ㅊ'의 대립이 이미 중화되었음을 알 수 있다.

음절말에서의 중화 이외에는 구개음화로 인한 중화가 있다. 19세기 문헌에 '자'와 '쟈', '저'와 '져'의 혼란이 많이 나타난다. 18세기에는 i만 y 앞에서만 구개음으로 발음되던 'ㅈ, ㅊ'이 그 이후에 다른 모음 앞에서까지 모두 구개음으로 발음되면서 '자, 저, 조, 주'와 '쟈, 져, 죠, 쥬'의 대립이 중화된 것이다.

지시관형사

이, 그, 뎌, 어누(=어느), 므슷

중세국어의 지시관형사 '이, 그, 뎌'는 현대국어와는 달리 '것'과 통합되지 않고서도 대명사의 기능을 하기도 했다. '므슷, 어누(어느)'는 지시관형사의 미지칭이다.

지시대명사

사물표시	이, 그, 뎌
	어느, 므슴, 현마, 언마, 엇뎨
	아모것
처소표시	이어긔, 그어긔, 뎌어긔
	어듸
	아모디

지시부사

처소나 시간을 가리켜 한정하거나 앞의 이야기에 나온 사실을 가
리키는 부사를 지시부사라 한다.

용례

(ㄱ) 六師ㅣ 이리 니르느니 그듸 沙門 弟子ᄃ려 … 무러 보라

(ㄴ) 諸佛도 出家ᄒ샤ᅀᅡ 道理ᄅᆞᆯ 닷ᄀᆞ시ᄂᆞ니 나도 그리 호리라

(ㄷ) 제 간 올 뎌리 모ᄅᆞᆯ씨

(ㄹ) 네 브즈러니 세 버늘 請ᄒᆞ거니 어드리 아니 니르료

엇뎨 羅睺羅ᄅᆞᆯ 앗기는다

여래 니르시논 아홉 橫死ᄅᆞᆯ 매 몯 듣ᄌᆞᄫᅡᆺ다

國人 ᄠᅳ들 어느 다 ᄉᆞᆯᄫᆞ리

(ㅁ) 則은 아모리 ᄒᆞ면 ᄒᆞ는 겨체 쓰는 字ㅣ라

(ㄱ)의 '이리'는 근칭, (ㄴ)의 '그리'는 중칭, (ㄷ)의 '뎌리'는 원칭
이다. (ㄹ)의 '어드리, 엇뎨, 매, 어느'는 미지칭이다. (ㅁ)의 '아모
리'는 '어떠어떠하게'의 뜻으로서 부정칭으로 해석되기도 하고 미
지칭으로 해석되기도 한다. 지시부사에는 이 외에도 시간을 가리
키는 '오늘, 니일, 모뢰, 어저끠' 등도 포함된다.

지시어

대명사/관형사	대명사	형용사	부사
이	이어긔, 이에, 예	이러ᄒ다	이리
그	그어긔, 그에, 게	그러ᄒ다	그리
뎌	뎡어긔, 뎌에, 뎨	뎌러ᄒ다	뎌리

지시형용사

'이러하다, 저러하다, 어떠하다'와 같이 지시되는 사물의 모양, 상태, 성질 등을 나타내는 형용사를 말한다.

   (ㄱ) 이러ᄒ다/이렇다, 그러ᄒ다/그렇다, 뎌러ᄒ다
   (ㄴ) 엇더ᄒ다/엇덯다, 아ᄆ라ᄒ다/아ᄆ랗다

(ㄱ)은 근칭, 중칭, 원칭인데, '이러ᄒ다, 그러ᄒ다'는 '이렇다, 그렇다'로 나타나기도 한다. (ㄴ)의 '엇더ᄒ다'는 미지칭인데 '엇덯다'로 나타나기도 한다. '아ᄆ라ᄒ다'는 부정칭인데 '아ᄆ랗다'로 나타나기도 한다.

지적(보조사)

'지적'의 의미를 표시하는 보조사. 모음 뒤에서는 '-란'이 자음 뒤에서는 모음조화에 따라 각각 '-론'과 '-ᄋ/으란'이 쓰인다. 이러한 지적 보조사는 체언에만 통합될 뿐 용언의 활용형에는 통합되지 못한다. 목적격의 자리나 부사격의 자리에 놓여 목적어나 부사어를 지적하는 기능이 파악된다.

여슷 아돌론 호마 것 얼이고 (석보상절 권6, 13장)
臣下란 忠情을 勤力호시고 (월인석보 권8, 29장

지칭동사

무엇을 지칭하는 '니ᄅ(르)다'를 지칭동사라 칭한다.

지향점 처소(부사격 조사)

부사격조사는 선행 체언을 부사어가 되게 하는 조사이며 처소는
위치에 대한 정보를 담고 있다. 이러한 처소 부사격 조사의 역할
이 지향점(도달하고자하는 목표로 지정한 점)의 의미를 담고 있는 부
사격 조사이다.

(ㄱ) 제 나라호로 갈 쩌긔
(ㄴ) 나그내로 밥 머구믄
(ㄷ) 제 홀 양호로 호게 호라
(ㄹ) 菩薩이 前生애 지손 罪로 이리 受苦호시니라

(ㄱ)의 '오로'는 동작이 향하는 처소를 표시한다. (ㄴ)의 '오로'는
유정명사에 붙어 자격을 의미하는데 현대국어의 '으로서'에 대응
되는 형태는 보이지 않는다. (ㄷ)의 '오로'는 의존명사 '양'에 붙
은 것인데 '에 따라' 정도의 의미가 파악된다. (ㄹ)의 '로'는 원인
의 의미를 지닌다.

직설감동법

직설법 형태소는 '느'이다. 이는 화자가 말할 때를 중심으로 사태를 사실적, 객관적으로 파악하고 직설법 형태소는 동사와만 통합하여 현재시제임을 표현한다. 이러한 직설법에 감동법이 쓰인 것이 직설감동법인데 감동법은 사태에 대한 화자의 느낌이나 믿음과 같은 정감을 나타내는 것이며 선어말어미 '-돗'에 의해 표현된다.

용례
(ㄱ) 이 男子ㅣ 精誠이 至極홀씨 보비를 아니 앗기놋다(앗기+느+옷+다)
(ㄴ) 西方애 聖人이 나시노소니(나시+느+옷+ᄋ니(<오니)) 이 後로 千年이면 그 法이 이에 나오리로소이다(나오+리+롯+ᄋ(<오)이다)
(ㄷ) 우리도 이 偈를 좃ᄌᄫᅡ 외오노소라(외오+느+옷+(ᄋ<오)+라).

직설관형사형

관형사형이란 용언(동사, 형용사)에 관형사형 어미가 붙어 관형사와 같은 기능을 하는 것이다. 특히 중세국어에서는 관형사형에 '-ㄴ-'이 나타난다.
이러한 관형사형 '-ㄴ-'이 직설법 형태소인 '느'를 만나게 되면 직설법 형태소인 '느'가 관형사형 '-ㄴ-'과 합쳐져 '-는-'으로 실현되는 형태를 말한다.

직설법

중세국어의 직설법 형태소는 '᝷'이다. 이들은 화자가 말할 때를 중심으로 사태를 사실적, 객관적으로 파악하고 이는 동사와만 통합하여 현재시제임을 표현한다. 또한 이는 종결형, 연결형, 관형사형 어미에도 통합된다.

직설원칙법

원칙법은 객관적 믿음을 근거로 사태를 확정적인 것으로 판단하는 화자의 태도를 나타내는 것이다. 중세국어의 원칙법은 선어말어미 '-니-'에 의해서 표현된다. 이때 동사와 결합하여 현재시제를 나타내는 직설법 형태소 '᝷'와 함께 결합되어 있는 문장을 말한다.

용례

사ᄅ미 살면 주그미 이실씨 모로매 늙ᄂ니라 (석보상절 권11, 36장)

직설의문형

의문형은 크게 설명의문문, 판정의문문으로 나뉜다. 설명의문문은 의문의 보조사 '-고'나 의문형어미 '-ㄴ고, -뇨, -잇고' 등과 결합되어 만들어지며 판정의문문은 의문의 보조사 '-가/아', 의문형어미 '-잇가, -녀/니여, ㄴ가, ㄹ가'가 결합되어 만들어 지는데 이때 현재 시제를 표시하기 위해서 직설법 형태소 '᝷'와 함께 의문형 문장이 성립되어 있는 경우를 말한다.

그뒷 아바니미 잇ᄂᆞ닛가 (석보상절 권6, 14장)

직설평서형

중세국어는 높임의 정도에 따라서 종결표현이 '하쇼셔체', '하야
쎠체', 'ᄒ라체', '반말'로 나뉘는데 각각의 종결표현과 함께 직설
법의 현재시제형이 표현되어 있는 문장을 말한다.

소리쑌 듣노라(듣ᄂᆞ오라)
내히 이러 바ᄅᆞ래 가ᄂᆞ니

직역

외국어로 된 글을 원문의 한 구절 한 구절을 그 글귀 그대로 본
래의 뜻에 충실하게 번역한 것을 말한다.

앞선 시기에 이루어진 『석보상절』, 『월인석보』, 『번역소학』이 의
역인 반면, 나중에 이루어진 『법화경언해』와 『소학언해』는 직역
이라 할 수 있다. 번역 양식의 차이, 곧 의역과 직역은 언어사실
에 반영된다.

가. 一切 毛孔애 放於無量無數色光ᄒ샤 (원문 구결문)
나. 一切 터럭 구무마다 그지 업스며 數 업슨 비쳇 光明을 펴샤 (석
　　보상절 권19, 38장)
다. 一切 터럭 굼긔 放於無量無數色光을 펴샤 (법화경언해 권6, 99장)

(나)는 (가)의 원문에 대한 의역이고, (다)는 직역이라고 할 수 있
다. 직역에 있어서는 원문 구결의 형태가 언해문에도 반영되어 있
고, 원문의 한자어 또는 한문구를 그대로 가져다 쓰는 일도 흔히
있다.

직역에서 나타나는 '뼈, 시러곰' 등의 단어(전이어)는 의역에는 나
타나지 않는다. 이는 원문의 '以, 得'을 지나치게 의식하여 원문의
한 글자도 빼놓지 않고 번역하려 한 결과로 나타난 것이다. 중세
언해 문헌에 나타나는 '뼈, 시러곰' 등은 기원적으로 한문에서의
번역차용의 결과로 이루어진 단어이기도 하다. 직역일수록 경어
법이 민감하게 반영되지 않는 것은 원전인 한문에 경어법에 관한
정보가 없기 때문이다. 직역된 문장은 그만큼 한문화 된 모습을
많이 띠고 있으며, 문어적 성격을 많이 띠고 있다.

그런데 중세 언해 자료의 지배적인 양식은 직역이다. 같은 원전에
대한 두 종류 이상의 언해서가 있을 경우에는 처음에 의역이던
것이 나중에 직역으로 바뀌었고, 언해서가 한 종류뿐인 대부분의
경우에는 아예 직역으로 되어 있다. 그리하여 중세 한글 자료는
상당히 많은 양임에도 불구하고 대체적으로 단조롭고 평면적인
모습을 보여준다. 이는 중세국어 자료가 갖는 한계이기도 하다.

직접구성요소(IC)

직접 구성 성분이라고도 하는데, 구조주의 언어학에서 둘 이상의
형태소가 결합하였을 때 그 구성을 직접구성하고 있는 요소를 말
한다.

직접높임

현대국어와 같이 선어말어미 '-시-'에 의해 표현되며 문장에 있는 존대인물(문장의 주체이자 주어)에 한해 직접 높이는 표현이다. 모음어미 앞에서는 이형태로 (ㄴ)의 예와 같이 '-샤-'가 실현된다.

용례

(ㄱ) 如來 太子 詩節에 나ᄅ 겨집 사ᄆ시니
(ㄴ) 흔 菩薩이 … 나라홀 아ᅀ 맛디시고 道理 빈호라 나아가샤

직접의문문

화자가 청자에게 직접적으로 판정의 내용을 묻거나(판정의문문) 설명을 필요로하는 의문문(설명의문문)이 있다. 'ᄒ라체'에는 1, 3인칭의문형으로 '-녀/뇨'를 들 수 있고 2인칭의문형으로 '-ㄴ다, -ㄹ다, -ㄴ고, -ㄴ다'를 들 수 있다. 'ᄒ쇼셔체'에는 '-니잇가/-니잇고'를 들 수 있으며, 반말체에는 '-니/리'를 들 수 있다.

직접의문법

중세국어의 결어법 중 하나인 의문법에서 간접의문문에 대립되는 개념이다. 즉, 청자를 앞에 두고 직접 질문하여 대답을 요구하는 의문법이다.

직접인용구문

중세국어에서는 현대국어의 인용의 부사격조사 '-라고/-고'가 쓰

이지 않는다. 인용동사로는 '호-, 니르-'나 '묻-, 너기-' 등이 쓰이거나 생략되어 나타나지 않는다.

이 比丘ㅣ … 닐오디 "내 … 너희들홀 업시우디 아니호노니 너희둘히 당다이 부톄 두외리라" 호더니
善宿ㅣ 쏘 무로디 "네 어느 고대 난다"

직접인용절

인용절을 가진 안은문장은 인용절의 성격에 따라 직접인용절을 가진 안은문장과 간접인용절을 가진 안은문장으로 나누어진다. 직접인용절은 원래 발화의 형식을 그대로 옮기는 것이고 간접인용절은 원래 발화를 그대로 옮기는 것이 아니라 원래 발화에 나타난 생각을 전달하되 인용을 하는 화자가 자신의 관점으로 바꾸어 나타내는 것이다. 이때 직접인용절은 간접인용절과 달리 문말 억양(하나의 문장 끝에 나타나는 휴지나 고저 등)을 유지한다. 인용 시에 하나의 독립된 발화로서의 자격을 그대로 유지하기 때문이다.

▌ 직접인용절과 간접인용절의 구분

중세국어에서도 인용절은 직접인용절과 간접인용절로 나뉜다. 하지만 그 차이를 구별하는 것은 쉽지 않다. 왜냐하면 직접인용구문과 마찬가지로 간접의문문의 경우에도 인용의 표지인 부사격조사를 포함한 어떠한 표지도 드러나지 않기 때문이다. 중세국어의 간접인용구문도 직접인용구문과 같이 인용절 앞에는 큰 문장의 서술어가 오고 끝에는 인용동사가 따른다. 그러나 대명사, 높임법,

문장종결법 등에서 차이점이 발견된다.

직접존경

중세국어의 존경법에서 주어 명사구를 직접 존경한다고 하여 '직접존경'이라 한다.

> **용례**
> 野人ㅅ 서리예 <u>가샤</u> 野人이 골외어늘 德源 올ᄆᆞ샴도 하ᄂᆞᆶ 뜨디시니
> (용비어천가, 4장)

주어 명사구가 표면에 나타나 있지는 않으나, 이 장의 배경설화와 관련시켜보면 주어 명사구는 '익조'(翼祖)이다. 편찬자인 화자는 익조를 상위자로 판단하여 존경법의 선어말어미 '-시-'를 사용한 것이다. 그런데 이 '-시-'는 '아/어'나 '오/우'로 시작되는 모음어미 앞에서는 '-샤-'로 되므로 여기에서도 그 이형태인 '-샤-'가 쓰인 것이다.

진행(보조동사)

본용언과 연결되어 그 풀이(의미)를 보조하는 동사가 보조동사이며 그것의 의미가 진행인 경우 진행 보조동사라 할 수 있다. '(어)가다, 오다, 잇다'가 해당한다.

진행상

중세국어도 현대국어와 같은 동작상의 범주를 설정할 수 있다. 보
조적 연결어미와 보조용언의 결합에 의해 표시되며 연결어미에서
도 그런 기능이 파악된다.

진행상은 동작이 진행되고 있는 모습으로 파악하는 동작의 양상
을 지칭하는 것으로 보조적 연결어미에 의한 우설적 표현과 연결
어미에 기대어 표시된다.

> 용례
> "네 … 내 풍류밧지 드리고 됴흔 차반 먹고 이쇼디 엇데 몯 듣고
> 몯 보노라 ᄒᆞᄂᆞ다" (석보상절 권24, 28장)

보조적 연결어미 '-고'와 진행의 보조동사 '잇다'가 결합되어 진
행상을 표시했다.

> 용례
> 말ᄒᆞ며 우ᅀᅮᆷ <u>우스며셔</u> 주규믈 行ᄒᆞ니 (두시언해 권6, 39장)

동시병행의 의미를 갖는 종속적 연결어미인 '-며'가 보조사 '-셔'
와 결합해 진행상을 표시하는 것이다.

집단곡용

한 문장에서 동격으로 사용된 명사들은 마지막 것만이 필요한 조
사를 가진다. 이것은 집단곡용(集團曲用)이라 일컬어지며 알타이 제
어의 한 특색이다. 국어에서 공동격 조사 '-과'가 사용됨이 다른

알타이 제어와 비교할 때 특수한 점이라고 하겠는데, 중세어에서는 마지막 명사도 공동격 조사를 취하고 다시 필요한 격조사를 취하는 것이 일반적이었다. 그리하여 '-왜/-괘(주격형), '-와롤/-과롤'(대격형), '-왓/괏'(속격형) 등이 나타난 것이다.

> 용례
> 齒頭와 正齒왜 굴히요미 잇ᄂ니 (훈민정음언해 14장)
> 六塵과 六根과 六識과롤 모도아 (석보상절 권13, 39장)
> 부텨와 즁괏그에 (석보상절 권13, 22장)

이미 중세어 문헌에서 마지막 명사가 공동격 조사를 가지지 않은 예도 발견된다(예 : ᄇ롬과 구루믄, 두시언해 권20, 53장). 그러나 16세기 초엽의 문헌에서는 아직 중세적 용례를 많이 발견할 수 있다.

집단독백

여러 사람이 동시에 독백의 형식으로 내뱉는 말이다. 아래의 예는 오백 태자가 연못가에 앉아 물 밑에 비치는 그림자를 보고 하는 집단 독백이다.

> 용례
> 사르미 살면 주그미 이실씨 모로매 늙ᄂ니라 (석보상절 권11, 36장)

짧은 부정문

중세국어에서 부정부사 '아니'나 '몯'이 서술어 앞에 쓰여 부정의 의미를 나타내는 부정문들은 짧은 것과 긴 것이 있다. 짧은 부정문은 아니+용언(의지부정, 순수부정), 몯+용언(능력부정, 상황부정)으로 이루어져 있다. 먼저 체언부정문과 용언부정문으로 구분되는 '아니'부정문에서는 용언부정문에서 짧은 것과 긴 것이 나뉜다.

용례
가. 느미 쁘들 거스디 아니호고 (월인석보 권23, 72장)
나. 그듸는 아니 듣ㅈ뱃더시닛가 (석보상절 권19, 31장)

(가)는 동사의 긴 부정문은 어간에 보조적 연결어미 '-디'와 '둘'을 매개로 한 부정 보조동사가 붙어서 만들어진다. 짧은 부정문으로 바꿀 때는 (나)와 같이 부정부사 '아니'를 동사 앞에 둔다.

용례
다. 므스글 보디 몯흐리오 (법화경언해 권6, 29장)
라. 부텨를 몯 맛나며 法을 몯 드르며 (석보상절 권19, 34장)

(다)는 긴 부정문으로 어간에 보조적 연결어미 '-디'를 매개로 한 부정 보조형용사를 붙여 만든다. (라)와 같이 부정부사 '몯'을 형용사 앞에 둠으로써 짧은 부정문이 이루어지는 일이 있으나 매우 드문 일이다.

차등비교(부사격조사)

부사격조사는 부사어가 되게 하는 조사이다. 차등비교는 비교의
정도를 차별을 두어 견주는 것을 말한다. '-두곤, -(이)라와, -두
고, 이으란' 등이 있다.

용례

光名이 희둘두고 더으니

莊嚴호미 日月라와 느러

名別히 勞心호ᄆ론(홈ᄋ론) 더으니라

차용(借用)

차용은 일반적으로 어휘에서 행해진다. 어휘에 있어서 차용의 결
과를 차용어(또는 외래어)라고 한다. 국어 차용어의 주된 공급원은
상고로부터 근세에 이르기까지 중국어였고, 그 밖의 것으로는 중

세에 몽고어, 현대에 영어를 비롯한 유럽 언어들 및 일본어를 들수 있다. 차용의 결과로 음운 체계에 변화가 생기는 일이 있음도 주목할 만하다. 새로운 음소를 추가하는 경우도 있고 이미 있었던 음소들의 분포 변화를 가져오는 경우도 있다.

차용어(借用語)

어휘에서 차용의 결과를 차용어(또는 외래어)라고 한다. 국어 차용어의 주된 공급원은 상고에서 근세에 이르기까지 중국어였고, 그밖의 것으로는 중세에 몽골어, 현대에 영어를 비롯한 유럽 언어들과 일본어 등을 들 수 있다.

중국어 차용어 중 오랜 것은 한자어들보다도 연대적으로 훨씬 앞서는 것으로 믿어진다. '붇'(筆)과 '먹'(墨)은 이런 차용의 대표적인 예들이다. 이들은 문자 즉 한자가 우리나라에 들어왔을 때 따라왔을 것이다. 고려와 원의 접촉으로 관어에 그 흔적이 많이 남아 있는데 그것들을 제외하면 몽고어 차용어는 대부분 말(아질게물, 악대, 졀다물 등)과 매 및 군사(고도리, 오노, 바오달 등)에 관한 것들에 국한되어 있었다.

후기 중세어 시기에 중국어로부터 바로 들어온 차용어들이 있었는데 이들 차용어는 주로 16세기 번역박통사, 훈몽자회 등에 많이 기록되어 있으며 복식, 포백, 기용, 식물 등에 집중되어 있었다(투구, 비갸, 딩즈, 후시, 디미 등). 근대어 시기에도 중국어가 차용어의 가장 중요한 공급원이었다. 그리고 함경도 지명에 흔적을 남긴 여진어도 있다(투먼, 워허 등). 중국어 차용어는 그 본래의 한자에 대한 지식으로 해서 점차 그 한자의 우리나라 발음으로 이행되는 일반적인 경향을 띠고 있었다.

차자자료

차자표기법은 한자를 이용하여 우리말을 표기하는 방법으로 '한
자차용표기법'으로 부르기도 한다. 한자가 우리나라에 유입되고,
한자의 사용에 어느 정도 익숙해 졌을 무렵 우리 조상들은 고유
어를 표기하고 싶은 욕구를 가졌을 것이다. 특히 인명이나 지명과
같은 고유명사의 표기에 있어서 문어와 구어가 일치하지 않는 언
문 불일치의 상황이 더욱 불편하게 여겨졌을 것이다. 그래서 탄생
한 것이 우리 고유의 말을 한자로 표기하는 차자표기였던 것이다.
5세기부터 시작된 대표적인 차자표기법의 예로 이두, 구결, 향찰
등이 있으며 이러한 차자표기를 이용해 작성된 문헌들을 '차자
자료'라고 일컫는다.

차청(次淸), 차청 계열

차청은 중국 중고음 체계에서 무성유기음이 동음에서는 유기음으
로 나타나는 경향이 있었다. 그러나 중국음의 차청은 동음의 유기
음에 규칙적으로 반영되지는 않았다. 가령 설음과 치음의 차청은
'ㅌ', 'ㅊ'으로 나타나는 것이 원칙이지만 순음과 아음에 있어서는
이런 원칙을 세우기 어렵다. 특히 아음에서 계모(kʰ)는 'ㄱ'으로 나
타나는 것이 도리어 원칙이라고 할 수 있으며 극소수만이 'ㅋ'으
로 나타난다. 이러한 사실은 고대에 유기음이 확립되어 있지 않았
기 때문이라고 추정할 수 있으나 그 증명이 쉽지 않다.

훈민정음 해례에서는 초성을 설명하면서 글자의 음운에 청탁(맑음과 탁함)이 있음을 밝히고, 자음의 음운에 전청, 차청, 전탁, 불청불탁이 있다고 하였다. 그 중 차청은 초성 체계 가운데 전청자에 가획(획을 더하는 것)을 활용하여 만들어진 'ㅋ, ㅌ, ㅍ, ㅊ, ㅎ' 등에 공통되는 음성적 특질을 말한다. 이는 현대국어의 거센소리와 대체로 일치한다.

처격(處格)

처격은 처소나 지향점 또는 시간적, 공간적 범위를 나타내 주는 격이다. 중세어의 처격 조사에는 '-애/에/예'와 '-이/의'가 있었다. 처격으로 '-이'를 취하는 명사들은 대체로 정해져 있었으나 동일한 명사가 '-이'와 '-에'를 취한 예도 있다. 조사 '-애'는 모음조화 규칙에 따라 양모음 어간 뒤에서는 '-애', 음모음 뒤에서는 '-에', i나 y뒤에서는 '-예'로 나타났다.

처격조사

중세국어의 처격조사로는 '-애/에/예, -이/의'가 있다. '-애'와 '-에'는 체언 말음과는 관계없이 체언의 모음이 양성모음이면 '-애', 음성모음이면 '-에'가 쓰인다. '-예'는 체언이 '이'나 'ㅣ'모음으로 끝날 때 사용된다. '-이/의'는 특이처격으로 시간, 처소를 뜻하는 체언과만 통합한다.

용례

가. 세존이 <u>象頭山애</u> 가샤 (석보상절 권6, 1장)

나. 몸앳 필 뫼화 <u>그르세</u> 담아 (월인석보 권1, 2장)

다. 亂亭 <u>代예</u> 飄零ᄒᆞ야 내 예 왯노라 (두시언해 권7, 28장)

라. 셤 <u>안해</u> 자싫 제 (용비어천가 67장)

(가)에서 '象頭山애'는 끝음절이 양성모음이어서 '-애'가 통합되었으며, '지향점'을 나타낸다. (나)의 '그르세'는 '장소'를 나타낸다. (다)의 '代예'는 'ㅣ'모음 뒤에 '-예'가 통합된 것으로 '시간'을 나타낸다. (라)의 '안해'는 동작이 이루어지는 장소를 나타내는 것으로 현대국어라면 '-에서'가 쓰일 자리이다. 현대국어에서는 서술어에 따라 '-에'와 '-에서'가 구분되어 사용되나, 중세국어에서는 '-애'가 현대국어의 '-에서'의 기능까지 포함하고 있다. 그리고 '-에서'의 직접적인 소급형 '-애셔'는 출발점을 나타내는 데만 사용된다.

처소 표시어

'우, 아래, 앒' 등 처소를 나타내는 단어.

처소부사어

부사어는 용언, 관형어, 다른 부사어 등을 수식하는 문장성분이며 특정한 성분을 수식하는 문장성분이다. 처소부사어는 '-애/에, -애셔' 등과 같은 처소의 부사격조사를 가지고 있으며 낙착점, 출발점, 지향점 등의 의미를 나타내는 부사어이다.

▌낙착점 처소의 부사격 조사가 붙어 부사어가 된 경우

(ㄱ) 셤 <u>안해</u> 자싫 제
(ㄴ) <u>낤긔</u> 뻬여 性命을 몯츠시니

▌출발점 처소의 부사격조사가 체언에 붙어 부사어가 된 경우

(ㄱ) <u>台州에셔</u> 音信이 비르수 傳ᄒ야 오ᄂ다
(ㄴ) 서울셔 당당이 보면
(ㄷ) <u>阿鼻地獄브터</u> 有頂天에 니르시니

▌지향점 처소의 부사격조사가 붙어 부사어가 된 경우

(ㄱ) 제 <u>나라ᄒ로</u> 갈 쩌긔
(ㄴ) 제 홀 <u>양으로</u> ᄒ게 ᄒ라

첨가 자음(添加 子音)

16세기 즈음 첨가 자음이 발달한 것으로 보인다. 'ㄴ'이 첨가된 예로 15세기의 'ᄀ초-'가 16세기에 'ᄀᆫ초-'가 된 것을 들 수 있다.

첨사(添詞)

체언이나 용언에 붙어 강세(强勢), 의문, 열거와 같은 의미를 나타내는 것으로 한 음소 또는 한 음절로 되어 있음이 특징이다.

1. 강세의 'ㄱ, ㅇ, ㅁ'이 나타나는데 'ㄱ'은 조격 조사 '-로', 부동사 어미 '-고', '-아'에, 'ㅇ'은 부동사 어미 '-며'에, 'ㅁ'은 부동사 어미 '-아'와 '-고'에 자주 결합되었다.

용례

일록 後에 (월인석보 권2, 13장)

죽곡 주그며 나곡 나 (능엄경언해 권4, 30장)

工夫롤 ᄒᆞ야 ᄆᆞᅀᆞ몰 뼈 (몽산법어약어, 4장)

더으뎌 더러 (구급방언해 상 70장)

올맘 비겨서 王室을 보고 (두시언해 권23, 16장)

ᄒᆞᆫ 부체를 다ᄃᆞ니 ᄒᆞᆫ 부체 열이곰 홀ᄊᆞ (월인석보 권7, 9장)

2. 강세의 첨사 'ᅀᅡ'는 고대의 '沙'에 소급하는 것으로, 체언과 용
언에 연결되었다. 이 'ᅀᅡ'는 '야'로 변했는데, 16세기 후반의 문헌
『발심수행장』에 이미 나타난다. 『소학언해』에는 표기상 'ᅀᅡ'와
'아'가 나타난다. 이것은 당시의 실제 발음이 '야'였음을 말해 주
는 것이다.

용례

이 각시ᅀᅡ 내 얻니논 ᄆᆞᅀᆞ매 맛도다 (석보상절 권6, 14장)

것ᄆᆞ라죽거시늘 쳔 믈 쓰려 오라거ᅀᅡ 씨시니라 (월인석보 권21, 217장)

비록 도ᄒᆡᆼ이야 업스나 (발심수행장 29장)

고텨지라 ᄒᆞ여ᅀᅣ 許ᄒᆞ더라 (소학언해 권6, 77장)

모톤 후에아 敢히 유무를 내ᄂᆞ니 (소학언해 권6, 131장)

3. 강세의 첨사에는 또한 '곳'이 있었다. 모음과 'ㄹ' 뒤에서는
'옷'이 되었다. 이와 같은 것에 '봇, 봇'도 있었다.

용례

感神곳 아니면 (월인석보 권21, 25장)

내 말옷 아니 드르시면 (월인석보 권2, 5장)

이 보비옷 가져 이시면 (월인석보 권8, 11장)

ᄆᆞᅀᆞ맷 벋봇 아니면 (영가집언해 하 128장)

ᄭᅮᆷ봇 아니면 (월인석보 권8, 95장)

4. 15세기 문헌의 첨사 '곰'은 부사나 부동사에 붙어서는 강세를 나타내었고(예 : 이리곰, 다시곰, 시러곰, 희여곰, 뻐곰 등), 명사에 붙어서는 현대어의 '씩'과 같은 뜻을 나타내었다. 역시 모음과 'ㄹ' 뒤에서는 '옴'이 되었다. 정음 문헌에서 '식'이 나타나는 것은 16세기에 들어서의 일이다. 그러나 '식'은 『대명률직해(大明律直解)』에 이미 이두(吏讀) '式'으로 나타나므로 실제 언어에서는 15세기에 있었음이 확실하다.

용례
ᄒᆞᆫ 나라해 ᄒᆞᆫ 須彌山곰 이쇼ᄃᆡ (월인석보 권1, 22장)
三世 名名 流ᄒᆞ야 十世옴 ᄃᆞ외면 三十世 일오 (석보상절 권19, 12장)
쉰 ᄒᆡ롤 ᄒᆞᄅᆞ옴 혜여 (월인석보 권1, 38장)
쉰 낫 돈애 ᄒᆞᆫ 셤식 ᄒᆞ면 (번역박통사 상 11장)
ᄒᆞᄅᆞ 세 번식 머그면 (분문온역이해방 9장)

근대어의 강세 첨사로는 '야', '곳'을 들 수 있다. 중세에 잡다한 강세 첨사들은 모두 자취를 감추었다.

5. 중세어 특유의 첨사에 열거(列擧)를 뜻하는 '여'가 있었다. 16세기에는 '야'로도 나타난다. 간혹 '이여'로도 나타난다.

용례
굴그니여 혀그니여 우디 아니ᄒᆞ리 업더라 (월인석보 권10, 12장)
나져 바며 (두시언해 권8, 29장)
나쟈 바먀 (번역박통사 상 68장)
나지여 바미여 (내훈 하 17장)

6. 의문의 첨사에 '고, 가, 다' 등이 있다. 판정 의문에서는 '가',

358

설명 의문에서는 '고'로 구분되었다.

청유문

중세국어의 문체법은 종결어미의 종류에 따라 평서법, 의문법, 명령법, 청유법을 들 수 있고 그 밖에 감탄법, 경계법도 설정할 수 있다. 청유문은 이들 문체 중 청유법의 종결어미로 만들어지는 문장이다. 말하는 사람이 말을 듣는 사람에게 어떤 행동을 자기와 함께 하도록 요청하는 문장이다. 청유문의 주어는 말하는 이와 듣는 이가 함께 포함되어 있어야 하며, 서술어는 동사만 쓰일 수 있고 과거 시제의 선어말어미 '-았/었-'과 함께 쓰이지 못한다. 중세국어의 청유형은 ᄒᆞ라체(-져/-져라)와 ᄒᆞ쇼셔체(-사이다)에서만 나타난다.

> 용례
> 가. 뒷 내해 물 싯기라 가져 (번역박통사 권상, 21장)
> 나. "淨土애 ᄒᆞᆫ디 가 나사이다" (월인석보 권8, 100장)

청유형

동사의 활용형 중 하나이다. 다른 사람에게 자기와 함께 어떤 행동을 할 것을 권하는 뜻을 나타내는 종결형으로, 중세국어에서는 '-져/져라'가 붙어서 나타난다.

'-져'는 ᄒᆞ라체의 청유형어미인데 현대국어의 청유형어미 '-자'의 직접적 소급형이다. '-져라'는 드물기는 하지만 친근한 권유의 뜻으로 쓰이기도 했다.

　가. 모든 형뎨돌히 <u>의론호쪄라</u> (번역박통사 권상, 1장)

청자

담화 상황에서 말하는 사람의 전언을 듣는 이.

체언

명사, 대명사, 수사는 문장의 몸, 즉 주체 자리에 나타나는 일이 많으므로 체언(임자씨)이라고 부른다. 이들 단어류는 목적어나 보어가 되는 자리, 서술격 조사와 결합하여 서술어의 자리, 호격 조사와 결합하여 부름말이 되는 자리에도 나타나기는 하지만 뚜렷한 기능이 주어로서의 쓰임이기 때문에 전통적으로 이런 이름이 사용되어 왔다. 명사, 대명사, 수사가 의미에 바탕을 둔 이름이라면 체언은 기능에 근거한 이름이다. 체언은 문장 속에서 조사와 결합하고, 관형어의 수식을 받을 수 있다. 또한 대부분 자립형태소로서 형태가 변하지 않는다는 점에서 불변어이다.

　가. <u>싯미(싣이)</u> 기픈 <u>므른(믈은)</u> <u>ᄀᆞ마래(ᄀᆞ몰애)</u> 아니 그츨씨 (용비어천가, 2장)
　나. <u>내(나ㅣ)</u> 이롤 爲호야 어엿비 너겨 (훈민정음언해, 2장)
　다. 弟子 <u>ᄒᆞ나홀(ᄒᆞ나ㅎ올)</u> 주어시든 (석보상절 권6, 22장)

(가)의 '싣, 믈, ᄀᆞ몰'은 명사, (나)의 '나, 이'는 대명사, (다)의 'ᄒᆞ나ㅎ'은 수사로서 모두 체언으로 묶을 수 있다.

체언부정문

명사인 '아니'에 서술격조사 '이-'와 어미가 붙어 이루어진 서술어가 쓰여 부정의 의미를 나타내는 문장을 의미한다. '아니'부정문의 대표적인 형태로, 다음은 체언부정문의 예이다.

용례
가. "이는 우리 허므리라 世尊ㅅ 다시 <u>아니시다ᄉ이다</u>" (법화경언해 권2, 5장)
나. 오ᄂᆞᆳ날 ᄲᅮᆫ <u>아니라</u> … (월인천강지곡, 180장)
다. ᄒᆞ나 <u>아닌</u> 거긔 둘 <u>아닌</u> 고ᄃᆞᆯ 볼길ᄊᆡ (월인석보 권8, 30장)
라. 妙法이 둘 <u>아니며</u> 세 <u>아닐ᄊᆡ</u> (석보상절 권13, 48장)

체언의 성조 바뀜

체언에 조사가 결합되면서 체언의 성조가 달라지는 것을 뜻한다. 여기에는 두 가지 유형이 있다. 첫째로, 거성인 '갈ㅎ, 고ㅎ'이 처소의 부사격조사 '애'와 결합되면 평성으로 변하는 것이다. 두 번째로는 대명사의 곡용이 있다. 일부 대명사는 주격과 속격(관형격)의 형태가 같은 경우가 있는데, 성조가 다르게 나타나기 때문에 주격과 속격을 구분할 수 있게 된다. '나, 너, 저, 누'와 같은 인칭대명사들이 그렇다. 이들은 그 주격과 속격(관형격)의 형태가 같아서 성조가 달리 나타나는데 그 교체양상은 불규칙하다. '너, 저'는 주격형이 상성으로 교체되고 관형격형은 변화가 없으며 '나'는 주격형이 변화가 없고 관형격형이 평성이 된다. '누'는 주격은 거성, 관형격은 상성이다.

대명사	주격	관형격
·나	·내	내
너	:내	네
저	:제	제
·누	·뉘	:뉘

초성자

훈민정음의 초성자는 조음 위치에 따른 분류인 '아음(牙音), 설음(舌音), 순음(脣音), 치음(齒音), 후음(喉音)'의 5음(五音) 각각에 대해 기본자 5자를 상형의 원리로 만든 후 여기에 '가획'하여 만들었다. 상형은 발음기관을 본떴는데 어금니, 혀, 입술, 이, 목구멍을 본땄으며, 가획은 상형으로 만들어진 기본자에 획을 하나씩 더한 것을 말한다. 이렇게 하여 새로 만들어진 초성자는 모두 17자이다. 여기에는 아음에 'ㄱ, ㅋ, ㆁ', 설음에 'ㄷ, ㅌ, ㄴ', 순음에 'ㅂ, ㅍ, ㅁ', 치음에 'ㅅ, ㅈ, ㅊ', 후음에 'ㆆ, ㅎ, ㅇ', 반설음에 'ㄹ', 반치음에 'ㅿ' 등이 각각 속한다.

『훈민정음』해례에는 이 17자 이외에 연서자(連書字) 'ㅸ, ㆄ, ㅹ, ㅱ', 각자병서자(各自竝書字) 'ㄲ, ㄸ, ㅃ, ㅉ, ㅆ, ㆅ', 합용병서자(合用竝書字) 'ㅺ, ㅼ, ㅽ, ㅳ, ㅄ, ㅶ, ㅷ, ㅴ, ㅵ' 등도 초성자로 제시되어 있다. 'ㅸ' 등의 연서자는 『훈민정음』본문과 「제자해」의 "ㅇ을 입술소리 밑에 연서하면 순경음이 된다(ㅇ連書脣音之下則爲脣輕音)."라는 '연서' 규정에 의해 만들어진 것이다. 'ㄲ' 등의 각자병서자는 본문의 "초성을 어울려 쓰려면 나란히 쓴다(初聲合用則竝書)"라는 규정, 'ㅺ' 등의 합용병서자는 해례본 「합자해(合字解)」의 "초성 두 자, 세 자를 합해서 나란히 쓰라(初聲二字三字合用竝書)"라는 규정에 의해 만들어진 초성자들이다. 이 때 '연서(連書)'나 '병서(並書)'는 초성자를 새로 만들기 위한 규정이 아니라, 이미 만들어진 17자의 초성자를 운용(運用)하여 또다른 음을 표기하는 글자를 만드는 방법이다. 연서에 의한 'ㅸ' 등의 연서자는 '순경음(脣輕音)'을, 병서에 의한 각자병서자와 'ㅺ, ㅼ, ㅅㄱ' 등의 합용병서자는 된소리를, 'ㅂ'계 합용병서자는 어두자음군을 표기하기 위한 것이다. 따라서, 훈민정음 창제 당시 초성자는 다음과 같이 구분할 수 있다.

훈민정음의 초성자 : ㄱㅋㆁ, ㄷㅌㄴ, ㅂㅍㅁ, ㅅㅈㅊ, ㆆㅎㅇ, ㄹ, ㅿ
　　　　　　　　　(17자)
연서자(순경음자) : ㅸ ㆄ ㅹ ㅱ
병서자 : ㄲㄸㅃㅉㅆㆅ(각자병서), ㅺㅼㅳ, ㅲㅄㅴㅵ, ㅷㅴ(합용병서)

	기본	가획	이체
아음	ㄱ	ㅋ	ㆁ
설음	ㄴ	ㄷ, ㅌ	ㄹ
순음	ㅁ	ㅂ, ㅍ	
치음	ㅅ	ㅈ, ㅊ	ㅿ
후음	ㅇ	ㆆ, ㅎ	

초성자의 발음

전청은 예사소리, 차청은 거센소리, 불청불탁은 울림소리, 전탁은 된소리와 대체로 일치한다.

최소자립형식

'남곤, ㅂㄹ매'와 같이 자립형태소인 체언에 의존형태소인 조사가 붙은 것으로 대체로 어절에 일치된다. 일반적으로 '최소자립형식'은 단어에 대한 정의이다.

추측(보조형용사)

보조형용사란 형용사처럼 활용하는 보조용언이다. 이에 추측의 의미가 더해져 본용언을 꾸며주는 보조형용사이다.

(-ㄴ/-ㄹ가) 식브다

용례
다ᄃ론가 식브거늘
軒檻에셔 양ᄌ롤 어루 브를가 식브도다

추측감동법

중세국어의 기본서법 중 하나인 추측법과 부차서법 중 하나인 감동법이 함께 쓰인 것이다.

추측법은 발화시 이후에 있을 사태에 대해 추측하는 것으로 미래시제에 해당되며 종결형과 연결형에서는 선어말어미 '-리-', 관형사형 어미에서는 '-ㄹ'로 나타난다. 이러한 미래시제에 감동의 선어말어미가 합쳐져 미래시제에 해당하는 화자의 느낌이나 믿음과 같은 정감을 나타내는 표현이다. 감동법은 사태에 대한 화자의 느낌이나 믿음과 같은 정감을 나타내는 것으로 대표적인 선어말

어미 '-돗-'이 있고, 약간 보수적인 '-옷-'이 있으며 '-ㅅ-'도
확인된다.

"어마니물 아라 <u>보리로소니잇가</u>" (월인석보 권23, 86장)
　→ '보+리롯(>리돗)+ㅇ니잇가(>오니잇가)' 로 분석된다.
父王이 오늘 … 菩提心을 어루 <u>發ㅎ시리로소이다</u>
이 世界옌 千佛이 <u>나시리로소니</u> 이 劫 일후므란 賢劫이라 ㅎ져

추측관형사형

추측법이 종결형과 연결형에서는 선어말어미 '-리-'로 나타나는데
반해 관형사형 어미에서는 '-ㄹ'로 나타난다. 시제적으로는 발화시
에 후행하므로 미래시제에 해당되지만 꼭 그러한 것은 아니다.

(ㄱ) ㅎ마 <u>命終홀</u> 사ᄅ물 善惡 묻디 말오
(ㄴ) 그 지븨셔 차반 <u>밍글</u> 쏘리 워즈런ㅎ거늘
(ㄷ) 내 쳔랴앳 거시 <u>다옰</u> 업스니

(ㄱ)은 대화에 나타나는 추측관형사형으로 미래시제이며, (ㄴ)은
지문에 나타나는 추측관형사형으로 지문에 나타나는 추측관형사
형은 주절의 시제와 관련 없이 나타난다. (ㄷ)은 추측관형사형이
명사적으로 사용된 예이다.

추측법

중세국어의 기본서법 중 하나이다. 발화시 이후에 있을 사태에 대

해 추측하는 의미를 가지게 되며 미래시제에 해당된다. 종결형과 연결형에서는 '-리-'로 실현되고 관형사형 어미에서는 '-ㄹ-'로 나타난다. 직설법 '-ᄂᆞ-', 부정법 '-ㄴ-', 회상법 '-더-'과 비교해 보면 '-*린-'으로 실현되어야 할 것이나 실제 자료에서는 대부분 '-ㄹ'로 나타난다. 주어 명사구가 제1인칭일 때는 욕구나 의향의 의미가 파악되고 또 가능의 의미가 드러나기도 한다. 발화시에 후행하므로 미래시제에 해당되지만 꼭 그러한 것은 아니다.

용례
가. "내 願을 아니 從ᄒᆞ면 고ᄌᆞᆯ 몯 <u>어드리라</u>" (월인석보 권1, 12장)

(가)의 '어드리라'는 발화시 이후에 있을 일에 대해 추측하는 것이다. 직설법, 부정법, 회상법이 [+사실성]을 가지는 것에 비해 추측법은 [-사실성]을 가진다.

추측평서형

추측평서형은 평서형 종결어미로 끝나는 추측법을 의미한다.

용례
니ᄅᆞ샨 양ᄋᆞ로 <u>호리이다</u>

추측확인법

부차서법인 확인법이 기본서법의 하나인 추측법과 결합한 것이다. 확인법은 추측법의 뒤에 올 수도 있고 앞에 올 수도 있다.

추측법은 발화시 이후에 있을 사태에 대해 추측하는 것으로 미래 시제에 해당되며 종결형과 연결형에서는 선어말어미 '-리-', 관형사형 어미에서는 '-ㄹ'로 나타난다.

확인법이란 화자가 주관적 믿음에 근거하여 사태를 확정적으로 판단하고 있음을 보이는 것이다. 현대국어 확인의 선어말어미 '-것-/-엇-'의 직접적 소급형태를 대상으로 하는데 중세국어에는 '-거-/-어-'로 나타나며 선어말어미 '-오-'와 결합되면 '-과-, -가-' 로 교체된다. 부차서법이므로 시제와 직접 관련되지는 않는다. 기본서법 중 부정법과 추측법에 결합하여 쓰일 수 있다.

용례
(ㄱ) 호마 비 오려다
　　그듸내 머리셔 곳비 오난마론 如來ㅅ 숨利는 몯 나쇼리어다
(ㄴ) 眞實로 그스기 化호시다 닐어리로다
　　살어리 살어리랏다 청산애 살어리랏다
(ㄷ) 눌 더브러 무러ᅀㅏ 호리며 뉘ᅀㅏ 能히 對答호려뇨
　　비는 사ᄅㆍ몰 주리어니 호몰며 녀나몬 쳐랴이ᄯㅑ녀

(ㄱ)은 확인법이 추측법의 뒤에 오는 것이다. 두 문장 모두 독백의 성격이 짙은 문장으로 화자 자신의 주관적 판단에 근거하여 발화시나 발화시 이후의 사태를 추측하는 의미를 지니고 있다.

(ㄴ)은 확인법이 추측법에 앞선 것이다. 첫 번째 문장은 발화시 당시의 사태를 화자의 주관적 믿음에 근거하여 확신을 가지고 추측하고 있고 두 번째 문장은 경험시 이후의 사태를 역시 화자의 주관적 믿음에 근거하여 추측하고 있다.

(ㄷ)은 추측확인법이 의문형과 연결형에 나타난 것이다. 첫 번째 문장은 '~호료'가 쓰인 문장과 비교하면 확인의 의미를 추출할

수 있으며, 두 번째 문장은 '주리니'와 비교할 수 있다. 연결어미 '-니' 앞에 '-거-/-어-'가 쓰이면 후행절이 반어법이 된다.

추측회상감동법

추측법, 회상법, 감동법이 결합되어 나타나는 서법이다.

추측법은 발화시 이후에 있을 사태에 대해 추측하는 것으로 미래 시제에 해당되며 종결형과 연결형에서는 선어말어미 '-리-', 관형 사형 어미에서는 '-ㄹ'로 나타난다.

회상법은 화자가 주어의 행위에 대해 경험한 것을 상대에게 회상 하여 진술하는 기본서법 중 하나이다.

중세국어의 회상법 형태소는 '-더-'이다. 이는 선어말어미 '-오-' 와 결합하면 '-다-'로 바뀌기도 하는데, 직설법 '-ᄂ-'와 마찬가 지로 종결형과 비종결형에 걸쳐 확인된다.

회상법 '-더-'는 두 가지 시제를 나타내는데, 발화시를 기준으로 하면 과거시제를, 경험시를 기준으로 하면 현재시제가 된다.

현대국어에서는 자신의 행동이나 상태에 대해 회상하여 진술하는 것이 자연스러운 표현이 아니지만 중세국어에서는 주어의 제약 없이 '-더-'가 쓰인다.

감동법은 사태에 대한 화자의 느낌이나 믿음과 같은 정감을 나타 내는 것으로 대표적인 선어말어미 '-돗-'이 있고, 약간 보수적인 '-옷-'이 있으며 '-ㅅ-'도 확인된다.

용례

"ᄒᆞ다가 우리 큰 法 즐길 ᄆᆞᅀᆞᆷ 두던댄 부톄 날 爲ᄒᆞ샤 大乘法을 니ᄅᆞ시리라ᅀᅮ이다" (법화경언해 권2, 231장)

"니르시리아스이다"는 '니르시+리러(더)+옷+ㅇ이다'로 분석된다. 어떤 조건이 충족되었더라면 틀림없이 성취할 수 있었으리라고 아쉬워하는 의미가 파악된다.

추측회상법

추측법과 회상법이 합쳐진 것으로 '-리러-'로 나타난다.

추측법은 발화시 이후에 있을 사태에 대해 추측하는 것으로 미래 시제에 해당되며 종결형과 연결형에서는 선어말어미 '-리-', 관형사형 어미에서는 '-ㄹ'로 나타난다.

회상법은 화자가 경험시를 기준으로 파악한 사태의 내용을 발화 당시로 회상하거나 발화 당시에서 경험 당시로 소급하는 의미를 지닌 기본서법 중 하나이다.

중세국어의 회상법 형태소는 '-더-'이다. 이는 선어말어미 '-오-'와 결합하면 '-다-'로 바뀌기도 하는데, 직설법 '-ㄴ-'와 마찬가지로 종결형과 비종결형에 걸쳐 확인된다.

회상법 '-더-'는 두 가지 시제를 나타내는 데, 발화시를 기준으로 하면 과거시제를, 경험시를 기준으로 하면 현재시제가 된다.

현대국어에서는 자신의 행동이나 상태에 대해 회상하여 진술하는 것이 자연스러운 표현이 아니지만 중세국어에서는 주어의 제약 없이 '-더-'가 쓰인다.

용례

"得大勢여 … 당다이 부톄 <u>드외리러라</u>" (석보상절 권19, 33-4장)

출발점 처소(부사격조사)

동작이 떠나는 처소나 출발점을 표시해주는 부사격조사이다.

그러한 부사격조사에 장소의 의미를 지닌 처소와 그 처소에 다다르게 하는 출발점(일이 비롯되는 지점)을 설정한 부사격조사를 말한다. 이러한 부사격조사에는 '에셔'가 있는데 '셔울셔'와 같이 '셔'만으로 나타나는 일이 많고 '에 이셔'로 나타나기도 한다. 이러한 부류의 조사에는 '라셔'를 비롯해 '브터, 로셔'를 추가할 수 있다.

용례

(ㄱ) 台州예셔 音信이 비르수 傳ㅎ야 오ᄂ다

(ㄴ) 셔울셔 당당이 보면

衆生이 福이 쥬의 그에셔 남과 ᄀ톨씨

이베셔 … 향(香)내 나며

(ㄷ) 阿鼻地獄브터 有頂天에 니르시니

(ㄹ) 나실 나래 하ᄂᆯ로셔 설혼두 가짓 祥瑞 ᄂ리며

(ㅁ) 變은 常例예셔 다ᄅᆯ 씨오

치두음

중국말 잇소리(치음)의 한 가지이다. 훈민정음언해에서, 중국음의 잇소리는 치두음과 정치음의 구별이 있다 하고, 치두음은 혀끝이 윗닛머리(이끝)에 닿고, 정치음은 아랫잇몸에 닿는다고 하였다. 치두음의 글자는 ᅎ ᅔ ᅏ ᄼ ᄽ 이고, 정치음의 글자는 ᅐ ᅕ ᅑ ᄾ ᄿ 이다.

치성(齒性)

혀를 윗니에 대었다가 떼면서 내는 소리를 통틀어 이르는 말. 'ㄴ, ㄷ, ㅌ, ㄸ' 등의 소리를 말한다. 중세국어에서 'ㅅ'이 'ㄷ'으로 중화되지 않았을 경우 'ㅅ'이 약한 치성을 가지면서 'ㄷ'과 구별되었다.

타동사

타동사는 '남움직씨'라고도 하는데 움직임이 주어 이외에 목적어에도 미치는 동사이다. 따라서 반드시 목적어를 갖는다. 타동사 중에는 원래 타동사였던 것과 자동사가 타동사로 변한 것이 있다. 타동사 중에는 목적어 이외에 부사어를 필수적으로 요구하는 것도 있다.

중세국어의 타동사와 자동사는 활용형에 나타나는 형태론적 표지에 의해 구별되는 일이 있다. '아/어'로 시작하는 어미나 선어말어미 '-아-/-어-'가 비타동사 뒤에서 '거'로 바뀌는 것이다.

용례
앉거늘, 앉거든, 앉거다 cf. 바다눌, 바다든, 바다다

오른쪽의 어형들은 '받아눌, 받아든, 받아다'로 분석되는데 이곳의 어미 '-아눌/-어늘, -아든/-어든, -아다/-어다'는 타동사 '받-'

에 붙어 있다. '-아늘/-어늘, -아든/-어든'은 '아/어'로 시작하는 어미이고 '아다/-어다'의 '-아-/-어-'는 확인법 선어말어미다. 그러나 이들이 자동사 '앓-'뒤에서는 '거'로 바뀐 것이다. 이러한 '거'계열의 어미는 현대국어 '거라' 불규칙활용과 직접 관련되는데, 자동사뿐만 아니라 형용사, 존재사, 서술격조사 등이 비타동사에 붙는다.

타동사(구)문

타동사가 서술어로 쓰인 문장.

탁성(濁聲)

훈민정음 초성체계는 후기 중세어에 있어서 된소리 계열의 존재에 대하여 적지 않은 문제를 제기해 준다. 동국정운 서에는 국어음에는 탁성이 있는데 한자음에는 그것이 없음을 지적한다. 이 탁성은 곧 된소리로 해석할 수 있는데 이는 우리나라 한자음에 된소리가 없었음을 증언한 것이다. 훈민정음 체계에서 각자병서는 주로 동명사 어미 밑에서 사용하였으며 어두에서는 'ㅆ, ㆅ'만이 사용되었다. 사실상 15세기 중엽에는 마찰음의 된소리밖에 없었다고 볼 수 있다.

토(吐)

→ 구결

통사적 파생법

어근의 뜻만 제한하는 것이 아니라 품사를 바꾸는 접미사에 의한 단어 파생법을 의미한다. 통사적인 변화를 유발한다.

통사적 합성법

단어가 국어의 어순과 일치한 형태로 합성되는 방법이다.

통시문법

시간의 흐름에 따라서 변화하는 문법현상을 의미한다.

통합관계

'철수가 동화를 읽었다'라는 문장에서 '철수가'라는 어절의 자리에는 '영수가'라는 어절이 대치될 수 있고, '동화를 읽었다'라는 구의 자리에는 '떡을 먹었다'라는 구가 대치될 수 있다. 이러한 대치 가능한 관계를 계열관계라고 하는 반면에 '철수가'와 '동화를 읽었다'의 사이에는 '날마다'와 같은 어절이 삽입될 수 있고, '동화를'과 '읽었다'의 사이에는 '열심히'와 같은 말이 쓰일 수도 있다. 문장 구성에서 나타나는 이러한 관계를 통합관계라고 한다.

특수(보조사)

'ᅀᆞ'의 형태를 가진 보조사이다. 종전의 중세국어문법에서는 강세의 보조사로 처리하였으나 적합한 의미가 아니라고 생각하여 현대국어의 처리에 좇아 '특수'의 의미를 갖는다고 하였다. 이기문에서는 여전히 강세의 보조사로 다루고 있다.

특수조사(特殊助詞)

중세어의 특수 조사는 그 용법이 자못 다양하였다. 기원적으로 특수조사는 명사와 용언에서 온 것들이었는데, 체언에서 기원한 것들은 속격을, 용언에서 기원한 것들은 대격, 조격을 지배하였다. 특수조사 '게, 그에, 거긔, 손딕' 등은 속격 '-익', '-ㅅ'를 지배하여 여격을 나타내었다. 여격을 나타낸 특수조사에는 'ᄃ려'가 있었다. 주제화의 특수조사에 'ㄴ'이 있었다.

명사에서 기원한 특수조사로 'ᄀᆞ장'과 '자히'가 있었다. 동사에서 기원한 특수조사는 그 수가 많았는데, 비교를 나타낸 '두고', '라와', '이시-'의 부동사형에서 기원한 '셔' 등이 있었다. 이 외에도 '븥-'에서 온 '브터', '더블-'에서 온 '더브러', '좇-'에서 온 '조차', '조초', '조치-'에서 온 '조쳐'등이 있었다. '다비'는 고대의 어간 '닭-'에서 파생된 것으로 추측된다.

체언이나 용언에서 기원한 것으로 설명하기 어려운 특수조사로 '잇돈'이 있다. 이는 중세어 특유의 특수조사 중 하나이다.

근대어에 와서 특수조사도 간소화되었다. 여격 표시의 특수조사는 평칭의 '의게', 존칭의 '께'로 통일되었다. 동작 또는 상태의 지속을 나타낸 특수조사는 '재'였다. 비교를 나타낸 특수조사는

'도곤'이 있었다. 그러다가 18세기에 '보다가'가 생겨나고 서울말에서는 '보다'가 사용되었다.

특이처격어

중세국어의 처격조사 중에는 그 형태가 관형격조사와 동일하게 나타나는 것이 있다. 먼저 관형격조사에는 '익/의, ㅅ, ㅣ' 등이 있다. 'ㅣ'는 논외로 하고 처격조사와 형태가 같은 나머지들을 자세히 살펴보면 그 분포가 다르게 나타난다. '익/의'는 유정체언 평칭의 속격에, 'ㅅ'은 무정체언의 속격이나 높임의 유정명사일 경우에 쓰인다.

처격조사의 기본 형태는 '-애/에/예, -익/의'인데, '예'는 체언이 '이'나 'ㅣ'로 끝날 때 사용되며 체언 모음이 양성모음이면 '-애', 음성이면 '-에'가 쓰인다. '익'는 체언의 모음이 양성모음일 때, '-의'는 음성모음일 때 쓰이며, 시간 처소를 뜻하는 체언과만 통합한다.

> 용례
> 새벼리 나<u>직</u> 도ᄃ니, 믈 <u>우희</u> 차 두퍼 잇ᄂ니라

관형격조사의 분포를 언급하는 부분에서 보았듯, '-익/의'가 관형격조사로 사용되었다면 유정물의 평칭체언과 함께 쓰일 것이다. 반면 '-익/의'가 처격으로 사용되었다면 시간과 처소를 뜻하는 체언, 즉 무정체언에만 결합할 것이다. 조사의 형태는 같지만 앞에 오는 체언이 유정체언이냐 무정체언이냐에 따라서 해당 조사가 결합된 성분이 관형어인지 부사어인지를 구별할 수 있게 되는 것

이다. 이렇게 관형격조사와 같은 형태이지만 처격조사로 쓰이는 것을 '특이처격'이라 하며, '특이처격어'란 이러한 형태의 처격조사가 붙을 수 있는 단어인 시간과 처소를 뜻하는 체언들을 말한다. 이러한 특이처격어는 '새박, 아춤, 낮, 나조ᄒ, 밤, 앒, 봄, 나모, 술, 집, 돍' 등 100여개 가까이 존재한다. 한자어 '東, 城, 門, 甁'에도 붙는다.

파생어, 파생법

파생어는 파생접사가 붙어 이루어진 단어이다. 어근(語根)에 하나 이상의 접사가 결합된다. 그리고 이러한 파생어를 만드는 구성법을 '파생법'이라 한다.

파생법(派生法)

파생은 주로 접미사에 의해서 이루어진다. 파생법은 어근의 앞쪽에 접사가 붙는 '접두파생법'과 어근의 뒤쪽에 접사가 붙는 '접미파생법'으로 나누어볼 수 있다. 체언이나 용언 어간에 접미사를 연결하여 새로운 체언이나 용언 어간이 형성된다. 중세어에서는 용언 어간의 유리적 성격이 두드러졌는데 그 결과 용언 어간이 그대로 부사로 쓰이는 경우가 있었다. 이러한 현상은 근대에 와서는 볼 수 없게 되었다.

파생부사

부사나 부사가 아닌 것에 부사 파생 접미사가 붙어 부사를 만든 것을 말한다. 중세국어에서 부사를 파생하는 방법은 어휘적 파생법이 부분적으로 확인되고 대부분은 통사적 파생법에 의존한다.

용례
가. 몯내, 본디로, 나날로, 고대, 萬一에 …
나. 진실로, 날로, 새로, 무춤내, 손소 … (명사에서 파생)
　비르서, 구틔여, 가시야, 느외야 … (동사에서 파생)
　그럴씨, 그러면, 그러나 … (형용사에서 파생)

(가)는 부사에 접사가 붙어 다시 부사로 파생되었다는 점에서 어휘적 파생법이다. (나)는 부사가 아닌 것들에 부사 파생 접미사가 결합되어 부사로 파생되는 통사적 파생법이다.

파생접사

파생접사란 파생어를 만드는 조어적 기능을 띤 접사이다. 얼마간의 어휘적 기능을 가지지만 대체로 형식 형태소에 포함된다.
파생접사 중에는 많은 수의 어근과 결합하여 파생어 형성에 활발하게 참여하는 것이 있고, 한두 개의 어근과만 결합하는 것이 있다. 파생어 형성에 참여하는 정도를 '파생접사 혹은 파생 규칙의 생산성'이라고 부르는데, 많은 수의 어근과 결합하여 많은 파생어를 형성하는 파생접사의 경우 '생산성이 높다'라고 하며 그렇지 못한 경우는 '비생산적이다'라고 표현한다. 파생접미사 '-이'나 '-(으)ㅁ'은 비교적 생산성이 높은 파생접사이며, '-엄'이나 '-웅'

은 생산성이 매우 낮은 편이다.

파생조사

파생조사란 어근에 파생접사가 붙어 만들어진 조사이다. 조사파생법은 통사적 파생법만 나타난다.

용례

가. 브터, 드려 ; 두고, 후고
나. (이)나, (이)어나, (이)드록, (이)ㄴ둘

(가)는 접사화한 '-어'와 '-고'를 붙여서 만든 파생조사이다. '브터'는 '븥-'에 '-어'가, '드려'는 '드리-'에 '-어'가 각각 붙었다. (나)는 어미가 접사화 하여 파생조사가 된 것이다. '-(이)나' 등은 서술격 조사의 활용형이 굳어져 조사가 된 것이다.

파생형태소

형식형태소는 굴절형태소(굴절접사, 기능형태소, 문법형태소)와 파생형태소(파생접사)로 나누어 볼 수 있다. 파생형태소는 새로운 품사를 파생시키는 기능을 가진다.

파찰음(破擦音)

파찰음은 현대 서울말에서는 'ㅈ'이 [tʃ] [dʒ]로 발음되고 있는데, 13세기에는 이 발음이 [ts] [dz]였던 것으로 추정된다. 후기 중세

어에서도 이 발음은 변함이 없었던 것으로 추정되며 근대에 와서
현대와 같은 발음으로 변한 것으로 생각된다.

판정의문문

의문문은 화자가 청자에게 질문을 던짐으로써 해답을 요구하는
문장 유형인데 의문형으로 성립된다. 이때 의문문의 종류에는 설
명, 판정, 수사 의문문이 있다.

판정의문문이란 '예/아니오'(단순한 긍정이나 부정)의 대답을 요구하
는 의문문을 말한다. 현대국어에서는 설명의문문과 판정의문문의
종결어미가 다르지 않지만 중세국어에서는 달랐다. 중세국어 판
정의문문의 경우 조사나 어미의 모음이 '아'나 '어'로 끝난다.

> **용례**
> "이 ᄯᆞ리 너희 죵가" (월인석보 권8, 94장)

8종성법(→ 15세기 맞춤법의 원리)

음소적 표기법인 중세국어 표기에서 받침 위치에는 'ㄱㆁㄷㄴㅂ
ㅁㅅㄹ'의 8개 자음만이 올 수 있었다. 이는 받침 위치, 곧 음절
말 위치에서 나타나는 자음의 중화현상(中和現象, neutralization)을 표
기에 반영했기 때문에 나타난 현상이다. 『훈민정음』 해례본 종성
해의 다음 기록은 이러한 사실을 분명히 확인할 수 있게 한다.

> **용례**
> 가. '빗곶'(梨花), '영의갗'(狐皮) 등에서 (받침은) 'ㅅ'자로 가히 통

용할 수 있으므로, 오직 'ㅅ'자만 쓰는 것과 같다.(如빗곶爲梨花
엿의갗爲狐皮 而ㅅ字可以通用 故只用ㅅ字).

결국 중세국어의 음절말에서는 중화현상이 존재했으며, 이를 표기에 반영한 것이 바로 8종성법이라고 할 수 있다. 당시 학자들은 받침에서 실현되는 글자들을 인식하고 있었으나 실용의 편의를 위해 음소적 원리를 택했을 것으로 추정된다.

8종성법은 중세국어의 모든 문헌에서 거의 예외 없이 지켜졌다. 단, 훈민정음 창제 초기의 문헌인 『용비어천가』와 『월인천강지곡』 두 문헌에서만은 '곶, 맞나, 낱, 좇거늘, 븦, 높고' 등과 같은 8종성법의 예외 표기가 발견된다. 특히 『월인천강지곡』에서는 처음에 8종성법에 따라 간행했던 '곳' 등의 종성에 가로획을 더 찍어 '곶'으로 교정하였다. 이러한 표기는 현행의 음절말 표기법과 동일한 것으로 이 두 문헌에서만 발견되는 표기법이다. 이 두 문헌이 모두 세종이 직접 편찬과 간행에 관여했던 것이라는 사실을 주목할 때, 이들 문헌의 예외적 표기법은 세종 개인이 추구하던 표기 방식이었을 것으로 해석된다.

그런데 중세국어 시기 중 15세기에는 음절말에 'ㅿ애, 겸위, 앟이 (←아ㅿ+이), 엿온(←여ㅿ+온)' 등과 같이 8종성 이외에 'ㅿ'이 온 경우도 보인다. 이들은 모두 'ㅿ' 뒤에 'ㅇ'(이는 /ɦ/의 음을 표기한 것임)이 올 경우인데, 이런 환경에서는 음절말 위치에서 실제로 'ㅿ'이 발음되었기 때문에 이러한 표기가 나타난 것이라고 할 수 있다. 이러한 사실을 중시하여 15세기의 음절말 표기법은 엄밀히 말해 9종성법이라고 하기도 한다. 그러나 이러한 예외도 16세기 음운 변화로 반치음이 소실되면서 사라지게 되었다. 이 8종성은 현대와 달리 'ㄷ'과 'ㅅ'이 대립했음을 알 수 있는데 조선관역어의 표기를 보면 'ㄷ'과 'ㅅ'이 표기가 달랐던 것을 알 수 있다. 'ㅅ'의 표기를 위해서는 '思'가 따로 마련되었으나 'ㄷ'의 표기에는 아무런 표시가 없다.

평서법

문체법은 문장의 기능적 관계를 표시하는 문법 범주이다. 문체법의 몇 종류 중 하나인 평서법은 한 문장을 평범하게 끝내는 기능을 한다.

이러한 문체법은 종결어미를 통해 드러내며 평서법의 경우는 평서형 종결어미 '-다'를 통해 나타내는 경우가 많다. 보수적인 '-니라'로 성립되는 경우도 있다.

용례
가. "내 이제 네 어믜 간 짜홀 <u>뵈요리라</u>" (월인석보 권21, 21장)
나. "내 그런 뜨들 몰라 <u>ᄒᆞᄃᆡ다</u>" (석보상절 권24, 32장)
다. "이 蓮花ㅣ 五百 니피오 닙 아래마다 하놄 童男이 <u>잇ᄂᆞ이다</u>"
　　(석보상절 권11, 32장)
라. "네 아비 ᄒᆞ마 <u>주그니라</u>" (월인석보 권17, 21장)

(가)는 ᄒᆞ라체, (나)는 ᄒᆞ야쎠체, (다)는 ᄒᆞ쇼셔체, (라)는 '-니라'가 사용된 평서문이다.

평서형

용언 활용형들 중 하나로, 한 문장을 평범하게 끝맺는다고 하여 평서형이라고 한다. 평서, 의문, 청유, 명령, 감탄형 등을 묶어 '종결형'이라고 하고 나머지를 비종결형이라고 한다. 비종결형에는 연결형과 전성형이 있다.

평음(平音)

모든 평음은 유성음과 무성음이 존재한다. 평음은 어두에서는 약한 기를 수반한 무성음으로 모음 간에서는 유성음으로 실현된다. 훈민정음의 초성체계에 의해서 후기 중세어에 있어서의 평음 'ㅂ ㄷ ㄱ ㅈ'과 유기음 'ㅍ ㅌ ㅋ ㅊ'의 양계열의 존재는 쉽게 확인된다.

평칭(平稱)

평칭은 높이지도 낮추지도 않고 범상하게 부르는 말이다.

평판조 체계(平板調 體系)

평판조란 성조의 실현상태를 평평한 것으로 보는 것이다. 한 성조가 실현되는 동안에, 그 처음에서부터 끝까지 아무런 변화가 없이 일정한 높이로 실현되는 성조를 평판조라 한다. 중세국어의 성조체계는 저조와 고조의 두 평판조로 이루어진 매우 단순한 것이었다. 성조의 기능 부담량은 결코 적지 않아 단어가 성조에 의해 변별되는 경우가 많았다.

폐쇄형태소

특정의 형태소 다음에 다른 어미가 오지 않아도 단어를 완성시키는 형태소를 "폐쇄형태소"라 하고 다른 형태소가 오지 않으면 단어를 완성할 수 없는 형태소를 "개방형태소"라 한다. 즉, 단어 끝에 오는 폐쇄형태소는 '-다'와 같은 어말어미이다.

폐음절(閉音節)

개음절에 대립되며 자음으로 끝나는 음절을 말한다. 국어에서는 어말 자음의 내파현상 때문에 특히 두드러진다.

표기법의 변화

중세국어 시기에 존재하던 몇몇 문자는 시기를 달리하여 소멸되었다. 우선 'ᄫ'은 이미 세조 때 간경도감(刊經都監)에서 간행된 문헌들에서 전면적으로 소멸하기 시작하였다. 이는 'ᄫ'이 표기하던 /ß/가 국어의 음소체계에서 일찍이 소멸되었음을 의미한다. 또한, 한자음 표기와 국어의 관형사형 어미의 표기에 나타나던 'ᅙ'도 이미 15세기에 소멸되어 나타나지 않는다. 15세기 말부터는 이전에 'ㅿ'을 가지고 있던 단어인 'ᄉᆡ'가 '시'로 나타나기 시작하다가 16세기 말에는 완전히 소멸하고 단지 'ᄆᆞᅀᆞᆷ'(心), 강세의 보조사 '-사' 등에서만 그 흔적을 남기기도 하였다. 이 역시 국어에서 'ㅿ'을 표기하던 음소 /z/가 소멸되었기 때문에 나타난 현상이다. 또한 근대국어 시기에 들어와 이전의 'ㆁ'이 사라지고 대신 'ㅇ'이 사용되었다. 이는 'ㆁ'이 표기하던 음소가 사라졌기 때문이 아니라 다만 그 음소를 표기하는 방식이 'ㆁ'에서 'ㅇ'으로 바뀌었기 때문이다. 한편 근대국어 시기부터는 방점이 완전히 소멸하는데, 이는 국어에서 성조가 사라졌기 때문에 나타난 현상이다.

8종성법과 연철로 특징지어질 수 있는 중세국어의 표기법은 중세국어 말인 16세기 말부터 변화의 싹이 보이기 시작한다. 16세기 말부터 분철 표기가 많아지는데, 근대국어 시기에 들어서는 분철 표기가 더욱 일반화되어 명사와 조사의 통합은 물론 용언과 어미의 통합형도 광범위하게 분철되기에 이르렀다. 이러한 경향이 일반화되면서 '날을(나를)', '혼은(ㅎ는)', '낫타나(나타나)', '븟텨(부텨)' 등과 같이 과도하게 분철·중철되는 현상도 발견된다. 또한, 중세국어에서는 대립을 유지했던 음절말의 'ㄷ'과 'ㅅ'이 중화되어 그 구분이 사라지면서 이들을 모두 'ㅅ'으로 적는 7종성법이 근대국어 초기에 나타났다.

표기법의 원리

인간의 언어를 문자로 적는 표기법은 소리를 반영한 표기법과 소리보다는 의미 단위를 반영한 표기법의 두 가지로 나누어 볼 수 있다. 전자는 표음주의 표기법 또는 음소적 표기법이라고 하고, 후자는 표의주의 표기법 또는 형태음소적 표기법이라고 부른다. 이러한 분류법에 의하면 중세국어의 표기법은 표음주의 표기법 또는 음소적 표기법이라고 말할 수 있다.

용례
가. 고지(←곶+이), 고줄(←곶+올), 곳도(←곶+도)
나. 업서(←없+어), 업스니(←없+으니), 업고(←없+고)

위의 예에서는 우선 중세국어의 체언 '곶'과 모음으로 시작하는 조사, 용언 '없-'과 모음으로 시작하는 조사가 통합할 때에는 원래의 형태음소를 유지한 '곶, 없-' 등으로 실현되지만, 자음으로 시작하는 조사나 어미가 통합할 때에는 '곳, 업-' 등으로 달리 적혔음을 알 수 있다. 이는 이른바 체언과 용언의 어간형이 교체될 경우 그 교체형을 밝혀 적었음을 의미하는 것이다. 이를 통해 당시의 표기법은 기본적으로 명사나 용언의 어간형을 고정시키지 않고 교체 현상을 표기에 반영하는 음소적 표기법이었음을 알 수 있다.

또한 위의 '고지, 업서' 등에서는 체언이나 용언 어간의 일부였던 'ㅈ, ㅅ' 등이 모음으로 시작하는 조사나 어미의 두음으로 내려 적혔음을 발견할 수 있다. 이는 실제 발화될 때 음절을 이루는 단위를 그대로 표기에 반영하여 적은 것이다. 따라서 당시의 표기법은 실제 음절을 표기에 반영한 음절적 표기법이었다고도 말할 수 있다. 이러한 음절적 표기의 예외로 다음과 같은 표기가 발견되기도 한다.

용례
가. 숪가락/손까락, 깃ㅅ바/기쏘바, 앉거늘/안쩌나 ; 좃ㅈ바/조쯔바
나. 거슱지/거슬찌
다. 닐긇 시오/ᄀᆞᄅ칠 씨오, 이싫 저긔/갈 쩌긔

(가)는 'ㅅ'이, (나)는 'ㅂ'이 선행 음절의 종성 위치에 표기되기도 하고 후행 음절의 초성 위치에 표기되기도 함을 보인 것이다. 이 가운데 (가)는 선행 음절말의 'ㅅ'과 후행 음절의 초성이 만나서 된소리로 실현되었는데, 'ㅅ'계 합용병서가 바로 된소리를 표기하던 문자였기 때문에 나타난 현상이라고 할 수 있다. 또한 (나)는 중세국어에서 모음 사이에 'ㄹ'이 개재될 경우 3개의 자음이 발음될 수 있었던 사실에 말미암은 것이다. 곧 모음 사이에 'ㄹ, ㅂ, ㅈ' 세 자음이 모두 발음되었는데, 이 때 'ㅂ'이 선행 음절말 위치에서도 발음될 수 있는가 하면, 후행 음절의 두음 위치에서도 발음되어 결과적으로 후행 음절의 초성과 함께 어두자음군으로 발음될 수 있었음을 표기한 것이라고 할 수 있다. (다)는 관형사형 어미 '-ㄹㅎ' 뒤에 평폐쇄음(ㅂ, ㄷ, ㄱ)이 올 경우 평폐쇄음이 된소리화된 현상과 관련된 표기이다.

이상의 사실을 고려할 때 중세국어의 표기법은 1차적으로 음소적 표기법이 적용되고 2차적으로 음절적 표기법이 적용되었다.

품사분류

품사란 단어를 문법적인 성질의 공통성에 따라 나눈 부류를 말한다. 품사를 분류하게 된 이유는 단어 하나하나의 문법적인 특성을 효율적으로 기술하기 위함이다. 수십만 개의 단어를 공통되는 문법적 특질에 따라 몇 가지 부류로 묶게 되므로 단어 하나하나의 특성을 기술하는 데서 생기는 비효율성과 번잡함을 피할 수 있게 해 준다. 품사의 분류는 단어의 '기능', '형태', '의미'를 기준으로 한다. 기능이란 단어가 문장에서 어떤 기능을 하는지를 말하며,

형태란 단어의 모양이 변하는 지의 여부, 의미란 단어의 뜻을 말한다.

품사의 통용

하나의 단어가 하나 이상의 문법적 성질을 가지는 것 즉, 하나의 단어가 두 가지 품사 부류에 속하는 현상을 말한다. 통용의 유형에는 두 품사 통용과 세 품사 통용이 있다. 먼저 두 품사 통용의 예를 보자.

용례
가. 숤가락과 숤가락 <u>아니</u>와애 나게 흐리라 (능엄경언해 권2, 61장)
　　→ 명사
　　ㅂㄹ매 <u>아니</u> 뮐씨 (용비어천가, 2장) → 부사
나. ㄴ미 <u>그에</u> 브터 사로디 (석보상절 권6, 5장) → 명사
　　罪人을 <u>그에</u> 드리티ㄴ니라 (월인석보 권1, 29장) → 대명사

(가)는 '아니'가 명사와 부사로 쓰인 '명부류', (나)는 '그에'가 명사와 대명사로 쓰인 '명대류'이다. 이밖에도 같은 단어가 대명사와 관형사에 통용되는 '대관류', 수사와 관형사에 통용되는 '수관류', 형용사와 동사에 통용되는 '형동류', 관형사와 부사에 통용되는 '관부류' 등이 있다. 다음의 예는 세 품사 통용의 예이다.

용례
가. 이 나래 <u>새</u>롤 맛보고 (두시언해 권15, 23장) → 명사
　　<u>새</u> 기슬 一定흐얫도다 (두시언해 권7, 1장) → 관형사
　　<u>새</u> 出家흔 사ㄹ미니 (석보상절 권6, 2장) → 부사
나. 이 두 말올 <u>어늘</u>(어느리) 從흐시려뇨 (월인석보 권7, 26장) →

대명사

어느 뉘 請ᄒᆞ니 (용비어천가, 18장) → 관형사

현 날인둘 謎惑 <u>어느</u> 플리 (월인천강지곡, 기74) → 부사

피동(被動)

피동이란 주체가 남의 움직임에 의해 동작을 하게 되는 문법현상을 말한다. 중세어에는 피동 어간의 용례가 매우 적었다. 피동 어간을 파생하는 접미사는 '-히-'가 있는데 '먹-'의 경우 '-히-'가 붙어 '머키-'가 되었다. 하향이중모음을 가진 어간에서는 'ㅇㅇ'이 사용되었다(괴ᅇᅧ-, 미ᅇᅧ- 등). 근대에 와서는 중세어에서 '-이-'를 가졌던 일부 어간이 근대에 와서 '-히-'를 가진 경우가 있었다.

피동법

문장의 주어가 제 힘으로 어떤 행위를 실행하는 것이 아니라 다른 사람이나 사물에 의해 이루어지는 행동이나 작용을 표현하는 문법 범주이다. 현대국어만큼 생산적이지는 않으나 피동사에 기댄 피동문이 설정될 수 있고 보조적 연결어미와 보조동사에 기댄 우설적 방식도 발견된다.

먼저 피동사에 기댄 피동문은 타동사 어간에 '-이-, -히-, -기-'가 결합되어 파생된 피동사가 그대로 서술어로 쓰인 문장을 말한다. 다른 하나는 타동사뿐 아니라 자동사, 형용사에 '-어지다'가 결합한 것이 서술어가 되는 피동문이 있다.

가. 모둔 사ᄅᆞ미 막다히며 디새며 돌ᄒᆞ로 텨든 <u>조치여</u> ᄃᆞ라 머리
　　가 (석보상절 권19, 31장)

나. 東門이 도로 <u>다티고</u> (월인석보 권23, 80장)

(가)는 '-이-'가 결합된 피동사가, (나)는 '-히-'가 결합된 피동사
가 서술어로 쓰여 피동문을 만들었다.

피동 보조동사

일반적으로 피동은 문장의 주어가 제 힘으로 어떤 행위를 실행하
는 것이 아니라 다른 사람이나 사물에 의해 이루어지는 행동이나
작용을 뜻한다.

피동은 의미에 따라 보조동사 '(게) ᄃᆞ외다, (어) 디다'를 통해 나
타나기도 한다.

피동사, 피동사 파생법

중세국어의 피동사는 타동사 어근에 '-이-, -히-, -기-'가 붙어
형성된다. 이렇게 피동사가 만들어지는 방법을 '피동사 파생법'이
라고 한다. 만들어진 피동사는 문장에서 서술어로 쓰여 행동이나
작용이 주어로 나타난 사람이나 사물에 의해서가 아닌 다른 사람
이나 다른 사물에 의해 이루어진 것임을 나타낸다.

피동작주(被動作主)

목적어가 되는 말은 주어의 영향을 받는 대상이 된다고 하여 피동
작주라고 한다. 국어의 피동작주는 대개 목적격으로 나타나는 일이
많으나 능격 동사가 쓰인 문장에서는 주격으로 실현되기도 한다.

피한정명사

한정을 받는 명사를 의미한다.

필수적 성분

문장의 형성에 필수적으로 참여하는 성분. 주어 서술어 목적어 보어.

'ㅎ'종성체언(='ㅎ'말음 명사)

자동적 교체를 보이는 체언 가운데 'ㅎ' 말음을 가진 것들은 중세국어 특유의 것이다. 'ㅎ'종성체언, 'ㅎ'말음체언 또는 'ㅎ'곡용체언이라고도 부른다.

> 용례
>
> 가. 雲母는 돐 비느리니 (월인석보 권2, 35장), 돌 석 (훈몽자회 상, 4장)
> 나. 돌콰 흘글 보디 몯ᄒ리로다 (두시언해 권25, 12장)
> 다. 모미 솟ᄃ라 돌해 드르시니 (월인석보 권7, 55장)

(가)에서 '돌ㅎ'(石)은 'ㅅ'이나 휴지 앞에서 '돌'로 교체되고, 기타의 경우는 '돌ㅎ'으로 실현된다. 다만 (나)와 같이 'ㄱ, ㄷ'앞에서는 'ㅎ'이 합음되어 'ㅋ, ㅌ'으로 된다. 이런 교체를 보이는 체언은 중세국어에 약 80개 정도 존재하는데, 현대국어에서는 'ㅎ'이 탈락한 형태만이 쓰인다. 다음의 예는 'ㅎ'종성체언을 일부 제시

한 것이다.

ᄀᄂᆞᆯ(陰), ᄀᆞᅀᆞᆳ(秋), ᄀᆞ올(州), 갈(刀), 겨ᅀᆞᆯ(冬), 고(鼻), 길(道), ᄂᆞ믈
(菜), 나라(國), 나조(暮), 내(川), 네(四), ᄯᅡ(地), ᄆᆞᅀᆞᆯ(村), 미(野), 바다
(海), 술(肉), 세(三), 셔울(京), 스믈(二十), 안(內), 여러(諸), 열(十), 우
(上), 자(尺), ᄒᆞ나(一), 하ᄂᆞᆯ(天) 등

하향이중모음

반모음이 단모음 뒤에 위치하여 합용된 이중모음을 말한다. 현대
국어에는 'ᅴ'만이 하향이중모음이지만 중세국어에서는 ·l(ʌy), ㅐ
(ay), ㅚ(oy), ㅔ(əy), ㅟ(uy), ᅴ(ɨy), (iy)가 모두 하향이중모음이었다.

한 자리 서술어

문장에서 주어 한 자리만을 필요로 하는 서술어를 말한다.

한글 구결, 한자 구결

구결이란 표기법 중의 하나로, 한문 원전을 읽을 때 그 뜻 및 독
송의 편의를 위하여 각 구절 아래에 달아 쓰던 문법적 요소를 총
칭하여 지칭한다.
한글로 이러한 구결을 적은 것을 '한글 구결', 한자로 구결을 적
은 것을 '한자 구결(차자 구결)'이라고 한다. 한자 구결을 예로 들
면 '隱(은, 는), 伊(이), 乙奴(으로)' 등과 같은 형태로 표기되었는데,
약체를 사용했다는 점이 독특하다.

한자음 표기법

중세국어의 문헌, 특히 언해문에서는 언해문의 각 한자에 그 한자음을 달아 놓는 경우가 대부분이었다. 물론 15세기의 『용비어천가』나 『두시언해』에서는 현재의 국한문 혼용과 같이 한자에 아무런 한자음을 달지 않는 경우도 있었지만, 이는 예외적이라고 할 만큼 드물다. 이 때 한자의 한자음을 표기하는 표기법에는 크게 동국정운(東國正韻)식 한자음 표기와 현실 한자음 표기 두 가지가 있었다.

용례
가. 菩뽕薩삻, 大땡愛힁道뜰
나. 菩보薩살, 大대愛이道도

(가)는 동국정운식 한자음 표기이다. 동국정운식 한자음이란 당시의 우리 한자음을 중국의 그것과 유사하게 만들어 놓은 『동국정운』에 규정되어 있는 한자음이다. 이는 당시의 중국 한자음도 아니고 우리의 한자음도 아닌 절충적인 한자음으로서 실재하지 않는 비현실적인 한자음이었다. 따라서 동국정운식 한자음 표기법은 오래 가지 못하여 세조 때까지는 철저하게 동국정음식 한자음을 따라 표기했지만, 성종 때의 불경 언해까지만 사용되고 폐지되었다. (나)는 우리의 현실 한자음 표기이다. 이러한 한자음 표기법은 세조 때까지만 사용된 것으로 보이지만, 언해 문헌에서 전반적으로 채택된 것은 15세기 연산군 때의 일로서 『육조단경언해』, 『진언권공·삼단시식문언해』 등이 이러한 한자음 표기법이 적용된 대표적인 문헌이다. 이후의 문헌들은 모두 이러한 현실 한자음 표기법을 따랐다.

중세국어에서는 같은 문헌 안에서도 한자가 노출되어 한자음을 달 필요가 있을 때에는 동국정운식 한자음 표기법에 의해 한자음을 표기하면서도, 한자가 노출되지 않았을 때에는 현실 한자음 표기법에 따라 표기하기도 하였다. 예를 들어 동일한 『석보상절』 안에서도 '爲윙頭뚱ᄒᆞ니라(21:11)'에서와 같이 한자가 노출된 '爲頭'의 한자음은 '윙뚱'와 같이 동국정운식 한자음 표기법을 따른 데 비해, 한자가 노출되지 않는 '위두ᄒᆞᆫ(9:10)'에서는 현실 한자음 표기법을 따르고 있다.

16세기의 모든 문헌의 한자음은 현실 한자음을 기초로 한 표기법으로 되어 있는데 『훈몽자회』는 이 표기법의 좋은 편람이라고 할 수 있다.

한자 주음 방식

한자어의 경우 한자를 크게 쓰고 그 아래 해당 한자음을 작을 글자로 배치하는 표기 방식을 말한다. 중세국어 문헌에 보편적인 표기 방식이다.

한자 차용 표기법

국어를 한자로 표기하는 방법. 이 표기법의 원리는 다음의 두 가지였다. 각 한자는 표의적(表意的) 기능과 표음적(表音的) 기능을 가지고 있는데, 표의적 기능은 버리고 표음적 기능만을 취한 것이 그 첫째 원리였다. 가령 '古'자를 그 의미와는 관계없이 단순히

'고'라는 음을 나타내는 기호로서 사용하는 것이다. 이것은 한자의 육서(六書, 여섯 가지 구조와 사용의 원리) 중 가차(假借)의 원리에 통하는 것이다. 실제로 고대 중국인들이 외국 고유명사의 표기에 이 방법을 사용했으니, 완전히 독창이라고는 할 수 없을는지도 모른다. 이 원리에 따라 사용된 한자를 음독자(音讀字)라 부른다.

둘째 원리는 한자의 표음적 기능을 버리고 표의적 기능만을 살리되, 이 표의성을 자국어의 단어로 고정시키는 원리였다. 고구려에서는 '水'자를 그 음과는 관계없이 '買'란 단어를 나타내기 위하여 사용하였고, 신라에서는 '水'자를 '믈'이라는 단어를 나타내기 위하여 사용한 것이다. 이 '買'나 '믈'은 '水'의 새김(釋 또는 訓)이라고 하며 이렇게 사용된 한자를 석독자(釋讀字) 또는 훈독자(訓讀字)라고 한다.

합성문(合成文)

중세어 문장의 큰 특징은 단문은 거의 없고 복합문과 합성문이 뒤얽힌 복잡한 구조를 가지고 있었다는 것이다. 합성문은 동일한 관계에 있는 두 개의 문장이 접속하여 이루어진 문장을 이르는 말이다. 근대에 와서도 언해 자료 외에 근대 소설과 같은 자료에서도 단문은 극히 드물고 대부분 복합문과 합성문이 뒤얽혀 있다. 이것이 단순화된 것은 현대에 와서의 일이다.

합성법(合成法)

합성법은 어휘형태소나 단어만으로 새로운 단어를 만드는 방법이다. 체언이나 용언의 어간은 한 형태소로 이루어진 것과 둘 또는 그 이상의 형태소로 이루어진 것이 있다. 합성법은 실질 형태소끼리 결합하여 합성어를 만드는 단어 형성 방법이다. 체언의 합성은 현대어와 크게 다르지 않으나 중세어에 'ㅎ말음 체언'이 있어 그 합성에 있어 차이가 난다. 용언 어간의 경우 합성이 매우 생산적이었다. 특히 어간끼리의 합성이 있었음이 특징적이다. 어미 '-아'를 가진 부동사와 다른 동사 어간의 합성이 현대국어에 있어서 생산적인데 중세어에서도 이를 볼 수 있다.

합성법은 새로 만들어지는 단어의 품사에 따라 명사를 만드는 명사합성법, 동사를 만드는 동사합성법, 형용사를 만드는 형용사합성법, 관형사를 만드는 관형사합성법, 부사를 만드는 부사합성법으로 나누어지기도 하고, 어휘형태소나 단어의 결합 방식에 의해 통사적 합성법과 비통사적 합성법으로 나누어지기도 한다.

합성어

합성어란 둘 이상의 형태소로 이루어진 단어를 말한다. 이에 대해서 한 형태소로만 이루어진 단어를 '단일어(單一語)'라고 한다. 합성어에 대해 어떤 학자들은 복합어(複合語)라고도 부른다. 합성어는 파생어와 함께 복합어의 하위 부류를 이룬다. 즉 합성어와 파생어를 합칭하여 복합어라 하며 합성어의 구성법을 '합성법', 파생어의 구성법을 '파생법'이라고 한다.

합성어는 둘 이상의 실질 형태소가 결합한 단어이므로 그와 비슷한 구성을 보이는 구와의 구별이 어려운데, 결합된 두 형태소의 분리가 불가능하다면 합성어로 보아야한다.

합성어는 세 가지 분류기준을 가지고 분류해 볼 수 있는데, 먼저 품사를 기준으로 하면 합성명사, 합성형용사, 합성동사, 합성부사, 합성관형사 등으로 나눌 수 있다. 두 번째로 합성어의 형성 절차가 국어의 정상적인 단어 배열법을 따르는가, 그렇지 않은가에 따라 전자를 통사적 합성어로, 후자를 비통사적 합성어로 분류하기도 한다. 마지막으로 구성 요소들 간의 의미 관계에 따라 종속합성어와 대등합성어, 융합합성어로 나누어 볼 수도 있다.

합용병서(合用並書)

둘 또는 세 문자를 좌우로 결합하는 방법을 병서라 하였는데 여기에는 동일 문자를 결합하는 각자병서와 서로 다른 문자를 결합하는 합용병서가 있었다. 초성 합용병서에 대해서는 해례 합자례에 그 설명이 있다. 15세기 문헌에서 용례를 찾아보면 'ㅅㄱ, ㅅㄷ, ㅅㅂ, ㅂㄷ, ㅂㅅ, ㅂㅈ, ㅂㅌ, ㅂㅅㄱ, ㅂㅅㄷ' 등이 자주 나타난다. 이 밖에 드문 예로 'ㅅㄴ'이 있고 여진어 표기에 'ㅊㅕ'이 보인다.

근대에 있어서 어두 합용병서의 혼란이 일어났는데 17세기에 삼자 합용병서(ㅂㅅㄱ, ㅂㅅㄷ)가 소멸되면서 시작되었다. 17세기 초, 'ㅂㄱ'이 'ㅂㅅㄱ'의 이체로 등장하면서 'ㅂㅅㄱ'의 이체가 15·16세기에 'ㅅㄱ'과 새로운 'ㅂㄱ'이 공존하게 되었다. 그리고 'ㅂㅅㄷ'에 대한 'ㅂㄷ'도 등장했다. 한편 'ㅅㄷ'과 'ㅂㄷ', 'ㅂㅅ'과 'ㅆ'의 표기가 혼동되면서 동일한 된소리에 서로 다른 두 가지 표기가 자의적으로 선택되었다. 여기에 각자병서 일부가 부활되어 17세기 후반에 일어난 합용병서와 각자병서의 혼동이 18세기까지 계속되었다. 사실상 된소리가 세 가지 표기를 가지고 있었다고 할 수 있다. 그러다가 19세기에 와서 된소리 표기는 모두 된시옷으로 통일되는 경향이 뚜렷해졌다.

합자(合字)

합자는 음절의 개념이다. 훈민정음 체계의 가장 큰 특징의 하나는 초성 중성 종성이 음절을 표시하는 결합체를 형성한 점이다. 이는 해례 합자해에 "초중종삼성합이성자(初中終聲合而成字)"라고 설명되어 있다. 이리하여 훈민정음 체계는 음소와 음절에의 이중적인 대응 관계를 수립했다. 이것은 음절을 지극히 중요시한 당시의 음운 이론을 반영한 것이었다.

향격(向格)

향격이란 시간적, 공간적 범위 내지 방향이나 지향점을 나타내는 격이다. 향격의 조사에는 '-로'가 있다. 자음으로 끝난 체언 뒤에서는 연결 모음이 삽입되었다.

향약구급방

이 책은 우리나라의 오랜 의약서 중의 하나이다. 13세기 중엽 『고려대장경』을 찍은 대장도감(大藏都監)에서 간행되었는데, 초간본은 전하지 않고 태종 17년(1417)의 중간본만이 전한다. 이 책의 가치는 다음의 세 가지로 요약할 수 있다. 첫째, 이 책은 한자 차용 표기법을 연구하는 좋은 자료가 된다. 13세기 중엽의 것이기는 하나 고대 표기법의 전통을 지니고 있다. 둘째, 13세기 중엽의 국어 어휘, 특히 동식물 부문에 대한 풍부한 자료가 된다. 셋째, 이 자료에 대한 면밀한 검토를 통하여 당시의 음운 체계에 관한 중요한 사실들을 밝힐 수 있다.

향찰(鄕札)

한자의 음(音)과 훈(訓)을 빌어 우리말을 표기하는 방식인 차자표기 중의 하나로 문자를 가지지 못한 신라는 한자의 음과 훈을 차용하여 말을 기록하였다. 향찰은 신라에 있어서 한자를 이용하여 자국어를 표기하려는 노력의 집대성이었다. 하나의 표기체계로서 향찰은 아무런 새로운 원리도 가지고 있지 않았다. 그것은 이미 발달되어 있던 체계들, 즉 고유명사 표기법과 이두 및 구결의 확대라고 할 수 있는 것이다.

오늘날의 향찰 자료는 매우 드물며 향가에 국한되어 있다. 향가 문학의 발전은 향찰의 성립을 촉진한 것으로 생각된다. 향찰의 일반화는 통일신라에 들어 향가 문학이 융성하면서의 일일 것이다. 그러나 이 표기법은 고려 초엽까지 존속하고 그 뒤에는 점차 소멸의 길을 밟았다. 향찰 체계의 비효율성이 주된 원인이라고 할 수 있다.

현실음

중세어의 한자어 발음표기에는 한자가 노출되면 동국정운식 교정음으로 표기하는 방식과 한자가 노출되지 않았을 때 당시의 현실음으로 표기되는 방식이 있었다. 현실음은 현실에서 실제로 발음되는 소리를 말한다. '위, 미혹, 위두, 공사' 등은 한자가 노출되지 않은 상태에서 당시의 현실음을 반영하여 표기된 것이다.

협주, 협주 자료

협주 자료란 번안 자료와 언해 자료에 나타나는 개별 한자, 특수 한자 어휘를 풀이하거나 본문의 설명을 부연할 필요가 있을 때 번역자(번안자)가 특별히 삽입하는 부분을 가리킨다. 협주는 본문 글자의 반의 크기에 해당하는 작은 글자로 식자를 하되 한 행에 두 줄씩 배치하고 있다. 협주가 많이 나타나는 문헌은 『석보상절』, 『월인석보』이다.

불경을 예로 들면 불경의 원전에서 번역한 주석문과는 달리 번안 자나 언해자가 이해를 도모할 목적으로 삽입한 번안자 내지 언해 자의 역주(譯註) 성격을 띠고 있는 것이다. 때문에 당시의 산 언어 가 충실하게 반영되어 있을 수도 있고 그 나름의 특징을 가질 수 도 있다.

그 특징을 보면 첫 번째는 한자의 뜻을 풀이할 때 품사가 다르면 풀이 형태가 다르며, 두 번째로는 말 풀이 표현이기 때문에 피정 의항은 주제의 보조사를 취하고 서술어는 평서문으로 끝나는 것 이 대부분이라는 점이다. 정의항의 길이가 길 때는 피정의항이 서 술부에서 다시 되풀이되는 일도 종종 보인다.

형동류

품사의 통용에서 이용되는 말로, 하나의 단어가 형용사와 동사에 통용되는 단어들의 무리를 통틀어 형동류로 부른다.

형성소

형태소를 구분하는 방법은 첫째, 형태에 따라 자립/의존형태소로 나누는 방법과 둘째, 의미에 따라 실질(어휘)/형식(문법) 형태소로 나누는 방법이 흔하게 쓰인다.

다른 하나, 형태소를 분류하는 방법으로 제시된 것이 그 기능에 따른 분류방법이다. 이 방법에 의하면 해당 형태소가 단어의 형성에 소극적으로 참여하나 적극적으로 참여하나의 기능적 관점에서 형태소는 구성소와 형성소로 나뉠 수 있다.

이렇게 문장이나 단어의 형성에 소극적이고 비생산적으로 참여하는 형태소와 적극적이고 생산적으로 참여하는 형태소를 구분하여 전자를 '구성소', 후자를 '형성소'로 구분한다. 구성소는 '지붕'의 '-웅'(지붕을 구성하는 요소일 뿐 다른 어근에 붙어 단어를 형성하는 일이 없다)과 같은 단어 구성소와 '찾는다'의 '-는-'(반드시 어미 '다'와 어울린 채로 문장형성에 간접 참여)과 같은 문장구성소로 나뉘고 형성소는 '먹이'의 '-이'와 같은 단어형성소와 '찾았다'의 '-었/았-' (거의 모든 어미와 제한 없이 결합해 문장형성에 직접 참여)과 같은 문장형성소로 나뉜다.

형식명사(形式名詞)

불완전명사, 의존명사라고도 하는데 문장 안에서 관형사나 그 밖의 수식어가 선행되어야만 쓰일 수 있는 비자립적 명사를 말한다.

중세어에서 주목할 만한 형식명사로는 'ᄉ'와 'ᄃ'가 있다. 이들은 주로 동명사어미 '-ㄴ', '-ㄹ' 뒤에 나타났다. 주격 조사 앞에서는 모음 'ᆞ'가 탈락했다고 할 수 있다(시, 디).

근대어에서는 중세어의 형식명사 'ᄃ'와 'ᄉ'는 인정하기 어렵게 되었다. 비록 그 흔적은 여러 형태들 속에 남아 있으나 그들이 형식명사로 인식되기 어려운 상태에 도달했다.

형식형태소

형태소 분류 시에 의미를 기준으로 구체적인 대상이나 동작, 상태와 같은 실질적이고 어휘적인 의미를 갖는 것은 실질형태소, 실질형태소에 붙어 주로 말과 말 사이의 관계나 기능을 형식적으로 표시해주는 것을 형식형태소라고 한다. 말과 말 사이의 형식적 관계를 특히 문법적 관계라고도 하며 그래서 '문법형태소'로 불리기도 한다.

형용사

사물의 성질이나 상태를 표시하는 품사이다. 중세국어도 현대국어과 같이 성상형용사와 지시형용사를 설정할 수 있다.

중세어의 형용사 파생 어간은 크게 두 종류가 있었다. 하나는 명사 어간에서 파생된 것들이었는데 접미사 '-ᄃᄫᆡ-'에 의해 형성되었다. 이는 어간 말음이 모음이나 ㄹ인 경우에는 '-ᄅᄫᆡ-'로 되었다. 뒤에 모음이 오는 경우는 '듭, 룹'이 되었다. 둘째는 동사 어간에서 파생된 것들인데 접미사는 '-ᄫᆞ-', '-압-', '-갑-' 등이었다.

형용사 파생법

파생법을 이용하여 형용사를 만드는 방법을 말한다.

중세국어의 형용사 파생법에는 어근의 의미만을 제한하는 접두사에 의한 단어 파생방법인 어휘적 파생법과 품사 자체를 바꾸는 접미사에 의한 단어 파생법인 통사적 파생법이 두루 확인된다.

용례
가. 눗갑다, 녈갑다, 맛갑다, 므겁다, 두텁다
나. 겨르롭다, 새롭다, 깃브다, 웇보다, 골프다, 앗갑다, 외롭다

(가)는 형용사 어근에 접사가 붙어 다시 형용사로 파생된 어휘적 파생법이다. '눗-'에 '-갑-'이, '녈-'에 '-갑-'이, '맛-'에 '-갑-'이 각각 붙었다. '므겁다, 두텁다'는 '므긔, 두틱'로 미루어서 '믁-, 둛-'에 '-업-'이 붙은 것으로 짐작된다. (나)는 통사적 파생법을 이용한 형용사 파생의 예로 접미사에 의해 명사, 동사, 관형사 등에서 형용사로 품사가 바뀌는 파생의 과정을 거친 단어들이다.

형용사 합성법

형용사 합성법에도 통사적인 것과 비통사적인 것이 확인된다.

용례
가. 값없다, 말굳다, 맛나다, 힘세다
나. 감프르다, 됴쿶다, 븐질긔다, 어위크다

(가)는 통사적 합성어로 '주어+서술어'의 구조에 일치하는 구성인데 전부 주어+서술어로 구성된 절에서 주격조사가 탈락되어 이루어진 것이다. (나)는 비통사적 합성어이다. '감프른다'는 '감-'과 '프른-'의 합성인데 '검푸르다'가 되어 현대국어에 남아 있지마는 나머지는 나타나지 않는다. 중세국어에서는 형용사의 비통사적 합성법도 동사와 같이 생산적이었음을 알 수 있다. '됴궂다'는 '둏궂다'로 분석된다. '븓질긔다'는 동사 '븥-'과 형용사 '즐긔-'가 결합하여 형용사가 된 것이다. '어위크다'는 서로 비슷한 의미를 가진 '어위-'와 '크-'의 합성이다.

형용사구

둘 이상의 어절이 모여 하나의 의미단위를 이루지만 주어와 서술어의 구성을 가지지 못하는 문법 단위를 '구'라고 하는데, 형용사구란 형용사에 상당하는 기능, 즉 '사물의 성질이나 상태를 표시하는' 구를 의미한다.

형태론

구조 언어학에서의 형태론이란 최소 자립 형식인 단어의 기술적(記述的) 분석을 뜻한다. 하나 또는 둘 이상의 형태소로 이루어지는 단어에 대해 그것을 구성하는 형태소의 종류, 그 배열의 순서와 관계, 결합에서 일어나는 음운 변화 등, 단어의 내부 구조에 관한 문법적 연구를 가리킨다.

형태론적으로 조건 지어진 이형태

어떤 음운론적 환경으로 인해 교체된 형태가 아니기 때문에 교체 원인을 설명할 수 없는 이형태. 특정의 형태소와만 결합하면서 동일한 문법적, 의미적 역할을 가지는 이형태이다(어라/어라, ~너라, ~거라, ~여라).

형태소

언어 단위 중에는 그 자체로 일정한 의미를 가지는 것도 있고 그렇지 않은 것도 있다. '바다'는 자체로 뜻을 가지지만 음절인 '바', '다'나 음절을 이루는 음소 'ㅂ', 'ㅏ'는 자체로 뜻을 가지지 않는다. 문법단위에는 형태소, 어절, 단어, 구나 절, 문장 등이 있다. 문법단위 중 가장 작은 단위를 형태소라 한다. 즉 형태소란 '뜻을 가지는 최소의 단위'로 정리할 수 있겠다.

형태소는 몇 가지 기준에 따라 나누어 질 수 있는데, 먼저 문장에서 단독으로 쓰일 수 있느냐에 따라 자립/의존 형태소, 형태소가 가진 의미가 실질적인 개념을 나타내느냐 형식적인 관계를 나타내느냐에 따라 실질(어휘)/형식(문법)형태소로 나뉜다.

현대어의 '아름답다'에 이어지는 중세어 '아룸답다'에 나타나는 '아룸'과 같은 형태소는 '-답-'과만 결합해서만 나타나기 때문에 의존형태소인데, 오직 '아룸답다'에만 나타나고 다른 경우에는 용례를 찾을 수 없는 특이한 형태소이다. 이런 형태소는 따로 '특이형태소' 또는 '유일형태소'라고 부른다.

형태소의 확인기준

가. [값]이 비싸다.
나. [갑]도 비싸다.
다. [감]만 비싸다.

위의 '값', '갑', '감'이 한 형태소의 이형태인데, 이것들이 한 형태소에 속한다는 것을 확인하는 기준은 다음과 같다.

첫째, '값', '갑', '감'은 모두 동일한 의미를 가지고 있다. 모양이 같다고 하더라도 의미가 다르면 한 형태소의 이형태라고 할 수 없다. 가령 '[감]만 맛있다'와 같은 문장의 '감'은 (다)의 '감'과 모양은 같지만 의미가 다르기 때문에 같은 형태소에 속한다고 할 수 없는 것이다. 따라서 형태소를 확인하는 첫 번째 기준은 '의미의 동일성'이라고 할 수 있다.

둘째, 위의 '값', '갑', '감'은 결코 동일한 환경에서 나타나지 않는다. '값'은 모음 앞에서, '갑'은 'ㅁ'이외의 자음 앞에서, '감'은 'ㅁ'앞에서만 나타나고 서로 겹쳐서 나타나는 일은 없다. 이와는 달리 '산'과 '뫼', '강'과 'ㄱ롬'은 의미가 같다고 생각되지만 동일한 환경에서 나타날 수 있기 때문에 한 형태소의 이형태라고 할 수 없다. 이처럼 한 형태소의 이형태들은 나타날 수 있는 환경이 완벽하게 배타적인데, 이를 '배타적 분포'라고 한다. 따라서 형태소를 확인하는 두 번째 기준은 '배타적 분포'라고 할 수 있다. 배타적 분포를 보이는 이형태들을 모두 합쳐야 하나의 형태소가 된다는 점에서, 이형태들은 형태소를 구성하기 위해 상호 보완적인 구실을 한다고 할 수 있으므로 '배타적 분포'를 '상보적 분포'라고도 한다.

형태음소적 원리(形態音素的 原理)

형태음소적 원리는 현대 맞춤법 체계에서 채택하고 있는 원리이다. 이는 "소리대로 적되 어법에 맞도록 한다"는 말로 표현된다. 이는 소리대로만 적는 것이 아니라 형태소의 기본형을 밝히고 고정해 적는 것으로 15세기 정서법의 그것과는 반대되는 것으로 볼 수 있다. 가령 '값'의 경우 '값과', '값도'처럼 실제로 발음되지 않는 'ㅅ'을 표기하고 있다. 이 경우 발음 시 'ㅅ'이 떨어지는 것은 자동적 교체이다. 한글 맞춤법 통일안(1933)에서는 이러한 자동적 교체의 경우는 원형을 밝혀 적는 것을 원칙으로 한 것이다.

이러한 원리는 용비어천가와 월인천강지곡에서 볼 수 있듯이 중세에도 이해되고 있었을 것으로 추정된다. 또한 연음이 되는 경우 음절적 표기가 나타나지만 형태음소적 원리가 반영된 것으로 볼 수 있다(예 : 갑시).

형태음소적 표기법

형태소와 관련한 음소의 변화를 반영하는 표기. 자동적 현상인 경우에는 원형을 밝힌다. "소리대로 적되 어법에 맞도록"이 전형적인 형태 음소적 표기를 뜻한다. 예를 들어 '값'이 [갑]으로 발음은 되지만 시옷이 탈락하는 것은 종성 법칙에 의한 자동적 교체이므로 원형을 밝혀 '값'으로 적는 것이다.

형태음운론

언어 단위를 이루는 음운의 특성과 그 언어 단위의 문법적 기능과의 관련을 논하는 언어학의 한 분야를 일컫는다.

형태음운론적 교체

형태소와 형태소가 결합될 때 일어나는 음운의 변이를 형태음운론적 교체라고 한다. 이러한 음운의 교체는 접두사와 어근 사이에서도 나타나지만 어근과 접미사 사이에서 더 많이 확인된다. 먼저 접두사가 어근에 붙을 때의 교체를 보자.

> (1) 가. 차빨
> 　　나. 굴아마괴, 대범

(1가)는 접두사가 바뀐 것인데 '춧빨'은 '출콩'과 비교해 보면 '출'이 '빨' 위에서 'ㄹ'가 탈락하여 '춧'로 바뀌었음을 알 수 있다. (1나)는 어근이 바뀐 것이다. '굴아마괴'의 '아마괴'는 단일어 '가마괴'와 비교했을 때 'ㄹ'를 끝소리로 가진 접두사 '굴' 아래서 'ㄱ'이 후음 'ㅇ'로 바뀌었다. '대범'은 단일어 '범'과 비교하면 어근 '범'이 반모음으로 끝난 접두사 '대-' 뒤에서 '범'으로 바뀐 것이다. 다음은 어근에 접미사가 붙을 때 교체가 일어난 예이다.

> (2) 가. 처엄
> 　　나. 숑아지, 늘애
> 　　다. ᄆ야지, 구지람

412

(2가)는 관형사 어근에 접미사가 붙어 어근에 교체가 일어난 예이다. '처엄'은 접미사 '-엄'이 관형사 '첫'에 붙어 'ㅅ'이 'ㅿ'로 바뀐 것이다. (2나)는 접미사가 바뀌었다. '숑아지'는 '무야지'와 비교하면 체언 어근 '쇼'에 작음을 의미하는 '-아지'가 붙어 '-ㆁ'로 교체되었다. (2다)는 어근과 접미사가 함께 바뀐 것이다. '무야지'는 명사 어근 '물'이 접미사 '-아지'와 결합됨에 따라 '물'의 'ㄹ'이 탈락되고 '-아지'는 반모음 'y'가 덧들어간 '-야지'로 교체되었다.

단어형성에 나타나는 형태음운론적 교체는 합성법에서도 발견된다. 다음은 합성법에서 나타나는 형태음운론적 교체의 예이다.

(3) 가. 빗시울, 갯버들, 슶바당, 밠등
   나. 므쇼, 믓결, 소나모, 드나둘다
   다. ᄀᆞᄅᄫᅵ, 대밭, 메밧다
   라. 미술ㅎ, 한숨, 너삼
   마. 수둘마기, 암둘마기

(3가)는 명사와 명사의 합성에서 나타나는 교체로, 모음이나 유성자음 아래 'ㅅ'이 쓰여 후행하는 명사의 첫 자음을 된소리로 바꾸는 기능을 한다. (3나)는 'ㄹ'로 끝나는 명사가 'ㅅ, ㄴ'앞에서 탈락하는 것이다(므쇼 < 물쇼, 믓결 < 믌결, 소나모 < 솔나모, 드나둘다 < 들나둘다). (3다)는 'ㅂ'으로 시작되는 명사와 동사가 모음으로 끝난 명사와 결합해 'ㅸ'으로 바뀐 것이다(ᄀᆞᄅᄫᅵ < ᄀᆞᄅ비, 메밧다 < 메밧다). (3라)는 'ㅅ'이 반모음 'ㅣ', 'ㄴ', 'ㄹ'과 모음 사이에서 'ㅿ'로 바뀐 것이다(한숨 < 한숨, 너삼 < 널삼). (3마)는 'ㅎ'받침을 가진 명사 '수ㅎ, 암ㅎ'이 명사 '둘마기'와 결합하면서 'ㅎ'이 떨어진 것이다.

호격조사

다른 말과의 문법적인 관계를 나타내는 격조사 중의 하나로, 문장에서 사람이나 사물의 이름 뒤에 붙어 그 말이 부르는 말이 되게 하는 조사를 뜻한다.

중세국어의 호격조사에는 존칭의 '-하', 일정 격식의 '-이여/여', 평칭의 '-아/야'가 있다. 존칭의 '-하'는 근대국어 이후 소멸되어 그 대신 존칭 접미사 '-님'이 쓰이게 되었다. '-이여/여'는 영탄의 느낌을 나타낸 것이다.

> **용례**
>
> 가. 둘하 노피곰 도두샤 (악학궤범, 정읍사)
> 나. 우는 聖女ㅣ여 슬허 말라 (월인석보 권21, 21장)
> 어딜쎠 觀世音이여 (능엄경언해 권6, 65장)
> 다. 大王아 네 이 두 아두롤 보든다 몯 보든다 (법화경언해 권7, 147장)

(가)는 존칭의 호격조사 '-하'가 쓰인 예이다. (나)는 일정 격식의 호격조사가 쓰인 예로 모음 뒤에서는 '-여', 자음 뒤에서는 '-이여'가 쓰인다. (다)는 평칭의 호격조사가 쓰인 것으로, 체언 말음의 자음, 모음 구별 없이 '-아'가 쓰이나, 간혹 모음 뒤에서 '-아'가 쓰일 때도 있다.

홑문장

주어와 서술어가 한 번만 나타나는 문장.

화자

언어상황에서 말을 하는 사람.

화자 표시법

중세국어의 선어말어미 '-오-'는 종결형과 연결형, 그리고 관형 사형에서 형태소의 자격을 얻는다(이들 어미 앞에서만 나타나고 분포상 의 제약이 큼). 이 세 활용형 중 종결형과 연결형에 실현되는 '-오-' 는 근대국어나 현대국어에서는 나타나지 않는 용법이다. 이것은 주어가 1인칭인 화자 자신일 때 이를 표시하기 위해서 사용한 것 으로 '화자표시법'이라고 한다. 이기문은 이를 '의도법 선어말어 미'로 표현한다.

'-오'의 교체는 상당히 복잡하다. 선행 음절이 자음으로 끝나면 '-오/우-'이지만, 모음으로 끝나면 어려가지 형태로 교체된다.

> 가. 선행 음절이 '아/어, 오/우'인 경우 : 성조 변화만 있고 '-오-' 는 보이지 않는다.
> 나. 선행 음절이 '으/으'인 경우 : '으/으'가 탈락한다.
> 다. 선행 음절이 '이'인 경우 : 합음되어 '요/유'로 실현된다. (마숌 < 마시-옴)
> 라. 선행 음절이 'ㅣ'인 경우 : 'ㅣ'의 영향으로 '요/유'가 된다. (드 뷔욤 < 드뷔-옴)
> 마. 계사 뒤에서는 '-로-'로 교체된다.
> 바. 선어말어미 '-ᄂ-, -더-, -거-'와 통합되면 '-노-, -다-, -가/ 과-'로 된다.
> 사. 'ㅎ-'와 통합되면 '호-'로 된다.

선어말어미 '-오-'는 같이 쓰이는 어말어미도 제한되어 설명법의 '-다', 연결어미 '-으니', 관형사형 어미 '-ㄴ, -ㄹ'과만 통합될 수 있다.

'-오-'는 15세기 관형사형에서부터 혼란을 보이기 시작하며, 종결형과 연결형의 경우 16세기 이후 자료에 혼란된 예가 많이 나타난다. 그리고 16세기 말에 이르러 완전히 그 기능을 잃게 된다.

확대보조사

확대의 의미를 더하는 보조사를 뜻한다. '나마'가 해당한다.

[용례]
머리 조삭 一千 디위나마 절ᄒ고 (월인석보 권23, 82장)

확인법

중세국어의 부차서법 중 하나로, 화자가 주관적 믿음에 근거하여 사태를 확정적으로 판단하고 있음을 보여주는 것이다. 현대국어 확인의 선어말어미 '-것-/-엇-'의 직접적 소급형태를 대상으로 하는데 중세국어에는 '-거-/-어-'로 나타나며 선어말어미 '-오-'와 결합되면 '-과-, -가-'로 교체된다. 부차서법이므로 시제와 직접 관련되지는 않는다. 기본서법 중 부정법과 추측법에 결합하여 쓰일 수 있다.

[용례]
가. 내 本來 求홀 ᄆᆞᅀᆞᆷ 업다니 오늘 이 寶藏이 自然히 니를어다 (법

화경언해 권2, 226장)

나. 王ㅅ 中엣 尊ᄒ신 王이 업스시니 나라히 威神을 <u>일허다</u> (월인석
보 권10, 9장)

(가)의 '니를-'은 자동사이기 때문에 '-거-'(>어)가, (나)의 '잃-'
은 타동사이기 때문에 '-어-'가 결합하였다.

활용, 활용어

용언은 주체를 서술하는 힘을 가지고 있다. 체언이 문장 가운데서
여러 가지 문법적 기능을 발휘하는 데 있어서는 조사의 도움이
필요하듯이 용언도 문법적 기능을 여러 가지로 표시하려면 끝이
바뀌어야 한다.

용례

읽는다/ 읽느냐/ 읽고

위의 예를 살펴보면 앞부분은 '읽-'으로 고정되어 있으나 뒷부분
은 '-는다, -느냐, -고'와 같이 여러 갈래로 바뀌고 있다. 이처럼
단어의 줄기 되는 부분에 변하는 말이 붙어 문장의 성격을 바꾸
는 일을 '활용'이라고 한다. 또한 이렇게 활용하는 단어를 '활용
어'라고 한다. 중세국어의 활용어에는 서술격조사와 동사, 형용사
가 있다.

활용의 불완전성

대부분의 동사 어간은 모든 어미를 취할 수 있어서 활용표 상에 빈칸이 없는 것이 보통이다. 그런데 소수의 동사는 활용이 완전하지 못해 빈칸이 많은데 이들을 불완전동사라고 부른다. 불구동사라고 부르기도 한다.

회상법

화자가 주어의 행위에 대해 경험한 것을 상대방에게 회상하여 진술하는 서법이다. [+사실성]을 기반으로 한다는 점에서는 직설법, 부정법과 다름이 없으나 경험한 사실을 회상하는 진술 방식으로 전달한다는 점이 특징이다. 회상법 형태소는 '-더-'이다. 이는 선어말어미 '-오-'와 결합하면 '-다-'로 바뀌기도 하는데, 직설법 '-ㄴ-'와 마찬가지로 종결형과 비종결형에 걸쳐 확인된다. 회상법 '-더-'는 두 가지 시제를 나타내는 데, 발화시를 기준으로 하면 과거시제를, 경험시를 기준으로 하면 현재시제가 된다. 현대국어에서는 자신의 행동이나 상태에 대해 회상하여 진술하는 것이 자연스러운 표현이 아니지만 중세국어에서는 주어의 제약 없이 '-더-'가 쓰인다.

용례

"(須達) … 그딋 ᄯᆞ를 맞고져 ᄒᆞ더이다" (석보상절 권6, 15장)
내 롱담ᄒᆞ다라 (롱담ᄒᆞ+더+오+라) (석보상절 권6, 24장)
내 지븨 이싫 저긔 受苦ㅣ 만타라 (월인석보 권10, 23장)

회상 원칙법

기본서법인 회상법에 원칙법이 후행한 것이다. 화자가 경험한 것을 상대방에게 설명함으로써 자기 이야기에 관심을 갖도록 설득시키고 있다.

> 용례
> "부톄 方使力으로 三乘敎를 뵈요ᄆᆞᆫ 衆生이… 혀 나게 ᄒᆞ다니라"
> (법화경언해 권1, 158장)

회상의문형

지난 일을 회상하는 내용을 질문하는 형태이다.

> 용례
> "네 겨집 그려 가던다" (월인석보 권7, 10장)

회상평서형

중세국어의 평서법은 보편적 평서형어미 '-다'로 성립하는 일이 많고 보수적인 '-니라'로 나타나기도 한다. 평서형은 문장을 평범하게 서술하는 것으로 회상 평서형이란 지난 일을 회상하는 내용을 서술하는 것이다.

> 용례
> ᄠᅳ데 몯 마존 이리 다 願ᄀᆞ티 ᄃᆞ외더라

후설저모음

모음을 분류하는 기준에는 혀의 전후위치, 혀의 높낮이, 입술 모양의 세 가지가 있다. 여기서 후설저모음이란 모음 분류 기준 중혀의 전후위치로 보았을 때 혀가 뒤쪽에, 높낮이로 보았을 때 혀가 낮은 쪽에 위치하여 발음되는 모음을 일컫는다. 혀의 높이가낮아지면 개구도가 커지므로 '저모음'대신 '개모음'으로 표시하기도 한다.

후행절

이어진 문장에 대해 이야기 할 때 문장 앞에 위치하는 문장을 선행절, 그 뒤에 이어지는 문장을 후행절이라고 한다.

훈(訓)

→ 새김

훈민정음 제자해

한글은 세종대왕이 1443년(세종 25년) 음력 12월에 창제하였으며,집현전 학자들에게 이에 대한 해례(解例)를 짓게 하여 1446년 음력 9월에 반포하였다. 훈민정음 해례본의 구성은 5해와 1례, 그리고 정인지 서문으로 구성되어 있다.

예의편 : 어제서문과 각 문자의 음가와 운용법

해례편 : 제자해, 초성해, 중성해, 종성해, 합자해, 용자례, 정인지서문

이 중 해례편의 제자해는 각 문자의 제자원리가 설명되어 있다. 가장 기본이 되는 제자 원리는 상형(象形)이다. 초성은 일차적으로 발음기관을 본떠 만들었는데, 기역(ㄱ)은 혀뿌리가 목구멍을 막는 모양, 니은(ㄴ)은 혀가 윗잇몸에 닿는 모양, 미음(ㅁ)은 입모양, 시옷(ㅅ)은 이의 모양, 이응(ㅇ)은 목구멍의 모양을 각각 본떴다. 이러한 다섯 개의 기본 문자에 가획(加劃)의 원리로써 'ㅋ, ㄷ, ㅌ, ㅂ, ㅍ, ㅈ, ㅊ, ㆆ, ㅎ'의 아홉 문자를 만들고, 'ㆁ, ㄴ, ㅿ'의 예외적인 문자(이체자) 셋을 합해 17자를 만들었다. 중성은 우주의 형성에 기본이 되는 천지인(天地人)의 삼재(三才)를 상형한 것인데, /ㆍ/는 하늘을 본떠 둥글게 하고, /ㅡ/는 땅을 본떠 평평하게 하였으며, /ㅣ/는 사람의 서 있는 모양을 본떠서 만들었다. 이 세 문자를 바탕으로 해서 'ㅗ, ㅏ, ㅜ, ㅓ'를 만들고, 다시 'ㅛ, ㅑ, ㅠ, ㅕ'를 만들어 기본 문자 11자를 완성하였다. 한편, 종성은 초성의 문자를 다시 쓰도록 하였다. 이로써 문자의 수가 초성 17자와 중성 11자의 28자가 되기에 이르렀다.

훈민정음의 창제

'훈민정음'은 『훈민정음』 언해본의 "백성 ㄱ르치시논 정훈 소리라."라는 주석에서 알 수 있듯이 '백성을 가르치는 바른 소리'라는 뜻이다. 이러한 명칭에서도 훈민정음을 창제한 목적을 어느 정도 파악할 수는 있으나, 다음의 기록을 통해 창제의 경위를 분명하게 알 수 있다.

(1)『세종실록』25년(1443) 12월조 기사

이달에 임금께서 친히 언문 28자를 지으셨는데, 그 글자는 옛 전
자(篆字)를 본떴고, 초성·중성·종성으로 나누어지며 합친 연후에
야 비로소 글자를 이룬다. 무릇 한자와 우리나라 말을 모두 기록
할 수 있다. 글자는 비록 간단하고 요약하지만 전환하는 것이 무
궁하니 이를 일컬어 '훈민정음'이라 한다.

(2)『훈민정음』서문

나라의 말이 중국과 달라 한자가 서로 잘 통하지 아니하므로 이
런 까닭에 어리석은 백성이 말하고자 할 바가 있어도 마침내 제
뜻을 능히 펴지 못하는 자가 많으니라. 내가 이를 불쌍히 여겨 새
로 스물 여덟 자를 만드니 사람마다 날로 씀에 편안하게 하고자
할 따름이니라

(1)은 새로운 문자 훈민정음의 창제와 관련된 가장 앞선 기록으
로, 훈민정음의 창제 연대를 1443년(세종 25)으로 추정하는 근거이
기도 하다. 훈민정음의 창제자가 세종대왕이고 글자의 수가 28자,
그리고 각 글자는 초성·중성·종성으로 이루어져 있으며 글자는
간결하지만 모든 말을 기록할 수 있다는 사실이 잘 설명되어 있
다. 다만, "그 글자는 옛 전자(篆字)를 본떴다(字倣古篆)"는 구절은
쉽게 이해되지 않는 말인데, 이를 "한자의 원리를 본떴다" 또는
"글자가 옛 전자와 닮았다" 등으로 해석하기도 한다.

(2)는 1446년(세종 28)에 간행된『훈민정음』해례본에 실려 있는
세종의 어제서문(御製序文)이다. 이 책의 끝에 실려 있는 정인지(鄭麟

跋)의 서문은 새로운 문자 '훈민정음' 창제의 목적과 글자의 사용법, 글자를 만든 원리 등을 설명하고 있는데, 1446년 9월(음력) 상순에 씌어졌으므로 이때를 훈민정음의 반포 일자로 보고 있다.

훈민정음의 창제 원리

훈민정음의 구체적인 제자 원리는 『훈민정음』 해례본의 「제자해(制字解)」에 잘 설명되어 있다.

▌ 초성자(初聲字)

아음(牙音) : 'ㄱ'은 혀뿌리가 목구멍을 막는 모양을 본떴다.(ㄱ象舌根閉喉之形)
설음(舌音) : 'ㄴ'은 혀끝이 윗잇몸에 닿는 모양을 본떴다.(ㄴ象舌附上齶腭之形)
순음(脣音) : 'ㅁ'은 입의 모양을 본떴다.(ㅁ象口形)
치음(齒音) : 'ㅅ'은 이의 모양을 본떴다.(ㅅ象齒形)
후음(喉音) : 'ㅇ'은 목구멍의 모양을 본떴다.(ㅇ象喉形)

위는 훈민정음 기본 글자의 제자 원리에 대한 설명이다. 초성자에서는 훈민정음의 초성자가 기본적으로 발음기관을 본떠 만들어졌음을 분명히 알 수 있는데, 이는 현대 음성학에서 자음 분류의 핵심적 기준이 되는 조음 위치를 그대로 나타내고 있다.

▌ 중성자(중성자)

· : 모양이 둥근 것은 하늘을 본떴다.(形之圓 象乎天)
ㅡ : 모양이 평평한 것은 땅을 본떴다.(形之平 象乎地)
ㅣ : 모양이 서 있는 것은 사람을 본떴다.(形之立 象乎人)

중성자에서는 당시의 음양오행설에 입각한 세계관에서 볼 때 우주의 가장 기본적인 요소라고 할 수 있는 '천·지·인' 3재(三才)를 상형하여 중성자의 기본자를 만들었음을 알 수 있다.

이렇게 초성자와 중성자의 기본자를 상형에 의해 창제한 뒤, 각각 독특한 원리에 의해 다른 글자들을 만들어 나갔다.

▌초성자

아음 : ㄱ → ㅋ
설음 : ㄴ → ㄷ → ㅌ
순음 : ㅁ → ㅂ → ㅍ
치음 : ㅅ → ㅈ → ㅊ
후음 : ㅇ → ㆆ → ㅎ

▌중성자

기본자(基本字) : ·, ㅡ, ㅣ
초출자(初出字) : ㅗ, ㅏ, ㅜ, ㅓ
재출자(再出字) : ㅛ, ㅑ, ㅠ, ㅕ

초성자는 상형에 의해 초성자의 기본자 5자를 만들고 난 뒤, '가획(加劃)'의 원리라는 자못 논리적인 원리에 의해 다른 초성자들을 만들었음을 보인 것이다. 가획의 원리란, 어떤 자의 음보다 '성출초려(聲出稍厲 : 소리가 약간 셈)'한 음을 표시하는 글자는 원래의 글자에 획을 더하여 만든다는 원리이다. 예를 들어 'ㄱ'에 비해 'ㅋ'이, 'ㄴ'에 비해 'ㄷ', 'ㄷ'에 비해 'ㅌ'이 '성출초려'하기 때문에 각각 원래의 글자에 획을 하나씩 더한다는 것이다. 결국 원래의 글자에 더해진 획은 '성출초려'라는 자질을 표시한 것이 되는 셈인데, 그로 인해 훈민정음은 자질 체계(資質體系)의 문자로 파악될 수 있는 것이다. 중성자는 상형에 의해 만들어진 3개의 기본자끼리를 '합이성(合以成)'의 방식으로 조합하여 초출자를 만들어 내고, 다시 초출자와 기본자 'ㅣ'를 조합하여 재출자를 만들어 냈음을 보인 것이다.

이렇게 보면 훈민정음은 기본적으로 상형의 원리에 의해 기본자를 만들고, 이 기본자를 바탕으로 다른 글자들을 만들었음을 알 수 있다. 그런데 「제자해」에서는 "정음 28자는 각각 그 모양을 본떠 만들었다(正音二十八字 各象基形而制之)"라고 하여 28자 모두 상형에 의해 만들어진 것처럼 설명하고 있어 문제가 될 수 있다. 그러나 이 기록은 훈민정음이 기본적으로 상형에 의해 기본자를 만든 후, 이를 바탕으로 나머지 글자들을 만들어 나갔으므로 훈민정음 28자의 기본적인 제자 원리를 상형이라고 말한 것으로 해석할 수 있다.

훈민정음 체계

창제 당초의 훈민정음은 초성 17자, 중성 11자의 28자 체계였다. 중국 음운학에서는 전통적으로 한 음절을 성(聲, 첫 자음)과 운(韻, 나머지 모음과 자음)으로 나누는 이분법(二分法)을 사용했으나 훈민정음은 한 음절을 초성, 중성, 종성으로 삼분하고 있다. 이러한 삼분법(三分法)은 훈민정음의 이론적 기초가 된 독창적인 방법이었다. 초성과 중성을 위해서는 문자를 만들었지만 종성에 대해서는 "종성부용초성(終聲復用初聲)"이라 하여 따로 문자를 만들지 않았다.

초성 체계

『훈민정음』 해례 초성해 첫머리에 "正音初聲卽韻書之字母也"라 하였다. 이것은 정음의 초성 체계가 중국 음운학의 자모 체계와 관련되어 있음을 단적으로 나타낸 것이다. 구체적으로는 "아음(牙音), 설음(舌音), 순음(脣音), 치음(齒音), 후음(喉音), 반설음(半舌音), 반치음(半齒音)" 또는 "전청(全淸), 차청(次淸), 전탁(全濁), 불청불탁(不淸不濁)"과 같은 술어의 사용이 이것을 증명하는 것이다. 훈민정음의 초성 체계를 보이면 다음과 같다.

	아음	설음	순음	치음		후음	반설음	반치음
전청	ㄱ 君	ㄷ 斗	ㅂ 彆	ㅈ 卽	ㅅ 戌	ㆆ 挹		
차청	ㅋ 快	ㅌ 呑	ㅍ 漂	ㅊ 侵	ㅆ 邪	ㅎ 虛		
전탁	ㄲ 虯	ㄸ 覃	ㅃ 步	ㅉ 慈		ㆅ 洪		
불청불탁	ㆁ 業	ㄴ 那	ㅁ 彌			ㅇ 欲	ㄹ 閭	△ 穰

중성 체계

해례 제자해에 따르면 중성의 세 기본자는 천(天), 지(地), 인(人), 삼재(三才)의 모양을 본떴다고 한다. 즉 ·는 하늘의 둥근 모양을, ㅡ는 땅의 평평한 모양을, ㅣ는 사람이 서 있는 모양을 각각 본뜬 것이다. 나머지 중성자 8글자(ㅗ ㅏ ㅜ ㅓ ㅛ ㅑ ㅠ ㅕ) 는 이 기본자들의 합성으로 이루어졌다.

(1) · + ㅡ → ㅗ ㅜ

(2) · + ㅣ → ㅏ · ㅓ

(3) · (ㅣ)+ ㅗ ㅜ → ㅛ ㅠ

(4) · (ㅣ)+ ㅏ · ㅓ → ㅑ ㅕ

이들 합성에서 (1)과 (2)는 1차적 합성인데, 문자상의 합성일 뿐이지 음가의 합성은 아니라는 점을 알 수 있다. 단순한 제자상의 문제라 하겠다. (3)과 (4)는 2차적 합성인데 ·와 1차 합성자들의 결합으로 만들어졌다. 음가의 측면에서 보면 ㅣ와의 합성으로 볼 수 있다.

이 합성에 있어 'ㅗ'와 'ㅜ', 'ㅣ·'와 '·ㅣ' 등의 자형상의 대립에 주목되는데, 이것은 'ㅗ'와 'ㅣ·'은 "陽"이요, 'ㅜ'와 '·ㅣ'는 "陰"이기 때문이다. 이것은 당시의 학자들이 국어의 모음조화 체계를 제자(制字)에 반영했음을 보여 준다.

그 밖의 중성 글자들은 이들 11자를 합용하여 쓴다. 해례 중성해에 2자합용자(二字合用字)라 하여 ㅘ ㆇ ㅝ ㆊ, ㅣ상합자(相合字)라 하여 ·ㅣ ㅢ ㅚ ㅐ ㅟ ㅔ ㆉ ㅒ ㆌ ㅖ, 두 자 중성과 ㅣ상합자라 하여 ㅙ ㅞ ㅙ ㆋ를 제시하고 있다. 이 가운데 ㆇ ㆊ ㅙ ㆋ는 문헌에서 용례를 볼 수 없다.

병서와 연서

둘 또는 세 문자를 좌우로 결합하는 방법을 병서(並書)라 하였는데, 여기에는 동일 문자를 결합하는 각자병서(各自並書)와 서로 다른 문자를 결합하는 합용병서(合用並書)가 있었다.

초성 각자병서에는 "ㄲ, ㄸ, ㅃ, ㅉ, ㅆ, ㆅ" 등이 있었다. 이들 각자병서는 주로 한자음 표기(『동국정운』)에 사용되었다. 고유어 표기에서의 용례를 보면 'ㄲ, ㄸ, ㅃ, ㅉ'는 매우 한정되어 있었다. '마쯔빙' 등을 예외로 한다면, 동명사 어미 '-ㄹ' 밑에 사용된 것이 대부분이었다(예 : 갈 낄, 볼떠니). 순수한 국어 단어의 어두음 표기에 사용된 것은 'ㅆ'과 'ㆅ'뿐이다. 이 밖에 국어의 어중음 표기에

"ㆀ"과 'ㅥ'이 드물게 나타난다(괴ᅇᅧ, 다ᄔᆞ니라). 그런데 각자병서는 『원각경언해』(1465)에서부터 전면적으로 폐지되었다. 그리하여 '쓰-'(書), '쏘-'(射), 'ᅘᅧ-'(引)도 각각 '스-', '소-', '혀-'로 표기되기에 이르렀다. 16세기에 들어 어두음 표기의 'ㅆ'은 다시 부활되었으나 'ㆅ'은 그렇지 못했다.

초성 합용병서에 대해서는 해례 합자해에 "初聲二字三字合用並書如諺語ᄯᅡ爲地 ᄧᅡᆨ爲隻 ᄢᅳᆷ爲隙之類"라 하였다. 15세기 문헌에서 용례들을 찾아보면 'ㅺ ㅼ ㅽ, ㅳ ㅄ ㅶ ㅷ, ㅴ ㅵ' 등이 자주 나타난다. 이 밖에 아주 드문 예로 'ㅮ'(예 : ᄿᅡ힐 소리 갓나힐 소리)가 있고, 여진어 지명 표기에 'ᄺᅧ'(예 : 닌ᄺᅲ시)이 보인다.

한편, 연서(連書)라 하여 두 자음 글자를 위아래로 결합하는 방법이 있다. 『훈민정음』 본문에 "ㅇ連書脣音之下 則爲脣輕音"이라 하였고 해례 제자해에서 이것을 설명하여 "ㅇ連書脣音之下 則爲脣輕音者 以輕音脣乍合而喉聲多也(ㅇ을 입술소리 아래 이어 쓰면 입술 가벼운 소리가 되는 것은 가벼운소리가 입술이 잠깐 합하지만 목구멍소리가 많기 때문이다)"라 하였다. 이 방법으로 만들어진 것에 'ㅱ, ㅸ, ㆄ, ㅹ' 등이 있었는데 'ㅸ'만이 순수한 국어 단어의 표기에 사용되었고, 그 밖의 것은 주로 중국음 표기(『홍무정운역훈』 등)에서 사용되었다.

합자와 방점

훈민정음 체계의 가장 큰 특징의 하나는 초성, 중성, 종성이 음절을 표시하는 결합체를 형성한 점이다. 『훈민정음』 해례 합자해에 "初中終三聲合而成字"라 한 것이 그것이다. 이리하여 훈민정음 체계는 음소와 음절에의 이중적인 대응 관계를 수립했던 것이다. 이것은 음절을 지극히 중요시한 당시의 음운 이론을 반영한 것이다.

훈민정음 체계에서 방점은 중세어의 성조(聲調)를 표기한 것이다. 이처럼 성조까지 표기한 것은 중국 음운학에서 성조가 중시된 것과 관련이 있을 것이다. 훈민정음의 본문이나 해례에서 사용된 술어들 평성(平聲), 상성(上聲), 거성(去聲), 입성(入聲)이 이 사실을 명시해 준다. 그러나 중국어의 사성(四聲) 체계를 그대로 받아들이지는 않았고 국어의 성조 체계를 정확히 파악하여 그에 적합한 표기를 마련했던 것이다.

즉, 15세기의 국어에는 저조(平聲)과 고조(去聲) 그리고 이들의 병치(上聲)가 있었는데 이것을 각각 무점(無點), 1점(一點), 2점(二點)으로 표기하도록 하였다. 이처럼 성조를 표시하는 기호까지 마련함으로써 훈민정음은 가히 완벽한 문자라고 일컬을 수 있게 된 것이다.

ᄒᆞ라체, ᄒᆞ쇼셔체, ᄒᆞ야쎠체

중세국어의 존비법(이기문은 공손법으로 표시)은 상대높임법으로 말하는 이가 특정한 종결어미를 씀으로써 듣는 이(청자)를 높이거나 낮추어 말하는 법을 일컫는다.

이러한 존비법은 중세국어에서 ᄒᆞ라체, ᄒᆞ야쎠체, ᄒᆞ쇼셔체의 3등분과 이 밖에 반말이 있다. 중세국어에서 청자에 대한 화자의 태도(서법)를 표현해 주는 종결어미(이기문-정동사어미)인 설명법, 의문법, 명령법은 각각의 존비법이 적용되어 나타난다.

ᄒᆞ라체 (화자가 청자를 아주 낮춤)
녜쁘들 고티라 (월인천강지곡 29장)

ᄒᆞ쇼셔체 (화자가 청자를 아주 높임)

님금하 아ᄅᆞ쇼셔 (용비어천가 125장)

ᄒᆞ야쎠체 (화자가 청자를 보통으로 낮추거나 보통으로 높임)

그 ᄠᅳ들 닐어쎠 (석보상절 권6, 16장)

저자 소개

이광호 _ lkh8173@kongju.ac.kr

경북대학교 국어국문학과를 나오고, 동 대학원에서 문학석사와 문학박사 학위를
받았다. 지금은 공주대학교 사범대학 국어교육과에 재직하고 있다.

저서 『한자 자석어 변천 연구』, 『국어 유의어의 통시적 연구』, 『유의어 통시
론』, 『국어 어휘 의미론』, 『어휘와 의미』, 『의미분석론』 등
논문 「대립어의 정도성 연구」, 「유의어 변화의 기술 방안」, 「이항 / 다항 유의
어의 분포와 생태적 특성」, 「어휘의 양상분류」, 「학교 문법 교과서에 나
타난 의미 유형」, 「'매, 엇디, 어느'의 통시적 형태, 의미 특성」, 「정몽유
어, 아학편, 천자문의 분포적 특성」, 「추정표현의 의미추이와 특성」, 「ᄆ
ᅳᆺ'와 '므슥 / 므슴 / 믓'의 의미 특성 및 형태변화」, 「'부러'와 '짐즛 / 진
짓'의 의미 특성」, 「'참—진짓'과 '거즛'의 통시적 대립관계」 등 다수

중세국어 문법용어사전

초판1쇄 인쇄 2015년 2월 17일
초판1쇄 발행 2015년 2월 27일

지은이 이광호
펴낸이 이대현
편 집 이소희
디자인 이홍주
펴낸곳 도서출판 역락
서울 서초구 동광로 46길 6-6 문창빌딩 2층
전화 02-3409-2058(영업부), 2060(편집부)
팩시밀리 02-3409-2059
이메일 youkrack@hanmail.net
역락블로그 http://blog.naver.com/youkrack3888
등록 1999년 4월 19일 제303-2002-000014호

ISBN 979-11-5686-170-6 91710
정 가 25,000원